权威·前沿·原创

皮书系列为
"十二五""十三五"国家重点图书出版规划项目

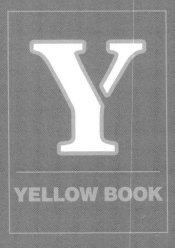

YELLOW BOOK

智库成果出版与传播平台

巴西黄皮书

YELLOW BOOK OF BRAZIL

巴西发展报告
（2020）

ANNUAL REPORT ON DEVELOPMENT OF BRAZIL

(2020)

主　编／程　晶

副主编／缴　洁

社会科学文献出版社

SOCIAL SCIENCES ACADEMIC PRESS（CHINA）

图书在版编目（CIP）数据

巴西发展报告. 2020 / 程晶主编. -- 北京：社会
科学文献出版社，2020.8
　（巴西黄皮书）
　ISBN 978 - 7 - 5201 - 6982 - 0

　Ⅰ. ①巴…　Ⅱ. ①程…　Ⅲ. ①经济发展 - 研究报告 -
巴西 - 2020　Ⅳ. ①F177. 74

中国版本图书馆 CIP 数据核字（2020）第 140828 号

巴西黄皮书
巴西发展报告（2020）

主　　编／程　晶
副 主 编／缴　洁

出 版 人／谢寿光
责任编辑／王小艳

出　　版／社会科学文献出版社·当代世界出版分社（010）59367004
　　　　　地址：北京市北三环中路甲 29 号院华龙大厦　邮编：100029
　　　　　网址：www. ssap. com. cn
发　　行／市场营销中心（010）59367081　59367083
印　　装／天津千鹤文化传播有限公司

规　　格／开本：787mm × 1092mm　1/16
　　　　　印张：20.25　字数：305 千字
版　　次／2020 年 8 月第 1 版　2020 年 8 月第 1 次印刷
书　　号／ISBN 978 - 7 - 5201 - 6982 - 0
定　　价／168. 00 元

本书如有印装质量问题，请与读者服务中心（010 - 59367028）联系

▲▲ 版权所有 翻印必究

《巴西黄皮书》编辑委员会

主 任 陈笃庆 〔巴西〕Luís Antonio Paulino

副主任 周志伟 邹爱华

编 委 （按姓氏拼音为序）

陈笃庆 程 晶 韩 琦 缴 洁 李仁方

王晓德 吴洪英 吴志华 徐世澄 杨首国

周志伟 〔巴西〕Luís Antonio Paulino

〔巴西〕Alexandre Pereira da Silva

〔巴西〕Marcos Cordeiro Pires

〔巴西〕Tullo Vigevani

主要编撰者简介

程　晶　历史学博士，湖北大学巴西研究中心、历史文化学院副教授，中华文化发展湖北省协同创新中心、国家领土主权与海洋权益协同创新中心、国务院侨务办公室侨务理论研究武汉基地副研究员。主要研究方向为中国与巴西关系、巴西历史等。主持国家社科基金、教育部、国务院侨办、中国侨联、广东省等的科研项目十余项，在《世界历史》《史学理论研究》《世界民族》《拉丁美洲研究》等学术期刊及著作上发表学术论文 30 余篇，主编《巴西发展报告（2019）》《巴西发展报告（2017~2018）》《巴西及拉美历史与发展研究》等著作。

缴　洁　法学博士，湖北大学巴西研究中心、政法与公共管理学院讲师。主要研究方向为中国与拉美法律制度比较、巴西等葡语国家法律制度、巴西土地制度。发表学术论文多篇，作为副主编合作编撰《巴西发展报告（2019）》《巴西发展报告（2017~2018）》《巴西及拉美历史与发展研究》，合译著作《葡萄牙刑事诉讼法》，参与撰写著作《我国农村集体经济有效实现的法律制度研究（2 卷）：村庄经验与域外视野》等。

摘　要

2019年1月1日，有"巴西特朗普"之称的右翼势力代表博索纳罗就任巴西第38任总统，巴西政治生态呈现"左退右进"。为了兑现建立"新巴西"的竞选承诺，执政首年，博索纳罗新政府在内政外交方面做出了较大幅度的调整。

政治层面，巴西政党力量格局发生了重要变化，以社会自由党为代表的新兴政党给传统政党体系造成了巨大冲击；中间政党的壮大成为当前巴西政局中的突出特点；受到重创的劳工党及其他左翼政党仍较活跃；政府机构进行了大幅调整；内阁要员变动较为频繁且深受多种意识形态影响，呈现彼此冲突、相互碰撞的局面，政策不确定性增强。

经济层面，博索纳罗新政府重新奉行新自由主义，大刀阔斧地进行了一系列经济改革，包括采取宽松的货币政策、削减公共财政开支、减少对生产活动的限制、推行企业私有化改革等。虽然新政府成功地推动了养老金改革，有助于巴西缓解财政危机，但是未能从根本上扭转经济下滑态势。受国内外多种不利因素的综合影响，2019年巴西经济不尽如人意，未达预期，全年仅增长1%。

外交方面，巴西外交政策出现较大幅度调整，南南合作与多边外交在巴西对外政策中的重要性有所降低，巴西频繁"退群"，包括退出联合国《移民问题全球契约》、退出南美洲国家联盟和拉共体，甚至曾试图退出《巴黎协定》，放弃WTO发展中国家待遇。与此同时，意识形态偏好体现较为明显。巴西主动向美国靠近，强化与美国的战略协作，在国际事务中追随特朗普政府的外交政策。中巴关系峰回路转，博索纳罗政府对华态度趋于务实，双边合作节奏得到较好延续。

社会领域，博索纳罗新政府在公共安全、教育等方面的政策引起广泛争议。与此同时，反腐收效甚微；劳动力市场持续低迷；贫困问题依然严峻，贫困率和赤贫率均有所上升；居民收入差距持续扩大；针对少数群体的暴力风险持续上升；大规模罢工、游行、抗议等群体性事件仍时有发生。现阶段，处于转型期的巴西仍存在比较尖锐的社会矛盾，但与其他拉美邻国相比，巴西社会局势处在可控范围。

环境与科技创新领域，为了促进农业、矿业等行业的经济发展，博索纳罗新政府在环境问题上采取消极态度，环境政策呈现历史性倒退，环境污染、环境犯罪、毁林等问题进一步恶化，严重损害了巴西的国际形象。在科技创新方面，新政府将科技创新视为国家发展的重心，制定了一系列科技创新战略与政策，对外加强国际科技创新合作，这使巴西的科技创新在2019年取得了一系列成就，但是受制于经费不足，科技创新政策落实困难。

聚焦2019年博索纳罗新政府执政首年在内政外交方面的调整与变化，湖北大学巴西研究中心组织中巴两国20位学者共同编写了本年度黄皮书。本书主体部分由总报告、分报告、专题报告和中巴关系报告四个部分共16篇研究报告组成：第一部分为2019年度巴西发展总报告，对2019年巴西的政治、经济、社会和外交形势进行综合评估，对中巴关系进行现状分析和未来展望；第二部分为分报告，分别对2019年巴西的政治、经济、社会、外交形势进行跟踪报道与剖析；第三部分为专题报告，对2019年巴西内政外交中的焦点、热点问题进行深入的专题研究，涵盖保守主义势力的回归与影响、福音派的政治参与、巴西与美国双边关系、巴西地区战略的调整、巴西科技创新的发展、巴西环境政策的倒退等；第四部分为中巴关系报告，对2019年中巴关系的总体发展形势以及两国在经贸、投资、人文、媒体等领域的交流与合作进行评析。最后在附录部分，本书对2019年巴西大事进行了梳理，以便为相关部门和个人提供参考。

关键词： 巴西　博索纳罗政府　中巴关系

目 录

Ⅳ　中巴关系报告

Ⅴ　附录

皮书数据库阅读 **使用指南**

总 报 告

General Report

Y.1
政策调整与不确定性：
2019年巴西形势整体评估

周志伟*

摘　要： 2019年，博索纳罗政府首年执政备受争议。在政治层面，博索纳罗退出社会自由党将给巴西政党力量格局带来新变数。在经济领域，养老金改革的通过、私有化的推进有助于巴西缓解财政危机，这将为经济恢复提供更大空间。在社会领域，博索纳罗政府在公共安全、教育等领域的政策引起广泛争议，与此同时，贫困问题受经济长期低迷的拖累呈现加剧趋势，但与其他拉美邻国相比，社会局势处在可控范畴。在外交方面，博索纳罗的意识形态偏好体现得较明显，与美国的政策

---

* 周志伟，法学博士，中国社会科学院拉丁美洲研究所研究员、国际关系研究室副主任、巴西研究中心执行主任。

联动有所加强。中巴合作依然维持良好态势，中国的重要性在多个层面有所体现。

关键词： 政治极化　经济复苏　亚马逊火灾　巴美关系　"一带一路"倡议

2019年是博索纳罗政府执政的第一年，政策调整体现在政治、经济、社会和外交等多个层面。在政治层面，政党力量格局发生了重要变化，尤其是博索纳罗退出社会自由党（PSL）以及前总统卢拉暂时出狱很可能进一步衍生新的影响；在经济层面，新政府取得了改革的部分突破，养老金改革方案最终获得通过，其他多项改革方案也逐渐被提上议事日程；在社会领域，进一步削减公共开支的政策安排面临较大争议，贫困问题也呈现加剧趋势；在外交层面，地区主义、多边主义、南南合作等内容被明显弱化，与此同时，意识形态色彩则得到较为充分的体现。

一　政治形势

博索纳罗在2018年大选中的崛起是近几年巴西政治格局重构的阶段性体现，这种政治生态的变化源于2016年的政治危机，但其实仍未回归稳定的力量架构。因此，2019年博索纳罗政府执政后，巴西政治力量的消长及重构仍是考察其政治生态走势最重要的视角。一方面，以社会自由党为代表的新兴政党给传统政党体系造成了巨大冲击，但是这些政党的可持续性面临较大的不确定性，这一点尤其从2019年博索纳罗总统与社会自由党最终分道扬镳得到部分体现；另一方面，中间政党的壮大成为当前巴西政局中的突出特点，这些政党如何分化组合将直接影响政局的未来走势；与此同时，受到重创的劳工党及其他左翼政党仍较活跃，尤其前总统卢拉的暂时出狱对巴西政治生态可能产生"溢出效应"。

在 2018 年大选中，博索纳罗与社会自由党实现了联合崛起，改写了巴西自 1994 年以来由社会民主党（PSDB）和劳工党（PT）轮流主政的局面。新政府就职后，博索纳罗总统与社会自由党主席卢西亚诺·比瓦尔（Luciano Bivar）之间围绕社会自由党的领导权爆发了激烈的争斗，受此影响，社会自由党内部出现严重分化。博索纳罗与比瓦尔之间的斗争主要体现在三个层面。其一，2018 年选举获胜原因的界定，即到底是"博索纳罗成就社会自由党"还是"社会自由党成就博索纳罗"？这一问题关系到下阶段是优先突出博索纳罗的个人色彩还是突出社会自由党极右的意识形态偏好。其二，博索纳罗总统家属干涉党内、内阁事务的做法，以及博索纳罗总统涉嫌裙带关系的人事安排，引发社会自由党传统势力的强烈不满。该党联邦众议员乔伊斯·哈塞尔曼（Joice Hasselmann）就曾明确表示，像博索纳罗总统家属如此干政的情况很少见。① 2019 年 10 月，该党派在众议院的党团领袖改选直接反映出两派之间的矛盾，而博索纳罗总统的儿子爱德华多·博索纳罗（Eduardo Bolsonaro）取代原党团领袖德利加多·瓦尔迪尔（Delegado Valdir）反映出"亲总统派"占据上风的局面，这也是最终造成两派彻底决裂的重要因素。其三，博索纳罗总统旨在与社会自由党的涉腐问题做彻底切割。在 2018 年选举中，社会自由党涉嫌伪造候选人套取联邦选举资金，此事曝光后，该党很多要员面临司法机构的调查，其中包括博索纳罗执政初期任总统府秘书长的古斯塔沃·贝比亚诺（Gustavo Bebianno）和党主席比瓦尔本人。为避免受到牵连，博索纳罗总统采取激进的切割态度，甚至要求严格审计社会自由党账户，此举最终造成党内两派彻底决裂。11 月 19 日，博索纳罗总统宣布退出社会自由党，创立新政党"巴西联盟"（Aliança pelo Brasil，APB），而跟随退党的议员超过 30 位，超半数席位的流失大大削弱了社会自由党在众议院中的力量，其席位排序从第二跌至倒数，这也会进一步影响巴西政治力量格局的稳定性。

---

① Tamires Vitorio, "Nunca houve tanta interferência da família, diz Joice sobre governo", *Exame*, 22 de outubro de 2019.

与社会自由党分裂相比，中间党团（Centrão）在议会中的影响力得到了明显的提升，原因既在于传统政党实力受到削弱，也源于新兴政党根基欠稳。从当前巴西议会政党力量结构分析，左翼政党①全部属于反对党性质，而众议院全部政党（26 个）中的 11 个可以归属中间党团类型，总议席数量（270 个）占众议院议席总数（513 个）的 52.6%，中间党团规模也达到了 1985 年再民主化以来的最大。② 从具体情况来看，中间党团主要包括民主党（DEM）、进步党（PP）、自由党（PL）、共和党（Republicanos）、民主运动党（MDB）、民主社会党（PSD），等等。其中，民主党具有较强的影响力，参、众两院院长均由该党议员担任。在这种局面下，中间党团不仅成为影响联邦政府执政效果的因素，而且是未来政党力量结构中不确定性较大的要素。2019 年，府院关系也的确呈现不和谐的局面，博索纳罗总统及其家属与众议院主席罗德里戈·马亚（Rodrigo Maia）有过激烈交锋，原因就在于博索纳罗总统家属频繁干政，这种局面最终在副总统汉密尔顿·莫朗（Hamilton Mourão）的调停下才趋于缓和。这种局面下，行政和立法机构之间的气氛一直不太融洽。2019 年，政府共向议会提交了 39 项临时法案提案，而表决通过的仅为 9 项，属于最近几届政府首年执政的最差表现，充分反映出强势的中间党团使博索纳罗政府的执政节奏未达预期。

2019 年，巴西左翼政党也出现了一些新的动态。其中，最重要的当属前总统卢拉的暂时出狱。11 月 7 日，巴西联邦最高法院投票表决，以 6 票支持、5 票反对，最终裁定已定罪的罪犯只有在所有上诉手段使用完后才能入狱服刑，这一判决使包括前总统卢拉在内的大批政客直接受益。11 月 8 日，卢拉获批出狱，暂时结束自 2018 年 4 月以来的牢狱生活。作为劳工党以及巴西左翼政党最核心的精神领袖，卢拉的出狱可能将给受挫的左翼阵营带来一定转机。11 月 22 日，卢拉出席劳工党第七次全国代表大会，号召劳

---

① 包括劳工党（PT）、巴西社会党（PSB）、民主工党（PDT）、巴西共产党（PC do B）、绿党（PV）、社会主义自由党（Psol）、网络党（Rede）。

② "Em 30 anos, base fraca dos governos fortalece o Centrão", *O Estado de Sao Paulo*, 8 de junho de 2019.

工党履行好在野党的职责，与此同时，加强与民众以及其他左派政党的对话与团结。另外，他还表示将开展全国性的动员活动，拉近劳工党与选民之间的距离。[①] 有评论分析，卢拉出狱有助于巴西左翼势力的恢复，加之博索纳罗退出社会自由党，劳工党有望在 2020 年地方选举中重新崛起。[②]

在政府内阁层面，要职人员变动相对较为频繁，反映出博索纳罗总统依托的社会自由党的新生特征以及执政联盟内部磨合的问题，尤其值得一提的是，执政联盟中的绝大多数政党是首次参与组阁执政，因此需要更长的时间去适应与协调。2019 年前 6 个月，博索纳罗总统相继解职了 3 位部长，另外，还出现了 26 次内阁要员更换的情况。[③] 博索纳罗总统在两起人事任命上的安排备受争议。其一，博索纳罗提名其儿子爱德华多·博索纳罗为驻美大使，此举受到包括盟党在内的广泛批评，不仅违背外交官选派标准和程序，且存在裙带关系的嫌疑。迫于多方面的压力，博索纳罗总统最终妥协改任他人担任驻美大使。其二，博索纳罗总统在联邦总检察长人选任命中同样存在有违常理的操作，其提名的奥古斯托·阿拉斯（Augusto Aras）根本不在由公共部推选的三位候选人名单内，不符合联邦总检察长的产生程序，引发包括联邦检察官在内的广泛抗议，违背了"透明、独立的人选选拔制度"，更是释放出当局挑战巴西民主制度的不利信号。

民调通常被视为评估政府治理的晴雨表，但综合多个民调机构的分析，博索纳罗政府首年执政具有较强的争议性。从 Datafolha 在 2019 年所做的四份季度民调结果来看，民众对博索纳罗总统本人持"好评"态度的占比基本稳定，大致维持在 30% 的水平，但是持"差评"态度的占比同样在 30% 至 40% 之间浮动，而认为"一般"的占比也处在 30% 的水平，这也体现出

---

① 参阅巴西劳工党网站内容，https：//pt. org. br/leia - o - discurso - de - lula - na - abertura - do - 7o - congresso - nacional - do - pt/，检索日期：2020 年 3 月 6 日。

② Rodolfo Costa, "Saída de Lula da prisão aumenta o clima de polarização política no país", *Correio Braziliense*, 9 de novembro de 2019.

③ Carolina Cruz, "Bolsonaro completa semetre com instabilidade na equipe", *Jornal Destak*, 8 de julho de 2019, link：https：//www. destakjornal. com. br/brasil/politica/detalhe/bolsonaro - completa - semestre - com - instabilidade - na - equipe? ref = DET_ relacionadas_ politica

三种立场基本呈现均势的局面（见图1）。但是，从对博索纳罗总统的信任度来看，19%的民众持"始终信任"态度，37%的民众持"有时信任"立场，而"从不信任"的比重则高达43%。而对于博索纳罗总统未来的执政预期，持"看好"态度的占比从2019年初的59%降至年底的43%，而持"不看好"立场的占比则从23%升至32%。针对巴西的海外形象，认为"变好"的比重约为31%，而持"变差"立场的占比则达到了39%。[①] 从具体领域来看，根据CNI/Ibope在12月20日公布的民调结果，民众满意度最高的是公共安全，达到了50%。其后依次是教育（45%）、就业（41%）、反饥饿与反贫困（40%）、环境（40%）、通胀（40%）、医疗（36%）、利率（31%）、税收（30%）。[②] 总体来看，博索纳罗的执政开局不太乐观，属于自1985年政治转型以来各届政府的最差开局，民众的情绪表现为从最初的"期待"转向"不满"。但是，上述调查也反映出另一个问题，即巴西社会对博索纳罗政府保持着较好的耐心，特别是看好博索纳罗剩余任期的比重相对较高，这也为巴西当局提供了相对较好的执政环境。

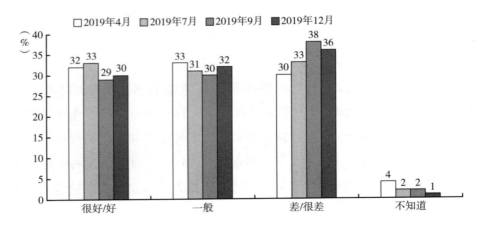

图1 民众对博索纳罗总统的态度

资料来源：Instituto Datafolha, *Relatório：Avaliação do Presidente Jair Bolsonaro*, Dezembro de 2019。

① Instituto Datafolha, *Relatório：Avaliação do Presidente Jair Bolsonaro*, Dezembro de 2019.
② Ibope, *Pesquisa de Opinião Pública sobre Assuntos Políticos/Administrativos*, Dezembro de 2019.

Datafolha 的另一项调查[①]对政客的信任度进行了对比分析，其中，现任司法和公共安全部长莫洛高居首位，对其持"很信任"态度的占到 33%；前总统卢拉和现任总统博索纳罗则分列第二、第三位，对两位持"很信任"态度的分别为 30% 和 22%。但是，在同一份调查中，上述三位的不信任度也是最高的，莫洛（42%）同样排名首位，而卢拉（53%）和博索纳罗（55%）依然分列第二、第三位。这种结果充分体现出巴西社会政治立场的"极化"现象，尤其是在"卢拉案"问题上，莫洛和卢拉完全处在对立位置，但从民调来看，他们两位恰是巴西公民最信任的前两位政客。并且，根据前后两次民调，"很信任"莫洛的比重从 14% 增至 33%，莫洛超过卢拉成为最值得信赖的政客，尽管如此，卢拉与莫洛的差距很小。另外，从群体特征分析，富裕阶层（10 倍于最低工资）和 60 岁以上群体，信任莫洛的分别占 54% 和 46%，而信任卢拉的则以东北部地区民众（49%）和基础教育程度的群体（46%）为主，体现出巴西社会"极化"既体现在收入水平层面，也反映在年龄、教育、地域等层面。

二 经济形势[②]

2019 年，巴西经济呈缓慢复苏态势。根据联合国拉美经委会（CEPAL）的统计，2019 年，巴西 GDP 增长率约为 1%，较上两个年度 1.3% 的增速略有放缓。就业情况虽略有改善，但失业率仍维持在 11.9% 的高位，失业规模约为 1250 万人。根据巴西央行公布的数据，2019 年的通货膨胀率为 4.31%，略高于 4.25% 的目标值，也高于 2018 年的 3.75%，为 2016 年来的最高值。贸易方面总体较为平淡，全年进出口额都有小幅萎缩，贸易顺差降至 2015 年来的最低水平。尽管如此，外国直接投资（FDI）增至 785 亿美元，巴西为全球第四大 FDI 流入国，仅次于美国、中国和新加坡。国际储

---

① Instituto Datafolha, *Relatório：Personalidades*, Dezembro de 2019.
② 本节数据除特别标注外均来源于 CEPAL, *Balance Preliminar de las Economías de América Latina y el Caribe*, Diciembre 2019。

备维持稳定，规模约为 3760 亿美元。

为了实现财政减负的目标，博索纳罗政府对经济政策做出了一些积极调整，如加大财政改革力度，削减公共财政开支，减少对生产活动的法律和制度限制，推进企业私有化改革。由于通货膨胀总体可控，加之经济长期低位运行，外部需求起色不大，巴西央行在 2019 年连续四次下调基准利率（SELIC），到 12 月降至 4.5%，创下了历史最低水平。与此同时，巴币雷亚尔在 2019 年呈现持续贬值的态势，2019 年 11 月美元兑雷亚尔的汇率一度升至 4.23，雷亚尔的币值创下了自 1994 年以来的最低值。

养老金改革是巴西联邦政府在 2019 年取得突破的改革项目，其核心内容包括实现养老金体系的统一、调整退休年龄和缴费年限。根据市场预测，此项改革能在未来几年中给巴西政府节省约 2000 亿美元的财政支出。与此同时，为改变财政状况不断恶化的趋势，博索纳罗政府努力降低公共部门财政赤字，将赤字规模从 2018 年的 1390 亿雷亚尔减少至 1000 亿雷亚尔，约合 GDP 的 1.5%。受深海石油区块拍卖收入的拉动，财政收入在 2019 年约增长 4.9%，财政支出方面则受到政府的严格控制，尤其是非必要支出项目，截至 2019 年 10 月，财政支出约为 1170 亿雷亚尔，为 2009 年来的最低水平。

2019 年 10 月，养老金改革法案完成了参众两院的最终投票表决。从当前来看，巴西的养老金赤字规模比较庞大，2019 年 10 月达到 1810 亿雷亚尔，同比增长 3.1%。但是，新的养老金制度有望逐步缓解公共财政支出压力。2019 年 10 月，公共债务总额占 GDP 的比重从 2018 年 12 月的 77.2% 升至 78.3%。公共部门名义赤字占 GDP 的比重约为 6.44%，较 2018 年同期的 7.14% 略有改观，原因主要在于利息支付占比（占 GDP 的比重）从 2018 年前十个月的 5.6% 减少至 5.1%。

2019 年，巴西货币政策出现积极调整。2019 年 12 月，巴西央行将基准利率下调至 4.5%，这也是年内第四次降息，利率降到了历史最低水平。利率维持下行主要源于正反两个因素：其一，通货膨胀保持低位；其二，经济持续低迷。受利率下行的刺激，巴西信贷市场表现活跃。2019 年前十个月，信贷额同比实现 3.5% 的增长。相比而言，个人信贷增幅更为明显，达到了 8.9%，企业信贷则萎缩了 3.1%，其中，巴西国家开发银行（BNDES）在 10 月向企业的放贷量较 2018 年底减少了 10.8%。总体来看，2019 年 10 月的基础货币量较 2018 年 12 月减少了 3.3%，巴币雷亚尔在 2019 年贬值明显。

外贸方面，2019 年，巴西出口总额约为 2253.8 亿美元，同比减少 5.8%；进口总额约为 1773.5 亿美元，同比减少 2.14%；全年贸易顺差为 480.3 亿美元，同比减少 4.2%。从贸易伙伴来看，前五大出口目的国分别为中国、美国、荷兰、阿根廷和日本，五国占出口总额的比重分别为 28%、13%、5%、4% 和 2%。主要出口产品包括大豆、铁矿砂、石油、玉米、纸浆、鸡肉、豆粕，其中大豆出口额 261 亿美元，同比下降 21%；铁矿砂出口额 240 亿美元，同比下降 5%。值得关注的是，受阿根廷经济的连累，汽车出口额在 2019 年前 11 个月同比降幅高达 29.4%，而对阿根廷的总出口降幅达到了 36.7%。中巴双边贸易同样出现小幅下挫，其中，2019 年前 11 个月对华大豆出口减少了 23.8%，但是，对华肉类产品出口则呈现强劲增势，如牛肉出口增幅达 59.8%，猪肉出口也实现了 46.1% 的增长，对华贸易实现 250 亿美元的顺差。巴西前五大进口来源国分别为中国、美国、阿根廷、德国、韩国，五国占比分别为 21%、18%、6%、6% 和 3%。主要进口产品包括成品油、原油、汽车配件、通信设备、非航行用船舶、集成电路、药品、农药、各类管件、化肥，等等。

受外贸下行和贸易顺差萎缩的影响，巴西经常项目赤字规模在 2019 年达 507.6 亿美元，创下了自 2015 年来的赤字峰值，占 GDP 的比重从 2018 年底的 2.2% 升至 2.76%。但是，FDI 在 2019 年表现活跃，增至 785 亿美元，约占 GDP 的 4.27%。外债规模基本维持稳定，2019 年外债总额约为 3236 亿美元，较 2018 年底的 3206 亿美元有小幅增长。

劳动力市场的活跃度上升，2019 年前 10 个月新增正规就业岗位约为 84.15 万个，同比增加 6.1%。从就业领域来看，服务业新增就业数量达 36.44 万个，贸易部门就业数量增加 12.68 万个。另外，建筑业的就业贡献

也较明显，新增岗位数量同比增加 6.3% ，农牧业、矿业、制造业则分别增长了 5.0% 、3.4% 和 2.1% 。另据统计，2019 年前三个季度，实际平均工资水平约为 2223 雷亚尔，同比减少了 0.31% 。

三　社会形势

与多个拉美邻国相比，巴西在 2019 年的社会形势相对较为稳定。尽管如此，博索纳罗政府在公共安全、教育等领域的政策操作存在较大争议。与此同时，2019 年的亚马逊热带雨林火灾也受到国际社会的广泛关注，新政府的环境治理面临更大压力。另外，巴西的贫困问题依然严峻，贫困率和赤贫率均有所上升。

执政初期，博索纳罗政府便针对公共安全做出政策调整，践行了他在 2018 年大选中所倡导的"以暴制暴"理念。2019 年 1 月，博索纳罗总统签署行政令，放宽公民持枪限制，通过联邦警察审核后的公民可在住宅内装备最多 4 把枪支，枪支登记有效期由 5 年延长至 10 年。5 月，博索纳罗总统再次签署行政令，将合法持枪者购买弹药的数量上限提高至每年 5000 发，而此前上限为每年 50 发，士兵、警察、猎人和其他一些类别的弹药由巴西军方自行决定；大口径和半自动武器弹药的购买数量可达 1000 发。从民调结果来看，73% 的民众反对放宽枪支管制的做法，支持总统决定的仅占 26% 。[1] 由此可以看到，在枪支管制上，博索纳罗总统的立场不符合大多数民意。在教育方面，巴西教育部在 4 月宣布因财政困难削减 30% 非强制性预算开支，涉及 63 所联邦大学和 38 家其他教育机构，此举引发了全国范围的多次高校罢工。[2]

博索纳罗政府的环境政策同样备受争议，尤其是亚马逊热带雨林火灾更是折射出巴西新政府在气候治理方面存在的问题。根据巴西国家空间研究院

---

[1]　Ibope, *Pesquisa de Opinião Pública sobre Flexibilização da Posse de Armas*, Março de 2019, p. 9.

[2]　Luiz Calcagno, "Corte geral de 30% nos orçamentos das universidades federais", *Correio Brasiliense*, 1 de Maio de 2019.

（INPE）的统计数据，2019年巴西森林火灾面积高达31.8万平方公里，较2018年增加了86%，为最近十年来森林火灾面积第三多的年份，仅不及2012年（39.1万平方公里）和2015年（35.4万平方公里）。从被监测的全国六大林区来看，亚马逊雨林地区毁林面积约为7.3万平方公里，同比增长68%。其实，从毁林面积来看，亚马逊地区不及潘塔纳尔沼泽（Pantanal）、塞拉多林区（Cerrado）、卡廷加林区（Caatinga）；从增速来看，亚马逊地区也不及潘塔纳尔沼泽（573%）、潘帕林区（127%）、卡廷加林区（118%）和塞拉多林区（74%）。从亚马孙地区的火灾数量来看，2019年共发生89178起，同比增加了30%，火灾数量在最近十年间仅次于2017年的107439起和2015年的106438起（见图2）。事实上，博索纳罗总统曾多次质疑气候变化的科学性，称之为"受马克思主义文化影响的科学教条"，扬言退出《巴黎协定》，撤回承办2019年联合国气候变化大会的申请，认为设立原住民保护区有碍亚马逊地区的发展，主张加快亚马逊地区的矿业发展，上述表态都体现出博索纳罗总统对环境政策的漠视甚至否认态度。另外，最近两年的中美贸易战使巴西农业受益颇丰。比如，巴西大豆出口量在2017年、2018年分别增长了32%和23%，经济利润驱动也刺激了巴西烧荒垦田的行为。巴西生物学家罗慕洛·巴蒂斯塔（Rômulo Batista）认为，巴西森林火灾之所以引起国际关注，主要原因在于2019年并非厄尔尼诺现象特别典型的年份，与此同时，巴西当局的确在气候政策方面缺乏热情，除了环境部预算受削减以外，政府应对森林火灾和毁林的主动性严重不足。而世界自然基金会巴西分部（WWF - Brasil）分析师卡西欧·贝纳尔迪诺（Cássio Bernardino）指出，虽然不排除自然起火的原因，但从监测数据来看，人为因素占比很大，因为多数着火点靠近公路和居住点，不排除退林还耕的可能性，这也体现出政府缺乏严厉的环境监管。[①] 同样从民调来看，博索纳罗总统的环境政策面临国内民众的广泛质疑。84%的国内民众认为

---

① Carlos Madeiro, "Área queimada quase dobra no Brasil em 2019, e equivale a SP e RJ juntos", *UOL*, 14 de fevereiro de 2019.

"保护亚马逊对巴西的国家身份至关重要",而认为"保护亚马逊对全球环境质量至关重要"的也高达84%。针对博索纳罗总统及联邦政府的环境政策,90%的民众认为"博索纳罗总统和联邦政府应增加监测手段以阻止亚马逊地区的非法砍伐",而83%的民众甚至认为"博索纳罗总统和联邦政府应对亚马逊地区的非法砍伐采取'零容忍'政策"。在亚马逊火灾爆发后,博索纳罗政府遭到来自国内外的多重压力。

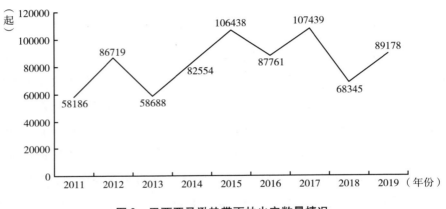

图2 巴西亚马逊热带雨林火灾数量情况

资料来源:巴西国家空间研究院(INPE)。

近年来,巴西的贫困问题未有太明显的改善。根据巴西地理统计局(IBGE)的统计,2018年巴西贫困人口数量约为5250万,贫困率约为25.3%,较2017年的26.5%略有回落,但较2014年22.8%的最低值存在较大差距。另外,黑种人及黑白混血种人占全国贫困人口的比例高达72.7%。与此同时,赤贫人口(日收入不足1.9美元)规模约为1350万,占全国总人口的比重约为6.5%,创下自2012年以来的最高值。与2017年相比,2018年的赤贫人口数量大约增加20万。值得关注的是,15~29岁的"双无"群体(无就学、无就业)人数高达240万,占该年龄群体总人数的23%。①

――――――――――

① IBGE, *Pesquisa Nacional por Amostra de Domicílio Contínua*, Rio de Janeiro, 2019.

四　外交形势

2019年，巴西外交政策出现较大幅度的调整，南南合作与多边外交在巴西对外政策中的重要性有所降低，频繁采取"退群"行为，从退出联合国《移民问题全球契约》到退出南美洲国家联盟和拉共体，甚至也曾提出退出《巴黎协定》，放弃WTO发展中国家待遇。与此同时，巴西与美国之间保持明显的外交联动。

巴西外交调整最直接地体现在地区层面，总体呈现从"纠左"向"极右"的变化趋势，对拉美左翼政府持强烈的排斥态度。第一，与拉美左翼政府彻底划界。首先，拒绝邀请古巴、委内瑞拉、尼加拉瓜等左翼拉美国家参加总统就职典礼。其次，承认委内瑞拉反对派领导人瓜伊多的"临时总统"的合法性，并与"利马集团"集体向马杜罗政府施压。另外，巴西支持"利马集团"对马杜罗政府官员采取制裁，冻结他们在"利马集团"成员国的资产。另外，博索纳罗甚至曾表示，不排除允许美国借道巴西对委内瑞拉采取军事干预。尽管"武力干涉委内瑞拉"最终因为巴西军方的反对而被搁置，但是博索纳罗政府一直对马杜罗政府持最强硬的立场，巴美两国高层甚至已谋划委内瑞拉的重建问题。另外，针对阿根廷左翼获选的结果，博索纳罗多次做出"阿根廷是下一个委内瑞拉""如阿根廷左翼获胜，巴西或退出南共市"等表态。总体来看，巴西在地区层面改变以往"协调国"的身份，转而成为意识形态对立、矛盾激化的核心要素，而这种局面有可能使拉美（尤其是南美）陷入更加混乱的局面。

第二，强化与美国的战略协作，双边合作全面激活。2019年，巴美两国高层保持高频往来。2019年3月，博索纳罗总统访问美国，改变了巴西新任总统首访阿根廷的外交传统。博索纳罗的主动示好得到了特朗普政府的积极回应，宣布授予巴西"非北约主要盟国"地位，邀请巴西加入经合组织（OECD）。此次访美期间，博索纳罗总统还密访美国中央情报局（CIA），

此举被解读为"屈从美国"① 的政策信号。此外，博索纳罗还明确支持特朗普在美墨边境修建隔离墙，单方面给予美国游客免签待遇，对每年从美国进口的75万吨小麦实行免关税配额，向美国提供巴西北部马拉尼昂州的阿尔坎塔拉火箭发射基地，允许美国波音公司收购巴西航空工业公司（Embraer）。与此同时，巴美双边合作机制呈现全面激活的局面。9月13日，美国国务卿蓬佩奥与巴西外长阿劳若在巴西利亚启动"美巴战略伙伴对话"机制，该机制为2019年3月19日博索纳罗总统访美直接推动的结果，并被定位为强化两国关系的核心平台，下设三个层级的双边对话，分别为支持民主治理、实现经济繁荣、强化安全和防务合作。特别值得关注的是，随同蓬佩奥访问巴西的美官方代表身份特殊，如负责政治事务的副国务卿戴维·黑尔（David Hale），负责军备控制和国际安全事务的副国务卿安德里亚·汤普森（Andrea Thompson），主管经济增长、能源和环境的副国务卿基思·克拉奇（Keith Krach），西半球事务副助理国务卿陈朱莉（Julie Chung）。巴方参与此次对话的外交官包括主管美洲地区双边、多边谈判的佩德罗·米格尔（Pedro Miguel）、负责经济与贸易政策的诺伯特·莫雷蒂（Norberto Moretti）、主管国家主权和公民事务的法比奥·马扎诺（Fabio Marzano）。通过此次对话，两国正式建立总额达1亿美元、为期11年的"亚马逊基金"，该基金旨在通过私营企业强化亚马逊地区生物多样性保护。在经贸层面，强调逐步推进贸易和投资便利化，深化在数字经济领域的合作，降低对巴西相关产品（乙醇）的进口税。另外，10月，"美巴政治－军事对话"在巴西举行，美国国务院政治军事事务局助理国务卿克拉克·库珀（Clarke Cooper）与巴西外交部防务与安全事务司司长亚力桑德罗·坎德亚斯（Alessandro Candeas）、巴西国防部政策与战略司副司长里卡多·罗德里格斯·坎哈奇（Ricardo Rodrigues Canhaci）联合主持。此举将加强双边防务与安全合作、防务贸易和维和行动。另外，10月还召开"美巴能源研讨

---

① "Visita à CIA expõe submissão de Bolsonaro aos interesses dos Estados Unidos", *Rede Brasil Atual*, https：//www. redebrasilatual. com. br/politica/2019/03/visita－a－cia－expoe－submissao－de－bolsonaro－aos－interesses－dos－estados－unidos/, 9 de março de 2019.

会"，11 月重启"美巴科技合作联合委员会"，11 月在华盛顿召开"美巴 CEO 论坛"。在经贸层面，巴西与美国也开始筹划下阶段的政策安排。2019 年 7 月，美国商务部部长威尔伯·罗斯（Wilbur Ross）访问巴西时，巴西民间组织 AMCHAM 发布报告《巴美：更强伙伴关系的十点建议》，提出了强化巴美两国经贸往来的十大措施，包括推进自由贸易谈判。当前，巴西政商两界非常支持与美国的自由贸易谈判。8 月 15 日，该机构 CEO 黛博拉·维埃塔斯向博索纳罗总统的儿子爱德华多·博索纳罗（众议员）提交了此份报告。黛博拉表示，需要尽快利用好两国政府之间的友好氛围，利用这个难得的机会在中短期内取得一些突破。同样，美国也做出了积极回应，并在 11 月 25 日重启"美巴 CEO 论坛"。巴西经济部长保罗·格德斯、经济部外贸和国际事务特别秘书长（副部长级）马科斯·特洛若赴美参会，本次会议汇聚了 20 位企业高管，巴美两国各占一半，旨在凝聚商界共识，强化两国贸易和投资关系，并逐步推进自由贸易协定。本次会议宣布巴西享受美国的"快速通关计划"（Global Entry），参加本次会议的巴西企业高管将首次获得"快速通关"。在国际事务上，巴美两国的政策配合也引人关注：在世贸组织的改革上，巴西放弃发展中国家特差待遇原则，一方面旨在加入经合组织，另一方面实际起到帮助美国施压新兴大国的作用；在气候治理上，巴美同样采取"回避"态度；在伊朗问题上，博索纳罗公开支持美国实施的军事打击，与巴西当年积极调停伊核危机的做法完全不同。

2019 年，巴西与以色列的关系有所突破，基本兑现了博索纳罗在 2018 年选举期间所作出的承诺。2019 年元旦，博索纳罗邀请以色列总理内塔尼亚胡参加就职典礼，作出使馆迁址耶路撒冷的承诺；3 月底，博索纳罗总统访问以色列，并在内塔尼亚胡的陪同下参观哭墙，此举引起阿拉伯多国的强烈批评。此外，博索纳罗总统宣布将在耶路撒冷设立贸易办事处，作为使馆迁址的前期准备；两国还在科技、防务、公共安全、民航、网络安全、医疗等多领域签署合作协议；12 月，博索纳罗总统之子、众议员爱德华多以众议院外交和国防委员会主席身份访问以色列，参加巴西驻以色列贸易办事处在耶路撒冷的揭牌仪式，再次承诺在 2020 年将驻以色列大使馆迁往耶路撒

冷。随着政治互信全面升级，两国经贸关系也呈现快速强化趋势。2019 年
1～11 月，两国双边贸易规模为 146.5 亿美元，其中，巴西对以色列出口增
幅为 18.4%，从以色列进口同比增长 5.3%，巴西的贸易逆差为 77 亿美
元。① 目前，在巴西的以色列企业数量约为 150 家，主要分布在农业科技
（42 家）、电信和 IT（42 家）、安全设备和科技（24 家）、医药设备（17
家）等行业。除此之外，在电力设备、航空航天、能源等领域，巴西与以
色列的合作也比较紧密。②

2019 年 6 月，南方共同市场（南共市）与欧盟就签署自由贸易协定达
成一致，这算是巴西外交的突破。但是，协议达成后不久，博索纳罗与法国
总统马克龙针对亚马逊火灾进行了激烈交锋，为欧盟各国表决自由贸易协定
增加了不确定性。从立场来看，以法国总统马克龙为代表的国际舆论批评巴
西当局的气候政策，而巴西政府则强调亚马逊的主权归属。事实上，针对亚
马逊的争论由来已久，基本形成了各方妥协的合作模式，已设立多个国际援
助项目或专项基金，协助解决巴西亚马逊热带雨林的保护问题。但是，巴西
当局保守的气候政策不仅使多项国际合作陷入停顿，而且面临其他国家的贸
易、投资抵制，这也会成为欧盟成员国表决上述自贸协定的障碍。尽管如
此，与欧盟谈判的结束也体现出巴西贸易政策调整的趋势，市场开放和融入
全球价值链成为优先推进内容。除强化与欧盟的贸易政策安排外，巴西也提
出推进与美国、韩国、日本、澳大利亚、新西兰等国的贸易谈判。但是，由
于南共市存在对外集体谈判原则的限制，随着阿根廷左翼的重新执政，南共
市下阶段的贸易安排存在较大挑战。

五　中国与巴西关系

2019 年，巴西与中国的关系非常引人关注。首先，2019 年是中巴两国

---

① 巴西经济部统计数据，http：//www.mdic.gov.br/balanca/mes/2019/BCP056A.xlsx。
② 以色列驻巴西使馆网站，https：//embassies.gov.il/brasilia/Relations/Pages/Brasil% 20e%
20Israel.aspx，检索日期：2020 年 3 月 24 日。

建交 45 周年，两国领导人实现了互访：10 月，博索纳罗总统对中国进行国事访问，11 月，习近平主席赴巴西参加金砖国家第 11 次首脑会晤，领导人互访不仅增进了相互了解，而且传递了各自对双边合作的定位与期待。其次，两国高层和民间交往热度很高。5 月，巴西农业部长特蕾莎、副总统莫朗先后访华，尤其是莫朗的来访使中巴高委会（COSBAN）得到重启，并且展示出了巴西新政府强化与中国合作的政策姿态。访华期间，莫朗副总统反复强调中国对巴西经济发展的重要性，做出了很多深化双边合作的表态，如期待加入"一带一路"倡议，赞成在 5G 技术领域与华为的合作，扩大对华出口产品种类，欢迎中方扩大对巴西的投资，延续与中国的国际多边合作，等等。此外，巴西地方政府纷纷访华，招商引资的意愿非常强烈。与此同时，中国国务委员兼外交部部长王毅在 7 月访问巴西，与阿劳若外长举行第三次中巴外长级全面战略对话。在与博索纳罗总统会谈时，王毅部长表达了中方对中巴合作的信心，提出"推动中巴关系再上新台阶，将两国合作打造为中拉合作、新兴市场合作和南南合作的典范"。最后，中巴两国联合研制的地球资源卫星 4A（CBERS-4A）在 2019 年 12 月发射成功，这也是自中巴从 1988 年达成卫星合作项目以来，中国为巴西发射的第六颗应用遥感资源卫星，被誉为"南南高科技合作的典范"。

经贸关系层面，2019 年中巴双边货物进出口额为 981.4 亿美元，下降 0.8%。其中，巴西对中国出口 628.7 亿美元，下降 2.1%，占巴西出口总额的 28.1%；巴西自中国进口 352.7 亿美元，增长 1.6%，占巴西进口总额的 19.9%。巴西与中国的贸易顺差 276.0 亿美元，下降 6.4%。[①] 中国作为巴西第一大贸易伙伴、第一大出口市场、第一大进口来源国的地位非常稳固，比如，巴西对华出口额是对美出口额（295.6 亿美元）的 2 倍多。从贸易结构来看，巴西对华出口的主要产品为大豆、石油、铁矿石，分别占到对华出口总额的 32.6%、24.5%、20.8%，但是大豆出口额较 2018 年同期减

---

① 《国别贸易报告：巴西》2020 年第 1 期，https：//countryreport. mofcom. gov. cn/record/
qikan110209. asp？ id = 11750，检索日期：2020 年 1 月 20 日。

少了24.7%，相反，铁矿石对华出口则实现了19.8%的增幅。从中国进口的主要产品为传输和接收设备、钻井平台，两类产品分别占进口总额的11.2%和5.9%。

在投资方面，根据巴西经济部公布的《外国投资简报》，2019年对巴西开展投资项目的中国企业有中国广核能源（CGN Energy）、杭州华普永明光电股份有限公司、华为。另据该简报统计，从2003年到2019年第三季度，中国在巴西的投资存量为805.47亿美元，约占外资总存量的31%，仅次于美国（829.82亿美元，32%），继续保持巴西第二大投资来源国地位。另外，投资领域分布也有新变化，交通、电信、金融、电力成为中国投资增长较快的领域，尤其是电力行业已占中国在巴西投资的45%。[①] 中巴关系依然保持不错的发展态势，在中短期内，两国经贸合作存在较好预期。

总体来看，2019年中巴关系的气氛有所改善，博索纳罗政府对华态度趋于务实，双边合作节奏得到了较好的延续。

---

① Secretaria-Executiva da CAMEX, *Boletim de Investimentos Estrangeiros-Países Selecionados*, Jul-Set 2019, p. 8.

分 报 告

Sub Report

Y.2

变革与争议并行：
2019年巴西政治形势分析

孙 怡*

摘　要： 2019年博索纳罗总统首年执政给巴西政治带来了诸多变化，并引发了较大争议。本文基于对博索纳罗首年执政的初步观察，着重梳理博索纳罗首年执政的新特点，并对巴西当前政治生态做初步分析。总体来看，巴西政治出现了以下新变化：在政策议程的推行上，总统积极推进政策改革，但难以主导政策议程，传统政党在国会的话语权有所提升；在政策议程的制定上，核心决策圈以专才为主，但深受多种意识形态影响，政策不确定性增强；在与公众的关系上，总统通过社交

* 孙怡，湖北大学外国语学院葡语系教师、巴西研究中心研究人员，葡萄牙新里斯本大学国际关系专业博士在读。主要研究领域为葡语国家、中国与葡语国家关系。

媒体持续进行政治动员，但民意回落态势明显，社会矛盾持续加剧。

关键词： 巴西政治　博索纳罗　社会矛盾

一　博索纳罗政府首年执政新举措

2019 年博索纳罗上台伊始便对政府机构进行了大幅调整。通过合并重组，部长级职位的数量从 29 个减少至 22 个，新内阁出现了四大"超级部委"，分别是经济部（合并财政部、规划发展部、工业和对外贸易部以及部分劳工部职能）、司法和公共安全部（合并公共安全部以及部分劳工部、金融活动控制委员会、联邦总审计长职能）、公民部（合并文化部、体育部、社会发展部及部分劳工部职能）和地区发展部（合并城市部、国家融合部职能）。其他部委的职能也在不同程度上受到调整，如人权部扩展为妇女、家庭和人权部，原司法部的土著土地划界权以及环境部的农业财产监管、保护区控制等职能被划拨到农业部。此外，政府机构中 21000 个委任职位被裁撤，预计每年可减少财政支出 1.95 亿雷亚尔。[①] 通过这些举措，博索纳罗较大程度地整合、精简了政府机构，实现了政府部门的实质性"瘦身"。

在经济领域，博索纳罗政府的主要举措是控制公共财政、推进私有化和开放经济。被视为平衡公共债务关键所在的《养老金改革法案》（Reforma da Previdência），取得了突破性进展，于 2019 年 10 月获得国会批准并在 11 月正式生效，预计可在未来十年为政府财政节省约 8000 亿雷亚尔。《经济自由法》（Lei da Liberdade Econômica）、《释放社会一体化基金和工时保障基

---

① "Governo corta 21 mil cargos e gratificações", *Folha de S. Paulo*, https：//www1. folha. uol. com. br/mercado/2019/03/governo - corta - 21 - mil - cargos - e - gratificacoes. shtml, 13 de março de 2019.

金提款额度法》（PIS/PASEP e FGTS）等多个临时举措也得到国会批准转为正式法令，为经济自由化和公共财政可持续发展创造了条件。此外，国有企业私有化进程也取得了较大进展，2019年共计筹集1054亿雷亚尔，超过200亿美元（约合820亿雷亚尔）的预设目标。① 根据联合国贸易和发展会议（UNCTAD）公布的报告，巴西在私有化项目的助推下，成为2019年全球第四大接收外国投资目的国，共接收外国投资750亿美元，较2018年增加了150亿美元，排名上升2个位次。② 在经济开放方面，巴西正逐步放弃进口替代模式，积极扩大与世界其他地区的贸易联系，特别是在推动南共市和欧盟的自贸协定谈判上取得了历史性的突破，双方在历经20年谈判后于2019年6月签署了自贸协定。③ 同时，博索纳罗政府也致力于与特定国家和地区，如美国、中国和中东签署双边协议，旨在促进降税、扩大贸易。巴西央行公布的数据显示，2019年巴西公共债务出现了2013年以来首次下降，巴企业家信心指数（ICE）增长为近两年来最高值。④ 国际评级机构中巴西的信用评级维持在稳定水平，标准普尔还在2019年12月将巴西的评级由稳定调整至正面。⑤ 可见，经济团队的自由主义改革方案为博索纳罗政府赢得了一定信誉，特别是提振了企业家和投资者对巴西经济的信心。

在公共治安和反腐领域，联邦警察的行政预算得到提高，《反犯罪法案》（Pacote Anticrime）在2019年12月获得国会批准，其为惩治贪腐、有

---

① Agência Brasil, "Governo quer vender R ＄ 150 bi em participações em empresas em 2020", https：//agenciabrasil. ebc. com. br/economia/noticia/2020 – 01/governo – quer – vender – r – 150 – bi – em – participacoes – em – empresas – em – 2020, 14 de janeiro de 2020.

② Globo, "Brasil foi 4° país que mais atraiu investimento em 2019", https：//valor. globo. com/brasil/noticia/2020/01/20/brasil – foi –4o – pais – que – mais – atraiu – investimentos – em –2019 – aponta – unctad. ghtml, 20 de janeiro de 2020.

③ Agência Brasil, "Mercosul e União Europeia fecham acordo de livre comércio", https：//agenciabrasil. ebc. com. br/internacional/noticia/2019 – 06/mercosul – e – uniao – europeia – fecham – acordo – de – livre – comercio, 28 de junho de 2019.

④ 《巴西部分经济指标出现好转》，中华人民共和国商务部，http：//www. mofcom. gov. cn/article/i/jyjl/l/202001/20200102929503. shtml, 2020年1月10日。

⑤ 《标普将巴西评级展望上调至乐观》，新浪财经，http：//finance. sina. com. cn/roll/2019 – 12 – 12/doc – iihnzahi6992550. shtml, 2019年12月12日。

组织犯罪和其他暴力制定了更为严格的刑罚裁量和执行制度。司法和公共安全部还在五个试点城市推行了"巴西在前"（Em Frente Brasil）项目，以加强联邦和州、市政府打击犯罪的合作。2019 年 8 月的数据显示，巴西联邦政府综合信息平台（SINESP）记录的犯罪数量都有所减少。[1] 与 2018 年同期相比，巴西凶杀案减少了 22.0%，抢劫致死案减少了 21.7%，货物盗窃案减少了 22.9%，车辆盗窃案减少了 24.9%，强奸案减少了 10.5%。自"巴西在前"实施以来（8 月 30 日至 12 月 7 日），五个试点城市的凶杀案数量减少了 43.5%。[2] 此外，反腐调查"洗车行动"仍在持续，但效力有所减弱，特别是二审定罪后入狱服刑的法案被驳回，大量因贪腐案件服刑的政治人士提前获释，其中包括前总统卢拉。另外，博索纳罗原属政党（社会自由党）、总统本人及其家人也都受到多项犯罪指控，这使新政府的反腐形象大为受损。透明国际（Transparency International）公布的 2019 年全球清廉指数显示，巴西排在第 106 名，与去年分数相同，这也是巴西近七年来的最低分数。[3] 总体来看，司法团队的公共安全治理已初见成效，但在反腐方面收效甚微。

在备受瞩目和争议的农业和环境领域，农业发展和环境保护显现出不协调的步调。在农业方面，除了推行机构改革，博索纳罗还颁布了多部行业临时法令，以满足农业生产者的诉求，如建立农业发展基金（Fundo de Aval Fraterno），为农业生产者提供融资担保；修改土地权，缩短小型农业生产者耕地占用证明的时间。目前，这些法令均处于临时有效期内，有待国会后续审核。此外，博索纳罗政府还推出"农产品国际化项目"（Projeto de

---

[1] Globo, "Violência menor abre espaço para planejamento", https：//valor. globo. com/brasil/noticia/2020/01/10/violencia – menor – abre – espaco – para – planejamento. ghtml, 10 de janeiro de 2020.

[2] Globo, "Violência menor abre espaço para planejamento", https：//valor. globo. com/brasil/noticia/2020/01/10/violencia – menor – abre – espaco – para – planejamento. ghtml, 10 de janeiro de 2020.

[3] Globo, "Governo tomou medidas que resultaram em retrocesso no combate à corrupção", https：//oglobo. globo. com/brasil/governo – tomou – medidas – que – resultaram – em – retrocesso – no – combate – corrupcao – avalia – transparencia – internacional – 24206817, 23 de janeiro de 2020.

Internacionalização do Agro），并借助总统外交、贸易谈判等途径推动双边农产品进出口协定的签订，为本国农产品拓展国外市场，如在博索纳罗访华期间两国签署了向中国出口加工肉和棉籽粉的协定。根据巴西农业和畜牧业联合会（CNA）发布的报告，[①] 2019年巴西农业产生的GDP较2018年增长3.81%，约占巴西GDP的21.4%（同比增长0.3%），特别是在国内市场需求低于预期的情况下，国外市场已成为拉动巴西农业GDP增长的主要动力。相反，在环境方面，博索纳罗政府暂停了一些原有的环境计划，如"气候基金"（Fundo Clima），但并没有推出相应的新政策。此外，政府在应对亚马逊雨林火灾、东北部海岸原油污染等突发环境事件方面的举措还引发了国内和国际舆论纷争，对政府公信力造成了负面影响。

在公民社会领域，虽然博索纳罗将卫生和教育列为施政纲领的三大支柱之一（与经济、治安和反腐并列），但具体政策措施乏善可陈，教育部长更因"能力不足"而遭撤换。目前，仅有一个医疗议案获得国会批准，即替代"更多医生计划"（Mais Médicos）的"巴西医生计划"（Médicos pelo Brasil），向国内偏远地区提供更多医生岗位。在人权领域，政府将性少数社群（LGBT）从人权政策目标群体中剔除，同时加强对妇女权益的保护，如在10月和11月分别推出了"拯救妇女"（Salva Uma Mulher）和"巴西妇女之家"（Casa da Mulher Brasileira）等项目，向遭受暴力侵害的妇女提供援助，但目前尚未有相关数据来评估这些项目的实施效果。

在对外关系领域，博索纳罗在国际舞台上十分活跃，推行了一系列新外交政策。在多边层面，反对"全球化主义"，退出联合国移民协定、放弃申办2019年联合国气候变化大会，但同时，博索纳罗也在达沃斯论坛、联合国大会、G20峰会等重要国际场合公开支持多边体制和多边贸易体系。在地区层面，巴西同样脱离外交传统，退出南美洲国家联盟，加入南美八国的南美进步论坛，进而使南美一体化进程变得扑朔迷离。在双边层面，博索纳罗

---

① CNA, "PIB do agronegócio cresce 3，81% em 2019", https：//www.cnabrasil.org.br/boletins/pib – do – agronegocio – cresce – 3 – 81 – em – 2019，9 de março de 2020.

与美国、以色列等国结成了"意识形态盟友",但实质性成果却十分有限;此外,博索纳罗对中国和阿拉伯国家的态度发生了较大转变,并在10月下旬集中对中国以及阿拉伯联合酋长国、卡塔尔和沙特阿拉伯进行了国事访问,以讨论投资和加深贸易关系的机会。

总体来看,博索纳罗首年执政的工作着力点与其竞选主张基本一致,经济、治安、司法、人权、医疗、教育、对外关系等领域的政策都发生了不同程度的方向性转变,此前一些饱受争议的政策主张也成为新政府施政的优先项。

二 博索纳罗政府执政首年巴西政治的新特点

(一)总统积极推进政策改革,但难以主导政策议程

博索纳罗自上台之初就通过制定临时措施来迅速兑现竞选承诺,特别是针对竞选纲领中涉及的重要政策议题,如提高最低工资、削减内阁成员、重组内阁部门、实行经济自由化、释放社会一体化基金和工时保障基金提款额度等,同时也包括颇具争议的政策议题,如将土著土地划界权移交农业部、将性少数社群从人权部的政策目标群体中剔除。

但是,总统推出的临时措施并不具备稳定性,在颁布后仍需提交国会审议,如果国会不予通过,则在有效期(六个月)截止后失效。截至2019年12月底,博索纳罗共计颁布了48个临时措施,其中23个已结束临时有效期或在有效期截止前得到了国会的审议结果(参见表1)。从已有的审议结果来看,总统推出的临时措施在国会的通过率不足50%,近一半的临时措施在有效期内未获得国会的批准而自动失效,特别是在经济议题上,失效率高达63%。可见,博索纳罗在政策完成度上的表现并不理想。

此外,诸如《养老金改革法案》和《反犯罪法案》等必须要经过国会立法程序的关键改革议案,其审议过程也经历了较大波折甚至"缩水"。例

如，养老金改革议案预计在未来十年为财政节约1.2万亿雷亚尔，但经国会调整后降至8000亿雷亚尔。① 而在《反犯罪法案》中，莫洛此前着重强调的"排除（警务人员）非法行为""诉讼交易""二审定罪后入狱"等关键内容均被国会否定。这些改革方案虽然获批，但改革效益低于预期。

表1　2019年1～8月博索纳罗签署的临时措施生效情况一览

领域	正式生效	失效	反对
内阁机构	2	1	0
经济	4	7	0
司法和公共安全	2	0	0
公民	0	2	0
卫生	1	0	0
农业	1	0	0
矿业和能源	0	0	1
国防	1	1	0
总计	11	11	1

资料来源：根据巴西总统府（Planalto – Presidência da República）官网信息整理，涵盖2019年1月1日至2019年8月5日出台的临时措施。参见 www. planalto. gov. br/ccivil_ 03/MPV/Quadro/_ Quadro2019 – 2022. htm。

博索纳罗在政策落实上遇到的困境凸显了政府与国会合作的障碍：在博索纳罗与传统政党容易达成共识的议题上，政策议案较易通过；但在双方存在分歧的议题上，博索纳罗的政策推进空间则极为有限，特别是那些较具争议的激进政策，几乎全被国会驳回。在很大程度上，传统政党通过国会制定了属于自己的议程，从而对博索纳罗政府的政策议程进行重塑。② 可见，在执政联盟没有政党根基的情况下，国会在国内政策制定上反而有了更大的操作空间。

---

① EXAME, "Reforma da Previdência gera economia de R $ 865 bi em 10 anos, diz Itaú", https：// exame. abril. com. br/economia/economia – em – dez – anos – com – reforma – fica – em – r – 865 – bi – apos – 1o – turno – diz – itau/, 15 de julho de 2019.

② Estadão, "Congresso impõe agenda própria a Bolsonaro", https：//politica. estadao. com. br/ noticias/geral, congresso – impoe – agenda – propria – a – bolsonaro, 70002798485, 21 de abril de 2019.

造成这一局面的主要原因还要追溯到"局外人"博索纳罗总统的结盟策略①，即在总统选举中没有与建制政党结盟；而在巴西"旧政治"规则中，总统候选人通过分权和内阁部长的任命来换取结盟政党的支持，这为政府日后在国会推行政策议程奠定了政治基础。就博索纳罗的结盟策略来看，他拒绝与建制政党谈判，而是依靠政策专才、军人集团和不同政党内部的利益集团，在特定问题上寻求共识和支持。虽然这在形式上与"旧政治"分道扬镳，总统看似更加独立于政党的影响，但显然，他在政策推行中依旧无法摆脱"旧政治"的约束，难以主导政策议程。

（二）核心决策圈以专才为主，但深受多种意识形态影响

博索纳罗竞选时多次强调，他将组建一个"远离政治意识形态影响"的新政府。从内阁成员的所属背景来看，他确实"履行"了这一承诺，技术人士占比45.5%，军人占比31.8%，党派人士仅占22.7%，且均属中间党派（参见表2）。与巴西1985年恢复民主体制之后的各届政府相比，博索纳罗政府不再以"左""中""右"意识形态划分，而是更多地被媒体和分析人士冠以"技术阵线""军人阵线""农业阵线""宗教团体"等类别。其中，又以"技术阵线"最为特别，他们组成了巴西有史以来第一个"以政策专才为主的内阁"，占据经济、司法、环境、教育、人权、外交等攸关巴西社会各领域发展的内阁要职。

表2 博索纳罗内阁成员及其所属背景一览

内阁部门	部长	所属背景
联邦律师总署	André Luiz de Almeida Mendonça	技术
机构安全办公室	Augusto Heleno	军人

① 王鹏：《拉美政治之中的"局外人"：概念、类别与影响》，《拉丁美洲研究》2019年第5期。根据王鹏在该文中对"局外人"的界定，"'局外人'是这样一种政治人物：（1）在竞选活动开始时，没有从政经验或公共管理经验；（2）作为独立候选人参加选举，或与新政党结盟参加选举"。

续表

内阁部门	部长	所属背景
矿业和能源部	Bento Costa LimaLeite	军人
政府秘书处	Luiz Eduardo Ramos （2019年6月13日任命）	军人
妇女、家庭和人权部	Damares Alves	技术
外交部	Ernesto Araújo	技术
国防部	Fernando Azevedo e Silva	军人
总统秘书处	Floriano Peixoto Vieira Neto （2019年2月18日任命）	军人
地区发展部	Gustavo HenriqueRigodanzo Canuto	技术
卫生部	Luiz Henrique Mandetta	政党（民主党）
旅游部	Marcelo Álvaro Antônio	政党（社会自由党）
科技部	Marcos Pontes	军人
行政院	OnyxLorenzoni	政党（民主党）
公民部	Osmar Terra	政党（民主运动党）
经济部	Paulo Guedes	技术
环境部	Ricardo de Aquino Salles	技术
教育部	Abraham Weintraub （2019年4月8日任命）	技术
巴西央行	Roberto CamposNeto	技术
司法和公共安全部	Sergio Moro	技术
基础设施部	Tarcísio Freitas	军人
农业部	Tereza Cristina	政党（民主党）
联邦控制总署	WagnerRosúrio	技术

资料来源：Globo，"Conheça os ministros de Jair Bolsonaro"，3 de dezembro de 2019，https://infograficos. oglobo. globo. com/brasil/conheca – os – ministros – de – jair – bolsonaro. html；Yahoo Brazil，"Relembre os principais demitidos do governo Bolsonaro"，3 de dezembro de 2019，https://br. noticias. yahoo. com/principais – demitidos – do – governo – bolsonaro – 183239283. html。

　　然而，博索纳罗政府的"技术阵线"并非在"意识形态"上中立，相反，是多种意识形态的组合。一方面，在经济领域摒弃社会民主主义的经济

模式，转而奉行新自由主义。① 在这一理念的主导下，经济部长推出了一系列削减公共支出、推行私有化、进一步开放经济等措施。此外，环境部长、科技部长在亚马逊地区开发的问题上也都遵循新自由主义的逻辑——当巴西国家空间研究院披露亚马逊森林遭砍伐的数据时，环境部长指责该机构奉行"煽动主义"，而科技部长则在第一时间将国家空间研究院院长撤职。另一方面，在社会文化领域奉行保守主义，支持"文化战争"，捍卫巴西传统道德信念和宗教信仰。② 这一理念不仅贯彻在诸多国内政策上，特别是人权领域和教育领域，如反对堕胎、反对性少数社群、反对禁枪、在教育体系中增加对宗教宽容的课程等。同时，这一理念还在对外政策上有所体现，如与美国建立"亲密"关系，主张将巴西驻以色列大使馆（后改为贸易办事处）设在圣城耶律撒冷，退出联合国《移民问题全球契约》等。显然，博索纳罗政府的"技术阵线"同样具备明显的"意识形态"，甚至更加极端。

因此，博索纳罗所宣称的"远离政治意识形态影响"，更准确地说应该是不再以左翼主政时的意识形态为标准。此外，在多种意识形态并存且相互影响的情况下，博索纳罗政府的"技术阵线"内部也伴有分歧与矛盾，特别是新自由主义经济议程与保守主义外交议程之间存在摩擦。

更明显的不和谐声音来自"军人阵线"，包括副总统莫朗（Hamilton Mourão）、政府秘书长桑托斯·克鲁兹（Santos Cruz）等多位军人内阁成员都曾在公共场合反对博索纳罗的激进主张，如委内瑞拉问题、对华政策等。值得注意的是，桑托斯·克鲁兹及多名在政府内任职的军人官员在6月被解雇，一些分析人士认为这是博索纳罗政府内部务实"军事派"与保守"福音派"之间关系破裂的标志，并且以后者占据上风而告终。但

① UOL，"Governo Bolsonaro：ala'técnica'é，também，ideológica"，http：//entendendobolsonaro. blogosfera. uol. com. br/2019/09/03/ala – tecnica – do – governo – bolsonaro – e – tambem – ideologica/? cmpid = copiaecola"，3 de setembro de 2019.

② UOL，"Governo Bolsonaro：ala'técnica'é，também，ideológica"，http：//entendendobolsonaro. blogosfera. uol. com. br/2019/09/03/ala – tecnica – do – governo – bolsonaro – e – tambem – ideologica/? cmpid = copiaecola"，3 de setembro de 2019.

目前来看,博索纳罗与"军人阵线"仍处于相互依存的状态:一方面,在博索纳罗的新政下,军人集团的政治参与度得到了大幅提升;另一方面,军人集团的支持对没有政党根基的博索纳罗来说依然至关重要。从这点来看,"军人阵线"的务实主张仍将在平衡政府内部的激进主张中发挥重要作用。

此外,博索纳罗与其所在的社会自由党之间也出现了严重裂痕。二者因"橙色候选人"事件而分道扬镳。博索纳罗在 11 月宣布退出社会自由党,并创建新党——巴西联盟(Aliança pelo Brasil),而社会自由党在失去博索纳罗后也放弃了原先的极端主义立场,转而与中间党派进行更多联合。博索纳罗与社会自由党的决裂带来的最直接影响就是 2020 年的市政选举——鉴于组建新党程序繁复,巴西联盟已无缘 2020 年的市政选举。① 同时,这一变化会给博索纳罗政府的执政联盟带来更多不确定因素。

(三)通过社交媒体持续进行政治动员,但民意回落态势明显

博索纳罗在总统竞选期间就频繁借助新媒体增加曝光机会,因此被戏称为"网红"候选人。在赢得选举后,博索纳罗继续使用脸书(Facebook)、推特(Twitter)等社交平台作为发布政策资讯和传达执政理念的主要渠道,以此来巩固民众的支持。自 2019 年 3 月起,博索纳罗还在脸书上开通每周直播,内容涉及各类政策议题,包括与部长们的政策讨论。Datafolha 的民调显示,在社交网络上关注总统的人与使用社交网络但不关注总统的人在评价博索纳罗政府表现上存在很大观念差异。以 2019 年 4 月的统计数据为例,在关注总统社交网络的受访者中,民众对政府表现的满意度高达 62% ,而在使用社交网络但不关注总统的受访者中,满意度仅为 23% 。

博索纳罗对社交媒体的偏爱与特朗普的"推特治国"如出一辙。通过

---

① EXAME, " Aliança pelo Brasil já admite não participar da eleição de 2020 ", https://exame. abril. com. br/brasil/alianca - pelo - brasil - ja - admite - nao - participar - da - eleicao - de - 2020/, 27 de fevereiro de 2020.

社交网络，博索纳罗实现了与巴西民众直接、快捷的交流，并且强化了特定群体，特别是那些"重度博索纳罗主义者"（Bolsonaristas heavy）① 的认同。Datafolha 的民调显示，认为博索纳罗政府表现出色的受访者中，高收入阶层（高于 5 倍最低收入）的满意度达到了 44%，而低收入阶层（低于 2 倍最低收入）的满意度只有 22%。此外，在这些受访者中，男性占比 35%，巴西白人占比 37%，福音派占比 39%，企业家占比 58%，这些特征也与博索纳罗竞选时重点迎合的中产阶级、白人以及福音教团体等相一致。可见，在博索纳罗首年执政期间，特定群体对总统及其政府的信任度并未出现较大逆转。

然而，特定群体的认同显然不能等同于大多数民众的认同。IBOPE 在2019 年 12 月公布的统计数据显示，对政府表现满意的民众占比 29%，较2019 年 1 月正式就职时下降了 20 个百分点；对政府表现不满的民众占比38%，较 1 月上涨了 21 个百分点（见图 1）。可见，博索纳罗在首年执政期间的民众满意度并不理想，出现了满意度缩水、不满意度上扬的民意回落态势。就各类政策议题的分类表现而言，博索纳罗的民意支持也都不甚乐观。截至 2019 年 12 月初，除了公共安全领域的民众满意度达到 50%，民众在经济、教育、环境、医疗、税收等诸多议题上的不满意度均不同程度地超过了满意度。特别是在作为政府首要任务的经济议题上，46% 的巴西民众认为国家经济状况糟糕或非常糟糕，41% 的民众认为正常，仅有 11% 的民众对当前经济状况满意。

同样值得注意的是，博索纳罗上任之初就面临民意支持不足的困境。对于大多数将选票投给博索纳罗的民众而言，他们的最大诉求就是"求变"，以解决国家经济恶化、政治贪腐和社会暴力等突出问题。从民众对国家当前主要问题的认知来看（见表 3），就业问题居 2019 年国家主要问题榜单之首，47% 的民众将之视为国家头等问题，其后依次是医疗（41%）、腐败

---

① "Bolsonaristas heavy"是巴西民调中出现的术语，特指博索纳罗的坚定支持者，主要由 35 岁以上或是已退休的中产阶级白人组成。"重度博索纳罗主义者"为作者本人的翻译。

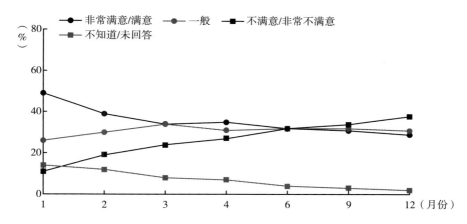

图1　2019年巴西民众对博索纳罗政府的满意度

资料来源：IBOPE。统计截止日期为2019年12月24日。

（36%）和公共安全/暴力（33%），其中对失业问题的关注度较2018年上升了2个百分点，而医疗、腐败和公共安全/暴力问题均有不同程度的下降。可见，民众对国家首要议题的关注度偏好与2018年基本保持了一致，民怨情绪并未因博索纳罗实施的"新政"而得到有效释放。

表3　2018年和2019年巴西民众对国家主要问题的认知对比

主要问题	2018年		2019年	
	%	排名	%	排名
失业	45	2	47	1
医疗	46	1	41	2
腐败	40	3	36	3
公共安全/暴力	38	4	33	4
教育	32	5	27	5
毒品	16	6	18	6
贫困/饥饿	7	9	11	7
住房短缺	10	7	11	7
高税收	10	7	10	9
有罪不罚/司法正义程序缓慢或缺失	6	10	9	10

资料来源：IBOPE，2020年2月18日。

三　巴西当前政治生态的新变化

（一）政党极化有所缓解，中间政党力量增强

在"反卢拉""反劳工党""反建制主义"等背景下，博索纳罗的上台给巴西传统政治格局造成了重大影响。经过 2018 年大选，巴西传统左右大党纷纷遭遇重挫，中间党派和极右翼小型政党群体崛起，但传统政党在国会中依然是绝对主流。① 因此，博索纳罗虽然赢得大选，但政党根基的缺失让他在国会中一直处于十分被动的地位，很多"新"想法难以落实。在这种情况下，博索纳罗不得不着重维护与政党的关系，在其执政联盟中吸纳更多政党集团，特别是中间党派，以此稳固和壮大执政根基。从这一点看，巴西政党极化趋势或将有所减弱并逐渐向中间路线靠拢。

（二）内阁多种意识形态相互影响，政策不确定性增强

博索纳罗组建的内阁虽然不是传统的政党联盟，却受多种意识形态影响，主要表现为经济领域的极端自由主义和政治社会领域的极端保守主义。在博索纳罗政府执政首年，多个政策领域的意识形态已经呈现彼此冲突、相互碰撞的局面，特别是新自由主义经济议程与保守主义外交议程之间的不协调。显然，博索纳罗领导下的政府内阁及其所代表的各利益集团之间并没有形成统一的凝聚力。相反，不同的利益集团都在各自的阵线上各行其是，而这或将导致政府运转的低效与失衡，极大地增加了政策不确定性。

（三）民众极化持续发酵，阶级矛盾、种族矛盾日益凸显

自博索纳罗执政以来，支持和反对博索纳罗的民众一直势同水火。一方

---

① 周志伟：《巴西新政府对外政策走势展望》，《中国社会科学报》2019 年 1 月 14 日，第 7 版。

面，博索纳罗的经济自由主义方案虽然在一定程度上得到了市场认可，却没有从根本上解决就业问题，失业率依旧高居不下。此外，控制财政赤字的措施中还包括削减教育、医疗等公共领域的开支，这也使弱势群体的处境更加艰难。很多分析人士指出，博索纳罗政府更加偏袒富人，加剧了巴西社会的贫富差距和穷人的贫困问题。另一方面，博索纳罗的社会保守主义理念并未有效促进巴西人民团结，反而使社会分裂程度加深。博索纳罗强调"巴西民族与基督内在的、根本的和不可分割的关系"，极度推崇"福音教和西方文明价值观"①；与之形成鲜明对比的是他诸多反对女权主义、反对性少数群体、开发土著部落保留地等争议性主张，这或将导致巴西社会逐渐走向攻击和排斥少数群体的极端，使族群矛盾进一步升级。

---

① 出自巴西联盟政党党纲（Programa da Aliança pelo Brasil），p. 2。

Y.3
经济增速放缓：
2019年巴西经济形势及前景展望

吴洪英[*]

摘　要： 2019年，养老金改革无疑是巴西政治经济社会生活中具有"里程碑意义"的重大事件。博索纳罗总统成功推动国会批准《养老金改革法案》，在一定程度上提振了信心，恢复了投资，促进了增长，使巴西全年GDP增长率明显高于拉美地区平均水平。但受国内外多种不利因素的综合影响，2019年巴西总体经济业绩不容乐观。主要生产部门活动萎缩，出口、进口同时下降，外国直接投资减少，外债负担不断加重，从2017年开启的、持续两年的经济复苏势头重新开始放缓。尽管博索纳罗政府采取了宽松的货币政策、中性的财政政策，并成功推动养老金改革，但并未能从根本上扭转经济下滑态势。2020年，面对突如其来的新冠肺炎疫情的冲击，加上更加复杂严峻、不确定性更强的国际环境，巴西经济前景依然不容乐观。

关键词： 巴西经济　养老金改革　新冠肺炎疫情

2019年1月1日，巴西右翼总统雅伊尔·博索纳罗（Jair Bolsonaro）宣

---

* 吴洪英，博士，中国现代国际关系研究院金砖暨G20研究中心主任、研究员、博士生导师。

誓就职。为兑现建立"新巴西"的竞选承诺，上台伊始，博索纳罗重新奉行新自由主义，大刀阔斧地进行一系列社会经济改革：紧缩政府开支，奉行中立的财政政策；降低利率，采取宽松的货币政策；推动国企私有化、贸易自由化和经济市场化改革，尤其全力推动养老金改革。博索纳罗的竞选承诺和执政主张，一度提高了世人对巴西经济前景的预期。2019 年年初，国际货币基金组织（IMF）预测，巴西经济 2019 年将增长 2.5%，2020 年将增长 2.2%。① 同时，联合国拉美经委会亦预测，2019 年巴西 GDP 将增长 2.0%。② 然而，受国内和国际多种不利因素的制约，2019 年巴西经济未达预期，全年仅增长 1%。这就意味着自 2017 年起开启的经济复苏进程再次中断。不过，需要特别指出的是，博索纳罗总统成功推动《养老金改革法案》在国会通过并生效，这对巴西无论是短期还是中长期发展均有深远的影响。

一　养老金改革：2019年巴西"最重大的事件"

纵观 2019 年，巴西政治经济社会生活中最重要的事件莫过于"养老金改革"。所谓"养老金改革"，指巴西政府提出的通过修改宪法以推动该国社会保障制度重大改革。巴西宪法规定，任何修正案都必须在国会参众两院获得绝对多数通过，方能生效为法律。随着巴西人口不断增多且预期寿命不断延长，养老金在政府公共支出中占比越来越大，国家有不堪重负之势。如何解决庞大的养老金赤字、缓解巨大的公共财政压力，成为巴西多届政府绕不开、躲不过的棘手问题。2019 年 2 月 20 日，致力于养老金改革的博索纳罗总统，终于将本届政府起草的《养老金改革提案》送交国会审议。7 月和 10 月，该提案分别获得众议院和参议院的批准，成为《养老金改革法案》，

① IMF, " World Economic Outlook Update ", January 2019, https：//www. imf. org/en/ Publications/WEO/Issues/2019/01/11/weo – update – january – 2019.

② CEPAL, *Preliminary Overview of the Economies of Latin America and the Caribbean 2018 – Brazil*, January 2019, p. 1, https：//repositorio. cepal. org/bitstream/handle/11362/44327/116/BPI2018_ Brazil_ en. pdf.

并自动生效。

博索纳罗总统并非第一个致力于养老金改革的总统。之前，已有多届政府进行过尝试。卡多佐（Fernando Henrique Cardoso，1995～2003年任职）是第一位尝试推动养老金改革的总统。早在1995年，他就提出通过修宪以改革养老金制度。该提案主张，全国公民最低退休年龄为女性55岁、男性60岁。这是该国历史上第一次提出改革养老金制度，触及利益面广泛，故遭到社会各阶层的普遍反对。结果，经过三年朝野博弈，1998年5月6日国会批准了一个折中的法案，即规定联邦公务员最低退休年龄为女性48岁、男性53岁。由于该法案牵涉面窄，改革幅度小，几乎没有产生什么影响。卢拉（Luiz Inácio Lula da Silva，2003～2010年任职）执政期间，重新提出联邦公务员养老金改革方案。该提案主张最低退休年龄为女性55岁、男性60岁；并从2003年起，所领取的养老金必须根据其缴纳的社会保障金平均值来计算，还可享有11%的工资津贴。罗塞夫（Dilma Rousseff，2011～2016年任职）主政期间，提出扩大养老金改革范围，在该国历史上首次将私营部门工人纳入社会保障体系。2015年推出了《85/95养老金改革法案》，主张私营部门工人只要最低退休年龄加上缴纳保障金年限折合计算后等于或大于固定的总分，即女性85分，男性95分，即可退休并领取全额保障金。此外，罗塞夫政府还于2013年建立"联邦公务员工资津贴社会保障基金"（Funpresp），即从2013年起凡是退休的公务员均可享受工资津贴最高限额（简称INSS，合计5839.45雷亚尔）。特梅尔（Michel Temer，2016～2018年任职）执政期间，提出了一个雄心勃勃的养老金改革方案，并于2016年12月送交国会。该提案由于触动利益面广，加上特梅尔执政不得民心，遭到广大民众的强烈反对，最后不了了之。

博索纳罗总统上台后，为兑现自己的竞选承诺，将推动养老金改革视作自己执政的"优先议程"，因为深知不进行养老金改革，养老金赤字将很快达到一个无法控制的水平，2021～2022年养老金体系很可能崩溃。因此，他指定以经济部长保罗·盖德斯（Paulo Guedes）为首的政府经济团队起草一个广泛而深刻的《养老金改革提案》。2019年2月20日，博索纳罗总统将这一提案送交给众议院议长罗德里戈·马亚（Rodrigo Maia）和参议院议长席达维·阿尔科伦布雷（Davi Alcolumbre），督促国会启动审议程序。7月11日，这一提案在众议院以379票赞同、131票反对而获得通过；10月23日，提案在参议院以60票赞同、19票反对而获得通过；同日，博索纳罗总统正式签署提案。几天后，提案在官方《团结日报》上发表后正式生效，成为《养老金改革法案》（以下简称《法案》）。

总体来看，此次养老金改革具有如下特点。

第一，目的性强。此次养老金改革根本目的有三。一是解决日益庞大的养老金赤字。巴西公共养老金开支已占GDP的14%，明显高于世界许多国家水平。二是应对人口快速老龄化的问题。2018年巴西人口已达2.095亿，人均预期寿命已达76.3岁，而平均退休年龄为54岁，国民长期享受缴费少、领取养老金时间长的待遇。国家财政越来越不堪重负。三是缓解社会不公平现象。按照现有的社会保障体系，巴西公务员享有特殊优惠的养老金制度，军人则根本不参与其中。显然，养老金覆盖面和公平性亟待改进。

第二，时间及时。根据以经济部长盖德斯为首的经济规划部门的估算，2018年养老金赤字已经超过1940亿雷亚尔。如果不进行养老金改革，政府各种强制性支出（包括社会保障福利、公共工资、各种津贴和失业保险等）将从2017年占政府预算的91.8%升至2022年的101.4%；政府用于投资的可支配资金从2017年占政府预算的8.2%减至2021年的2.1%，2022年再降至 - 1.4%。换言之，到2022年，各种强制性支出将消耗掉政府财政预算的100%。① 这说明巴西政府即将入不敷出，养老金制度难以为继，养老金改革已经迫在眉睫。

第三，触及面广。此次养老金改革是一个涉及所有人利益的重大改革，覆盖面既包括公共部门的人群（如公务员、议员、教师、警察等），又包括私营部门的人群（如雇主、雇员、农业工人、矿工和渔民等），还包括残疾

---

① Wikipedia, "Pension reform in Brazil", https：//en. wikipedia. org/wiki/Pension_ reform_ in_ Brazil.

人群和贫困的老年人群等。因此，《法案》是一个牵涉巴西社会各个阶层重大利益的法律文件。不过，军人仍不在此次改革之列。

第四，幅度大。从最低退休年龄看，《法案》规定所有人员最低退休年龄为女性 62 岁、男性 65 岁。这就极大地改变了原先女性 55 岁、男性 60 岁的退休制度，退休年龄提高的幅度前所未有。从缴纳保障金最低年限看，《法案》规定从原先的 15 年增至 20 年；同时，还降低了缴纳保障金的可替换率。从公务员薪酬制度看，首次大幅度降低公务员起薪及薪金增速。《法案》规定，一般公务员起始月薪从原先的 16993.64 雷亚尔降到 5000 雷亚尔，不到原来起薪的 1/3；需要工作 23 年而不是原来的 6 年月薪才能达到 20521.98 雷亚尔；需要工作 30 年后而不是原来的 13 年才能达到职业生涯最高月薪 24142.66 雷亚尔。从议员退休制度看，《法案》规定，议员最低退休年龄为男性 65 岁、女性 62 岁，而不是原来的男女议员 60 岁，并要求缴纳保障金年限在退休前不得少于 30% 时间。从工资津贴看，规定工资津贴额度不得超过两个最低工资标准（即 1996 雷亚尔）[①]，并禁止给月薪超过 1364.43 雷亚尔的人发放津贴。从教师退休制度看，《法案》首次规定，凡是从事基础教育（幼儿园、小学和中学）的教师最低退休年龄男女均为 57 岁，必须缴纳保障金 25 年；凡是从事高等教育的教师最低退休年龄男女均为 60 岁，必须缴纳保障金 25 年。可见，此次养老金改革的幅度前所未有。

第五，实施方法灵活。虽然《法案》对最低退休年龄和最低缴纳保障金年限作了"一刀切"规定，但提供了一个长达 14 年的"过渡时期"，并对过渡时期制定了五项分类管理制度。其中，四项管理制度是专门针对私营部门的雇员和工人，一项普遍性制度是针对其他所有人员。此外，还有一项特别管理制度是针对公务员人群的。但总体说来，无论男女职员还是工人，均需缴纳保障金至少 20 年方可退休。不同职业人员，可根据法案相关规定选择适合自己的方案。

第六，影响全面深远。此次改革不仅带来短期效益，还将产生长远影

---

① 1 个最低工资标准为 998 雷亚尔，2 个最低工资标准为 1996 雷亚尔。

响。短期看，从酝酿改革到《法案》获得批准，在一定程度上提振了国际资本对巴西经济的信心，增强了政府控制债务、扩大投资的能力，对经济复苏起到一定的刺激作用。正是由于这项重大的改革，不少国际经济机构提高了对巴西经济的预期。国际货币基金组织2020年1月的报告称2019年巴西经济增长1.2%，明显高于拉美地区平均水平（0.1%）；预测2020年巴西GDP增长2.2%，仍然高于拉美增速（1.6%）。[①] 长远来看，养老金改革将极大缩减巴西债务规模，减轻政府财政压力，扩大政府经济政策的回旋空间，增强政府投资能力，促进经济增长，改善社会不平等状况。根据巴西经济规划部的估算，仅降低公务员起薪和延缓其工资增速这两项举措，就可在五年内节省公共财政开支186亿雷亚尔。[②] 若从整个改革带来的长远效益看，国际货币基金组织预测未来10年可为巴西节省1.2万亿雷亚尔的资金，即到2030年节省资金将占GDP的2.5%～3.0%。[③] 显然，养老金改革是巴西历史上"具有里程碑意义的改革举措"。[④]

不过，应该看到，此轮养老金改革也遭到不少人的强烈反对。反对的焦点主要集中在三个问题上：一是最低退休年龄。反对者认为，实行"一刀切"的最低退休年龄，无视巴西各个地区不同人均预期寿命的客观现实。例如，圣保罗州、联邦区、圣埃斯皮里图州和南里奥格兰德州等地的人均预期寿命为77岁，而朗多尼亚州、罗赖马州、阿拉戈斯州、皮奥伊州和马拉尼昂州等地的人均预期寿命为70岁。《法案》规定最低退休年龄为女性62岁和男性65岁，实际上已接近某些州的人均预期寿命，这对那些无法活到领取退休保障金年龄的人是极为不公平的。二是女性最低退休年龄。反对者

① IMF, *World Economic Outlook - Update*, January 20, 2020, p. 9, https：//www. imf. org/en/Publications/WEO/Issues/2020/01/20/weo - update - january2020.

② Wikipedia, "Pension Reform in Brazil", https：//en. wikipedia. org/wiki/Pension_ reform_ in_ Brazil.

③ IMF, "IMF Executive Board Concludes 2019 Article IV Consultation with Brazil", July 23, 2019, p. 7, https：//www. imf. org/en/News/Articles/2019/07/23/pr19297 - brazil - imf - executive - board - concludes - 2019 - article - iv - consultation.

④ IMF, "Six Charts on Boosting Growth in Brazil", July 25, 2019, https：//www. imf. org/en/News/Articles/2019/07/25/NA072519 - Six - Charts - on - Boosting - Growth - in - Brazil.

认为，将女性最低退休年龄提高到 62 岁，完全忽视了妇女在社会生活中扮演的三重角色：职业女性、孩子母亲和家务主要承担者。巴西地理统计局（IBGE）的数据显示，2018 年，巴西职业女性每周平均从事家务劳动的时间要比男性多出 8.2 小时。三是未触动最富裕者的利益。反对者认为，《法案》虽然扩大了缴纳保障金的范围并提高了缴费标准，但对最富裕阶层的利益触动不大。按照原来的缴费标准，一个月薪5839.45雷亚尔的人，按照11%的税率缴费，每月缴费 642.34 雷亚尔；而《法案》修改为：一个月薪 5839.45 雷亚尔的人，按照 11.69% 的税率缴费，每月缴费 682.63 雷亚尔。显然，最富裕阶层的人承担的税费改革前后变化不大。因此，改革并没有从根本上触及巴西真正特权阶层的利益。

二 2019年巴西经济复苏势头放缓

2019 年，博索纳罗政府采取了较中性的财政政策，缩减公共开支的同时，设法增加税收；采取了扩张性的货币政策，降低利率，增加投资，刺激经济增长；实行弹性汇率政策，但仍然不时视情况干预汇市。不过，受到国内外多种不利因素的共振影响，2019 年巴西经济呈现增长重新放缓、喜忧参半的复杂局面。

其一，GDP 稳步增长势头中断。据联合国拉美经委会 2020 年 1 月发表的报告，继 2017 年、2018 年 GDP 分别增长 1.3%、1.3% 后，2019 年巴西经济增长率降至 1.0%，为最近三年最低。① 国际货币基金组织 2020 年 1 月发表的报告亦显示，2019 年巴西经济增速放缓，从 2018 年的 1.3% 降至 2019 年的 1.2%。② 从世界范围看，2019 年巴西 GDP 增速既未达到全球经

---

① CEPAL, *Preliminary Overview of the Economies of Latin America and the Caribbean 2019*, January 2020, p. 116, https://www.cepal.org/en/publications/45001 - preliminary - overview - economies - latin - america - and - caribbean - 2019.

② IMF, *World Economic Outlook Update*, January 2020, p. 9, https://www.imf.org/en/ Publications/WEO/Issues/2020/01/20/weo - update - january2020.

济增速 2.9%，也未达到发达国家水平（1.7%），更远低于发展中国家（3.7%），只是高于拉美国家平均增速（0.1%）。从主要大国看，2019 年巴西经济增速不如美国（2.3%）、法国（1.3%）、英国（1.3%）、加拿大（1.5%），更赶不上中国（6.1%）和印度（4.8%），与俄罗斯（1.1%）持平，好于南非（0.4%）和墨西哥（0.0%）。[1] 从人均 GDP 增速看，2019 年巴西人均 GDP 增长率从 2018 年的 0.5% 降至 0.3%，不如哥伦比亚（2.4%）、秘鲁（1.1%），但明显高于拉美地区平均水平（−0.9%），更好于墨西哥（−1.2%）、阿根廷（−3.9%）和委内瑞拉（−26.3%）。[2] 根据购买力平价计算，2019 年巴西 GDP 为 1.868 万亿美元，仍是世界第八大经济体；人均 GDP 为 8967 美元，居世界第 73 位。[3] 显然，2019 年巴西经济增速比上不足、比下有余。

其二，三大产业增速同时放缓。在巴西经济构成中，服务业占比最大，约占 GDP 的 67.0%；工业次之，占 GDP 的 27.5%；农业比重最小，占 GDP 的 5.5%。[4] 与 2018 年形成鲜明对比的是，2019 年，三大产业增速同时放缓。尤其是制造业、建筑业和商业等多个部门增长萎缩，采矿业也持续下降。构成需求的三大部分（私人消费、政府支出和投资）均为负增长，结果影响了全年 GDP 的增长。虽然固定资本构成总额占 GDP 比重从 2018 年的 16.5% 增至 16.8%，但低于拉美平均水平（17.3%），也比不上其他拉美大国——墨西哥（19.7%）、哥伦比亚（22.7%）、智利（21.2%）、秘鲁（21.0%）、厄瓜多尔（24.8%），只是略高于阿根廷（13.8%）。[5]

---

[1] IMF, *World Economic Outlook Update*, January 2020, p. 9, https：//www. imf. org/en/ Publications/WEO/Issues/2020/01/20/weo – update – january2020.

[2] CEPAL, *Preliminary Overview of the Economies of Latin America and the Caribbean 2019*, January 2020，p. 117，https：//www. cepal. org/en/publications/45001 – preliminary – overview – economies – latin – america – and – caribbean – 2019.

[3] Wikipedia, "Economy of Brazil", https：//en. wikipedia. org/wiki/ Economy _ of _ Brazil.

[4] Wikipedia, "Economy of Brazil", https：//en. wikipedia. org/wiki/ Economy _ of _ Brazil.

[5] CEPAL, *Preliminary Overview of the Economies of Latin America and the Caribbean 2019*, January 2020，p. 117，https：//www. cepal. org/en/publications/45001 – preliminary – overview – economies – latin – america – and – caribbean – 2019.

其三，通胀率为10年最低。尽管2019年巴西经济不景气，但没有出现严重的通货膨胀。2019年1～10月，巴西通胀率为2.5%，较2018年（3.7%）明显下降，为近10年最低水平。① 巴西是拉美地区通胀率变化的一个缩影。2019年1～10月，拉美平均通货膨胀率从2018年的3.2%降到2.4%，下降0.8个百分点，为拉美历史上最低水平。同一时期，拉美共有19个国家通胀率下降。其中，南美国家通胀率从3.3%降至2.3%，中美洲和墨西哥从4.2%降至2.7%，非西班牙语的加勒比海国家从3.0%下降至2.5%。② 不过，就巴西通胀指数构成而言，食品类通胀率从2018年10月的2.8%升至2019年10月的3.3%，贸易商品通胀率从2.5%上升至2.7%。核心通胀率保持在2.7%不变，而非贸易商品和服务的通胀率从2018年的4.3%降至2019年9月的2.1%。③ 显然，2019年巴西面临的通胀压力是最近10年最轻的。

其四，就业率略有提升，但工资水平微弱下降。2019年1～9月巴西就业率达到54.4%，较2018年同期的53.9%略有提高。不过，从比较角度看，巴西就业率低于智利（55.3%）、哥伦比亚（56.3%）、厄瓜多尔（63.9%）、墨西哥（57.8%）、秘鲁（69.1%）。④ 同时，巴西公开失业率仍然较高。2019年1～9月，巴西公开失业率为12.0%，高出拉美平均水平（8.2%），也高于阿根廷的10.4%、哥伦比亚的10.6%，远高于智利的7.5%、

① CEPAL, *Preliminary Overview of the Economies of Latin America and the Caribbean 2019*，January 2020, p. 141, https：//www. cepal. org/en/publications/45001 – preliminary – overview – economies – latin – america – and – caribbean – 2019.

② CEPAL, *Preliminary Overview of the Economies of Latin America and the Caribbean 2019*，January 2020, p. 15, https：//www. cepal. org/en/publications/45001 – preliminary – overview – economies – latin – america – and – caribbean – 2019.

③ CEPAL, *Preliminary Overview of the Economies of Latin America and the Caribbean 2019*，January 2020, p. 15, https：//www. cepal. org/en/publications/45001 – preliminary – overview – economies – latin – america – and – caribbean – 2019.

④ CEPAL, *Preliminary Overview of the Economies of Latin America and the Caribbean 2019*，January 2020, p. 133, https：//www. cepal. org/en/publications/45001 – preliminary – overview – economies – latin – america – and – caribbean – 2019.

秘鲁的 4.2%、墨西哥的 3.6%。[1] 尤其 14 岁以上人口失业率从 2015 年的 8% 升至 2019 年的 12.7%；失业人数从 2012 年的 760 万增加到 2019 年的 1340 万。[2] 此外，自主经营者、"小时工"和非正式就业人数明显增加。尽管通胀率较低，但巴西登记就业者的平均实际工资却略有下降。[3] 若 2010 年工资水平为 100 的话，巴西实际工资水平从 2018 年的 110.6 降至 109.9。[4]

其五，进口与出口"双下降"。2019 年，国际大宗商品价格大幅下跌，能源价格下降 7%，矿产品价格下降 5%，农产品价格下降 3%，尤其拉美出口的大多数商品价格下降 2.8% 左右。[5] 巴西作为石油、矿产品和农产品的出口大国，2019 年对外贸易受到国际大宗商品价格下挫的严重影响。从贸易总额看，从 2018 年 5326.41 亿美元降至 2019 年 5104.54 亿美元。其中货物贸易从 4260.27 亿美元降至 4073.94 亿美元，服务贸易从 1066.14 亿美元降至 1030.60 亿美元。在货物贸易中，巴西出口从 2018 年的 2395.37 亿美元降至 2019 年的 2227.69 亿美元，进口从 1864.90 亿美元降至 1846.25 亿美元。在服务贸易中，巴西出口从 2018 年的 354.40 亿美元降至 2019 年的 340.22 亿美元，进口从 711.74 亿美元降至 690.38 亿美元。[6] 巴西贸易额下降构成 2019 年拉美地区贸易不景

[1] CEPAL, *Preliminary Overview of the Economies of Latin America and the Caribbean 2019*, January 2020, p. 132, https：//www. cepal. org/en/publications/45001 – preliminary – overview – economies – latin – america – and – caribbean – 2019.

[2] Daniel Gallas & Daniele Palumbo, "What's Gone Wrong with Brazil's Economy?", 27 May, 2019, https：//www. bbc. com/business – 48386415.

[3] CEPAL, *Preliminary Overview of the Economies of Latin America and the Caribbean 2019*, January 2020, p. 14, https：//www. cepal. org/en/publications/45001 – preliminary – overview – economies – latin – america – and – caribbean – 2019.

[4] CEPAL, *Preliminary Overview of the Economies of Latin America and the Caribbean 2019*, January 2020, p. 134, https：//www. cepal. org/en/publications/45001 – preliminary – overview – economies – latin – america – and – caribbean – 2019.

[5] CEPAL, *Preliminary Overview of the Economies of Latin America and the Caribbean 2019*, January 2020, p. 46, https：//www. cepal. org/en/publications/45001 – preliminary – overview – economies – latin – america – and – caribbean – 2019.

[6] CEPAL, *Preliminary Overview of the Economies of Latin America and the Caribbean 2019*, January 2020, p. 119, https：//www. cepal. org/en/publications/45001 – preliminary – overview – economies – latin – america – and – caribbean – 2019.

气的一部分。2019 年，拉美进口和出口分别萎缩 0.9% 和 2.3%。[①] 尤其需要指出的是，巴西对外贸易量从 2018 年占拉美贸易总额的 21.31% 降至 2019 年的 20.88%。[②] 这说明，作为拉美最大经济体和最大贸易国的巴西，2019 年其贸易额的下降也导致了拉美地区整体贸易额的下降。

其六，外国直接投资略有下降，国际储备有所减少。2019 年上半年拉美吸引的外部资金净额达到 770 亿美元，较上年同期增长 16%，主要是存款和贷款流量有所恢复，而外国直接投资流量有所减少。2019 年上半年，拉美外国直接投资净流量减少约 130 亿美元。[③] 巴西 2019 年外国直接投资较 2018 年（621.21 亿美元）略微下降。[④] 同时，2019 年拉美和巴西外汇储备均有所减少。拉美国际储备从 2018 年 8671.18 亿美元，减至 2019 年 8589.95 亿美元，巴西从 3747.15 亿美元减至 3677.46 亿美元。[⑤]

其七，债券发行量增加，债务负担有所加重。2019 年，由于国际利率较低，全球流动性增强，国际债券市场成为主要的融资来源。[⑥] 巴西等拉美国家在国际市场上的债券发行量明显增加。2019 年 1～10 月，拉美国家债

---

① CEPAL, *Preliminary Overview of the Economies of Latin America and the Caribbean 2019*, January 2020, p. 46, https：//www.cepal.org/en/publications/45001 – preliminary – overview – economies – latin – america – and – caribbean – 2019.

② CEPAL, *Preliminary Overview of the Economies of Latin America and the Caribbean 2019*, January 2020, p. 119, https：//www.cepal.org/en/publications/45001 – preliminary – overview – economies – latin – america – and – caribbean – 2019.

③ CEPAL, *Preliminary Overview of the Economies of Latin America and the Caribbean 2019*, January 2020, p. 51, https：//www.cepal.org/en/publications/45001 – preliminary – overview – economies – latin – america – and – caribbean – 2019.

④ CEPAL, *Preliminary Overview of the Economies of Latin America and the Caribbean 2019*, January 2020, p. 125, https：//www.cepal.org/en/publications/45001 – preliminary – overview – economies – latin – america – and – caribbean – 2019.

⑤ CEPAL, *Preliminary Overview of the Economies of Latin America and the Caribbean 2019*, January 2020, p. 16, https：//www.cepal.org/en/publications/45001 – preliminary – overview – economies – latin – america – and – caribbean – 2019.

⑥ CEPAL, *Preliminary Overview of the Economies of Latin America and the Caribbean 2019*, January 2020, p. 33, https：//www.cepal.org/en/publications/45001 – preliminary – overview – economies – latin – america – and – caribbean – 2019.

券发行量较上年同期增长 20%，总额达到 1030 亿美元;[1] 其中，巴西债券发行额从 189.79 亿美元增至 235.46 亿美元。[2] 拉美债券发行量增加的主要原因是非金融类公司发行量增长了 83%，银行机构发行量增长了 28%，而主权债券发行量下降 0.3%，准主权债券发行量下降 13%，超国家债券发行量下降 30%。[3] 此外，拉美主权债务风险从 2018 年 12 月的 568 个基点降至 2019 年 12 月的 424 个基点，巴西从 273 个基点降至 233 个基点。[4] 由于国际利率低、债务发行量上升，巴西债务总额也相应增加。2018 年巴西债务总额达到 6657.77 亿美元，2019 年又有所增加，债务占 GDP 之比重从 2018 年的 195.4% 升至 2019 的 199.9%，在拉美 33 国中仅次于智利（同期从 208.4% 升至 224.21%）。因此，"智利和巴西是拉美债务占 GDP 之比重最高的国家"。[5] 同时，2019 年巴西所有部门（家庭、金融部门、非金融企业部门和中央政府）的债务均明显增加。巴西家庭债务从 2018 年占 GDP 的 16.7% 升至 2019 年的 28.3%，非金融企业部门债务从 39.9% 升至 42.4%，中央政府债务从 86.7% 升至 88.0%，只有金融部门债务略有下降，从 42.1% 降至 41.2%。[6] 巴西政府债务的绝大部分（96%）是以本币雷亚尔计

---

[1] CEPAL, *Preliminary Overview of the Economies of Latin America and the Caribbean 2019*, January 2020, p. 51, https：//www. cepal. org/en/publications/45001 – preliminary – overview – economies – latin – america – and – caribbean – 2019.

[2] CEPAL, *Preliminary Overview of the Economies of Latin America and the Caribbean 2019*, January 2020, p. 128, https：//www. cepal. org/en/publications/45001 – preliminary – overview – economies – latin – america – and – caribbean – 2019.

[3] CEPAL, *Preliminary Overview of the Economies of Latin America and the Caribbean 2019*, January 2020, p. 13, https：//www. cepal. org/en/publications/45001 – preliminary – overview – economies – latin – america – and – caribbean – 2019.

[4] CEPAL, *Preliminary Overview of the Economies of Latin America and the Caribbean 2019*, January 2020, p. 52, https：//www. cepal. org/en/publications/45001 – preliminary – overview – economies – latin – america – and – caribbean – 2019.

[5] CEPAL, *Preliminary Overview of the Economies of Latin America and the Caribbean 2019*, January 2020, p. 34, https：//www. cepal. org/en/publications/45001 – preliminary – overview – economies – latin – america – and – caribbean – 2019.

[6] CEPAL, *Preliminary Overview of the Economies of Latin America and the Caribbean 2019*, January 2020, p. 37, https：//www. cepal. org/en/publications/45001 – preliminary – overview – economies – latin – america – and – caribbean – 2019.

价，不同于阿根廷（政府债务 81.0% 是以外币计价）①，说明巴西外债所占比重较阿根廷要低。但由于所有部门债务增加，加上海外直接投资收入减少，2019 年巴西整体债务负担进一步加重。

三 2019年巴西经济增速放缓的主要原因

联合国拉美经委会指出，"2019 年拉美地区经济增长乏力和 2018 年以来的增长放缓，是由于不利的外部环境和内部因素综合运作的结果"。② 2019 年巴西经济情况更是如此。

从国内因素看，国内需求几乎所有方面出现疲软。从经济活动看，作为经济支柱的制造业、建筑业和商业，上半年均出现明显萎缩，采矿业更是持续低迷。2019 年上半年，巴西等拉美国家经济基本上停滞不前，增长率从上年同期的 1.34% 降至 0。从消费水平看，无论是公共消费，还是私人消费，均处于下降通道。2019 年第二季度，包括巴西在内的拉美国家公共消费萎缩了 1.0%，私人消费萎缩了 0.4%。③ 从投资看，2019 年上半年巴西等拉美国家固定资本构成总额下降 1.5%，这意味着连续三个季度固定资本构成总额下降，尤其对建筑业和机械设备的投资下降明显。④ 从经济增长动力看，原本看好的下半年通过的《养老金改革法案》和其他结构性改革议程虽在一定程度上刺激了经济增长，但未能产生足够的动力从根本上扭转经济

---

① CEPAL, *Preliminary Overview of the Economies of Latin America and the Caribbean 2019*, January 2020, p. 36, https：//www. cepal. org/en/publications/45001 – preliminary – overview – economies – latin – america – and – caribbean – 2019.

② CEPAL, *Preliminary Overview of the Economies of Latin America and the Caribbean 2019*, January 2020, p. 55, https：//www. cepal. org/en/publications/45001 – preliminary – overview – economies – latin – america – and – caribbean – 2019.

③ CEPAL, *Preliminary Overview of the Economies of Latin America and the Caribbean 2019*, January 2020, p. 60, https：//www. cepal. org/en/publications/45001 – preliminary – overview – economies – latin – america – and – caribbean – 2019.

④ CEPAL, *Preliminary Overview of the Economies of Latin America and the Caribbean 2019*, January 2020, p. 13, https：//www. cepal. org/en/publications/45001 – preliminary – overview – economies – latin – america – and – caribbean – 2019.

下行趋势。

从外部环境看，巴西面临一个较2018年更加不利的国际环境。一是世界经济和国际贸易同时放缓。国际货币基金组织2020年1月发表的报告显示，2019年世界经济增长2.9%，较2018年3.6%的增长率要低0.7个百分点。其中，发达国家增速从2018年的2.2%降至2019年的1.7%，发展中国家从4.5%降至3.7%，拉美从1.1%降至0.1%。[①] 联合国拉美经委会2020年1月发表的报告也表明，2019年世界GDP增长从2018年的3.1%降至2.5%。其中，发达经济体从2.3%降至1.7%，新兴经济体从4.5%降至3.9%。因此，"2019年成为自2008年金融危机和经济危机以来全球经济增长最缓慢的年份"[②]。同时，由于贸易紧张局势持续不断，2019年世界贸易增长势头明显减弱。继2017年全球贸易增长4.8%、2018年增长3.4%之后，2019年1~9月全球贸易总量较2018年同期下降0.4%。[③]

二是主要贸易伙伴经济疲软。中国、欧盟和美国分别是巴西第一大、第二大、第三大贸易伙伴。2019年，巴西的这三个贸易伙伴的经济增速同时放缓。中国GDP增长率从2018年的6.6%降至2019年的6.1%，欧元区从1.9%降至1.1%，美国从2.9%降至2.3%。尤其中国6.1%的增长率"是最近30年的最低增长率"。[④] 由于三方经济活动放缓，它们对"拉美商品"包括"巴西商品"的需求也有所下降，减少从巴西的进口也成为必然的选择。

① IMF, *World Economic Outlook Update*, January 2020, p. 9. https：//www. imf. org/en/ Publications/WEO/Issues/2020/01/20/weo – update – january2020.

② CEPAL, *Preliminary Overview of the Economies of Latin America and the Caribbean 2019*, January 2020, p. 21, https：//www. cepal. org/en/publications/45001 – preliminary – overview – economies – latin – america – and – caribbean – 2019.

③ CEPAL, *Preliminary Overview of the Economies of Latin America and the Caribbean 2019*, January 2020, p. 12, https：//www. cepal. org/en/publications/45001 – preliminary – overview – economies – latin – america – and – caribbean – 2019.

④ CEPAL, *Preliminary Overview of the Economies of Latin America and the Caribbean 2019*, January 2020, p. 22, https：//www. cepal. org/en/publications/45001 – preliminary – overview – economies – latin – america – and – caribbean – 2019.

三是国际金融市场波动加剧。众所周知，衡量国际金融市场波动幅度有三大指数：美国 VIX 指数、欧元区 V2X 指数、新兴市场 VXEEM 指数。2019 年，三大指数起伏跌宕，表明国际金融市场波动性增强。这种波动主要与中美之间出现贸易摩擦有关，例如，2019 年 5 月和 8 月中美两国关系紧张加剧之时，国际金融市场出现急剧波动。从 9 月下旬起，随着中美贸易和技术谈判取得进展，国际金融市场波动趋缓。2019 年巴西股市、汇市均随着国际金融市场波动而"起舞"。虽然年初受博索纳罗当选的鼓舞，巴西货币强劲升值，股市指数一度接近年度高点，但随着 5 月和 8 月中美两国关系紧张加剧，巴西货币和股市又重新回到起点。

显然，2019 年，乏力的国内需求和不利的外部环境，尤其出口、投资和消费"三驾马车"不同程度的失速，直接导致巴西全年经济增速令人失望。

四 2020年巴西经济增长前景

随着养老金改革"滞后效应"的释放，加上博索纳罗积极推进一系列重大的经济社会改革计划，2020 年巴西经济似乎出现乐观的前景。国际货币基金组织 2020 年 1 月发表的最新报告显示，2020 年巴西 GDP 增长率将从 2019 年的 1.2% 增至 2.2%，2021 年将达 2.3%[1]。然而，2020 年年初新冠肺炎疫情突然降临，加上更加不利的内外因素，巴西经济前景似乎不容乐观。国际货币基金组织在 2020 年 4 月发表的报告中预测，2020 年巴西经济增速急剧下滑，GDP 增长率为 -5.3%。[2]

2020 年，巴西将面临一个更加严峻、更加不确定的国际环境。2020 年 1 月突然暴发全球性新冠肺炎疫情，大多数国家"封城""封国"，经济和

---

[1] IMF, *World Economic Outlook Update*, January 2020, p.9, https://www.imf.org/en/Publications/WEO/Issues/2020/01/20/weo – update – january2020.

[2] IMF, *World Economic Outlook Update*, April 2020, p.9, https://www.imf.org/en/Publications/WEO/Issues/2020/04/20/weo – april – 2020.

社会生活按下"暂停键"，给世界经济造成打击。国际货币基金组织 2020 年 4 月发布的《世界经济展望》大幅调低世界经济增长速度，预测 2020 年全球经济增长率为 -3.0%；其中，发达国家为 -6.1%，新兴经济体和发展中国家为 -1.0%。从地区看，欧元区经济增长率为 -7.5%，中东欧为 -5.2%，中东和中亚为 -2.8%，撒哈拉沙漠以南非洲为 -1.6%；拉美为 -5.2%，仅亚洲增长 1.0%。[①] 从世界贸易看，国际机构原先对世界贸易前景的看法较为乐观，预计 2020 年世界贸易量将增长 2.7%。但在新冠肺炎疫情的冲击下，国际贸易条件急剧恶化。大宗商品价格可能出现断崖式下降，这将重挫巴西对外贸易与经济增长。从主要贸易伙伴看，受新冠肺炎疫情的冲击，2020 年美国 GDP 可能下降 5.9%，中国虽可能保持 1.2% 的增长，这也是近几十年来最低增速。[②]

因此，2020 年巴西面临的国际环境肯定不会比 2019 年更好，只会更糟糕。巴西经济增长"不仅面临短期风险，而且面临中长期风险"[③]。

同时，2020 年巴西还面临不少棘手的国内挑战。一是如何应对新冠肺炎疫情。新冠肺炎疫情突然在全球范围暴发，是 2020 年最大的"黑天鹅"事件。面对疫情的快速蔓延，巴西政府采取了限制航班、减少大型集会、学校停课、关闭饭店和酒吧等一系列举措，但成效甚微。尤其疫情导致全球产业链中断、大宗商品价格暴跌、金融市场震荡、旅游业受到重创，这使复苏艰难的巴西经济"雪上加霜"。如何避免遭受疫情肆虐、经济衰退、政治动荡和社会骚乱"四重危机"的重击，成为 2020 年博索纳罗政府面临的最大挑战。二是如何继续进行结构性改革。为了实现稳健和可持续的增长，博索纳罗政府继成功推动养老金改革后，仍需要果断地进行一系列的结构性改

---

① IMF, *World Economic Outlook Update*, April 2020, p. 9, https：//www. imf. org/en/Publications/WEO/Issues/2020/04/20/weo – update – april – 2020.

② IMF, *World Economic Outlook Update*, January 2020, p. 9, https：//www. imf. org/en/Publications/WEO/Issues/2020/01/20/weo – update – january2020.

③ CEPAL, *Preliminary Overview of the Economies of Latin America and the Caribbean 2019*, January 2020, p. 16, https：//www. cepal. org/en/publications/45001 – preliminary – overview – economies – latin – america – and – caribbean – 2019.

革，包括税制改革、国企私有化、贸易自由化、金融改革和增加基础设施投资等。其中，税制改革应是政府工作议程中继养老金改革之后的又一个"重中之重"，因为巴西繁杂扭曲的税收体系亟须理顺；通过这个改革还可增加政府财政收入，刺激私人投资。因此，税制改革对未来巴西增长至关重要。同时，贸易自由化对巴西也非常重要。巴西关税和非关税壁垒繁杂，"是世界上最封闭的经济体之一"①。减少贸易壁垒、扩大对外开放，不仅有助于提高巴西国家竞争力，而且有利于吸引外国投资。缩小巨大的基础设施差距将提高生产力。此外，增加基础设施投资对巴西长远发展非常重要。过去20年巴西公共投资特别是对基础设施的投资一直较低，导致公共投资规模和基础设施质量均低于中国、俄罗斯、印度和南非等新兴国家。要从根本上改变基础设施落后的状况，一方面需要大幅增加公共投资，另一方面需要政府通过减税或政策优惠等手段吸引私人资本。简言之，如何果断有序地推进结构性改革，是巴西政府需要面对的一个中长期挑战。三是如何稳住国内金融市场。巴西作为一个金融自由化程度较高的新兴经济体，深受国际金融市场变化的影响。可以说，巴西国内金融市场是随着国际市场的变化而"起舞"。2020年因新冠肺炎疫情的冲击，美国股市多次熔断，对国际金融市场造成极大冲击，也导致巴西股票市场急剧动荡。一旦国际融资条件急剧恶化，巴西将面临外部资本流入减少、主权债务风险上升以及雷亚尔兑美元贬值等风险。因此，如何防范和化解新冠肺炎疫情下国际金融市场波动对本国经济的暴击，是巴西政府面临的另一个重大挑战。四是如何解决就业问题。由于国际经济形势不利，国内需求不足，加上新冠肺炎疫情冲击，2020年巴西就业形势不容乐观，失业率很可能急剧上升。如果就业问题解决不好，民众就难以安居乐业，健康危机很可能演化成新的社会危机。五是如何控制债务规模。尽管养老金改革的成功极大地缓解了巴西财政压力，但总体来看，无论是公共债务，还是家庭债务和企业债务，三种债务水平均高，而

---

① IMF, "Six Charts on Boosting Growth in Brazil", July 25, 2019. https：//www.imf.org/en/News/Articles/2019/07/25/NA072519 – Six – Charts – on – Boosting – Growth – in – Brazil.

且不断提升。巴西仍然是拉美地区债务负担最重的国家。沉重的债务负担，不仅消耗着大量的公共财政资源，制约着政府调整经济政策的空间，还影响政府进行结构性改革的决心与能力，尤其直接影响巴西战胜新冠肺炎疫情的可用资源。控制债务规模在可持续的范围之内对于巴西经济增长至关重要，也考验着巴西政府的智慧和能力。

Y.4
社会矛盾依然尖锐：
2019年巴西社会形势评析

钟 点*

摘 要： 2019 年，巴西经济进入低迷复苏期。由于国内政局不稳、宏观经济结构失衡、不同社会群体间意识形态立场极化等因素，巴西社会各种不稳定风险仍未解除，突出表现为：产业结构调整导致劳动力市场持续低迷；城乡之间、地区之间居民收入差距持续扩大；住房、卫生等基本公共政策绩效仍有待提高；环境污染、环境犯罪等问题进一步恶化；财政资源匮乏导致教育事业停滞不前；针对少数群体的暴力风险持续上升，大规模罢工、游行、抗议等群体性事件仍时有发生等。这表明现阶段，处于转型期中的巴西仍存在比较尖锐的社会矛盾，这将在今后较长时期内对巴西的经济调整与政治改革构成严峻挑战。

关键词： 巴西社会发展 公共政策 贫富差距 社会矛盾

对世界经济而言，2019 年是"失望大于希望"的一年。鉴于地缘政治摩擦和金融市场波动致使全球利率水平上升，全球尤其是新兴市场的贸易和投资增长放缓，各大国际组织和机构在年初不约而同下调了 2019 年世界经

---

* 钟点，北京大学政府管理学院比较政治学博士生，主要研究领域为巴西政治与社会。

济增速预期①。受世界经济震荡影响，巴西经济虽从 2015～2016 年的衰退期缓慢过渡到 2017～2018 年的低迷复苏期，但社会发展不稳定因素仍在增加，民众整体生活水平仍未明显提高。本报告以 2019 年巴西社会主要发展指标数据为衡量标准，从市场、国家及市民社会等层面评析巴西社会发展现状，并在此基础上揭示现阶段巴西社会发展的主要矛盾及其深层原因。

一　2019年巴西社会总体形势②

（一）劳动力市场持续低迷，非正规就业人数增长，收入分配恶化

市场是一个国家社会结构的重要组成部分，也是一国经济社会发展的重要载体。在市场领域中，劳动力市场又是与社会发展关联最密切的对象之一。对劳动力市场的分析，不仅可以让我们透视一国经济社会发展的现状，还可以让我们对该国经济结构与社会发展之间的动态平衡与互动情况有总体的把握。

2019 年，由于巴西经济复苏速度低于预期，特别是受制于家庭消费规模增长缓慢，巴西的劳动力市场发展势头持续低迷。虽然 2018 年巴西的失业率出现大幅下降（12.0%），但这在很大程度上是由于前期（2015～2017年）出现的失业率和未充分就业率的暴增（几乎增加 100%）。③ 2019 年，巴西的失业率保持在 11% 左右，失业人口为 1200 万左右，这个数字与 2018 年相比没有明显变化（见图 1）。

但令人担忧的是，在 2019 年出现的新岗位中，大量为非正规就业岗位。

---

① 《世界银行 2019 年经济预测报告》，https：//datacatalog. worldbank. org/dataset/global - economic - prospects。

② 本研究的分析数据全部来自巴西地理与统计局（IBGE）。该单位是巴西最权威的官方统计机构，其每年定期发布的"Síntese de Indicadores Sociais：Uma Análise das Condições de Vida da População Brasileira"（《巴西社会指标概览：巴西人民生活水平分析》）是巴西覆盖范围最广、持续时间最长、统计范围最全面、数据精确度最高的人口、经济和社会官方统计参考文件。

③ IBGE, "Síntese de Indicadores Sociais - Uma Análise das Condições de Vida 2019", https：// biblioteca. ibge. gov. br/visualizacao/livros/liv101678. pdf, p. 17.

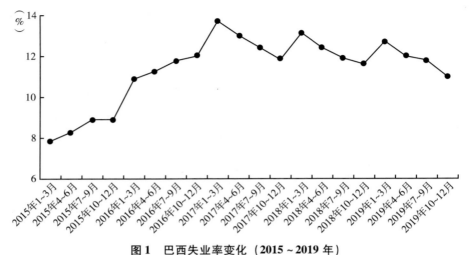

图 1　巴西失业率变化（2015～2019 年）

资料来源：巴西地理统计局（IBGE）。

巴西私营部门无正式合同的雇员总数达到 1190 万人，不仅创了历史新纪录，而且与 2018 年同期相比仍有一定的增长（见图2）。非正规就业人口不但无法享受最低工资、退休工资和带薪休假等国家劳动力保护机制所给予的权利，而且其本身极不稳定，工资保障和税收收入都极其有限，这不仅是巴西国民经济脆弱性的尖锐体现，而且是造成巴西社会不稳定的不可忽视的因素。

就劳动收入而言，2019 年巴西就业人口的月平均实际工资增长了1.42%，达到 2291 雷亚尔（约合人民币 3760 元）（见图3）。但这一结果并不令人感到乐观，原因有二。第一，这一涨幅远低于 2019 年巴西的通货膨胀率（4.31%），说明 2019 年巴西家庭的购买力持续下降。第二，这一涨幅在不同收入阶层、不同职业类别和不同城乡区域中的分布情况极其不均：占巴西总人口 1/4 的低收入人群（即实际收入不到最低工资的 2 倍）的工资涨幅仅为全国平均涨幅的 5.5%，而最富有的阶层（即实际收入超过最低工资的 25 倍）的工资增长却为全国平均值贡献高达 19.9%；私有部门员工实际工资涨幅仅为 0.8%，而收入最高的公共行政、教育、卫生和社会服务等公务员群体的实际工资涨幅达到 4.2%；城市劳动者的实际工资涨幅接近农村劳动者的 2 倍，这说明巴西收入分配不均的问题仍在持续恶化。

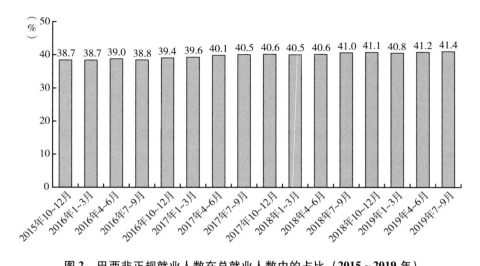

图2 巴西非正规就业人数在总就业人数中的占比（2015～2019年）

资料来源：巴西地理统计局（IBGE）。

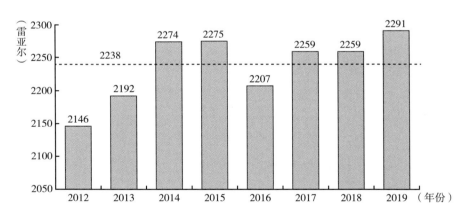

图3 巴西就业人口月平均实际工资（2012～2019年）

资料来源：巴西地理统计局（IBGE）。

总体来说，宏观经济结构失衡问题既是巴西劳动力市场发展的主要障碍，也是巴西国民经济发展的最大桎梏。由于巴西经济城乡二元分化严重，农业与工业及城市制造业发展极其不平衡，经济增长结构的不合理也在巴西劳动力市场上反映为一系列不平等现象，其中最突出的就是劳动力大军集聚在低附加值、低素质要求、低工资的服务业领域。除此之外，低端劳动力过

剩和资本稀缺还导致劳资关系紧张、失业和非正规性就业问题严重、弱势群体就业条件恶劣等问题。最后，劳动力市场的缺陷又进一步导致了收入分配不均、贫富差距加剧、公共服务水平低下、暴力犯罪横行等深层次的社会问题，这些问题都将在较长时期内给巴西社会稳定带来风险。①

（二）联邦政府削减对社会保障项目的财政支持，社会贫困问题和收入差距较大的问题依然严重

巴西是南半球最大的发展中国家，其经济社会发展处于现代化进程中的转型关键期。国家层面的政策，特别是联邦政府公共政策，在很大程度上影响并引导着巴西社会的发展方向。本部分将从 2019 年巴西联邦政府实行的主要社会保障公共政策入手，分析它们在各个社会发展指标上的反映，从而评估它们对巴西社会造成的深刻影响。

首先，贫困问题是巴西社会最尖锐的问题之一。在 2018 年之前连续执政十几年的劳工党一度将促进巴西社会公平作为执政重点。2019 年，奉行经济自由主义的新政府上台，巴西联邦政府也对已有社会保障项目进行了一系列改革。作为巴西最重要的扶贫项目，家庭补助金（Bolsa Família）以财政支付的方式解决了成千上万的巴西贫困家庭的基本生活需求。但在 2019 年初新政府就职时，巴西民众普遍对新政府是否会取消该项目表示担忧。目前来看，虽然该项目得到了保留，但新政府暂停了该项目对新的受益人的接收。② 巴西公民部虽然于 2019 年底首次参照劳动法规定的"十三薪"模式给受益人额外发放了一个月的补助金，但被视为政府的"欲盖弥彰之举"。③

---

① IBGE, "Síntese de Indicadores Sociais - Uma Análise das Condições de Vida 2019", https：// biblioteca. ibge. gov. br/visualizacao/livros/liv101678. pdf, pp. 15 - 16.

② Marina Rosse, Afonso Benites, "Bolsa Família sob Bolsonaro 'fecha a porta' a novos beneficiários", *El País*, https：//brasil. elpais. com/brasil/2020 - 01 - 28/bolsa - familia - sob - bolsonaro - fecha - a - porta - a - novos - beneficiarios - enquanto - espero - na - fila - vou - pegando - fiado. html.

③ Lena Lavinas, "O 13° no programa Bolsa Família é mais cortina de fumaça?", *Folha de S. Paulo*, https：//www1. folha. uol. com. br/poder/2019/04/o - 13o - no - programa - bolsa - familia - e - mais - cortina - de - fumaca. shtml.

其次，社会保障改革也是常年困扰巴西政府的棘手问题。社保机制为社会弱势群体"兜底"，其重要性不言而喻，但由于常年收支严重不平衡和管理不善，巴西的养老金和退休政策给政府的公共财政造成了极大的赤字压力，而这又使巴西的宏观经济风险抵御能力大打折扣。但在2019年，巴西社会保障改革取得了重大进展：7月4日，巴西众议院特别委员会以36票赞成、13票反对通过了社保改革法案的主要内容，规定将女性最低退休年龄延长至62岁，且需缴纳社保金15年；男性最低退休年龄延长至65岁，且需缴纳社保金20年。由于社保改革必然会损害众多民众的切身利益，因此每次投票之前全国都会爆发抗议游行。2019年6月进行的民调显示，民众中反对社保改革的人（约49%）仍然超过支持者（约44%），因此社保改革的前途依然不甚明朗。

最后，住房问题一直是巴西最尖锐的社会问题之一。虽然巴西现行的1988年宪法中规定"住宅权"为巴西公民的基本权利，但由于住房资源的不合理分配，许多巴西家庭只能长期租住简易房屋，或者住在卫生条件恶劣、基本水电设施缺乏的"贫民区"。2019年的调查数据显示，巴西有1.1%的人口居住在非耐用材料制成的简易房屋中；有12.8%的人口居住在设施不全（如没有厕所、墙壁由非耐用材料制成，或面积过小）的房屋中；在每月生活费不超过420雷亚尔（约合人民币700元）的人口中，有58%的人生活在缺乏基本卫生服务（如垃圾站和下水道）的住宅环境中。① 更令人担忧的是，巴西政府此前启动的名为"我的家，我的生活"（Minha Casa, Minha Vida）的低收入家庭住房计划目前濒临终止。由于该项目仅在第一阶段就已累计拖欠施工金额5亿雷亚尔，因此2019年底博索纳罗政府正式叫停了第一阶段的施工。至此，巴西低收入家庭不再享有任何住房保障政策优惠。

可以看出，当下巴西的社会保障机制正在经历一系列的改革，几乎所有

---

① IBGE, "Síntese de Indicadores Sociais – Uma Análise das Condições de Vida 2019", https：//biblioteca. ibge. gov. br/visualizacao/livros/liv101678. pdf, pp. 65 – 68.

重大联邦公共项目支出都遭到了一定程度的削减。那么，这些政策变化给巴西社会造成了何种实质性影响？首先，可以根据 2019 年按收入带分层的巴西家庭月均实际收入变化的数据来衡量巴西相对收入的变化。表 1 显示，2019 年前三季度，处于巴西最贫穷的第一收入带的家庭的月均实际收入严重缩水，而这一群体也是唯一在 2019 年实际收入下降的社会群体。相比之下，收入处于中上水平的第四收入带的家庭显然在巴西经济的缓慢复苏中受益最明显。因此，经济发展带来的收益与损失在巴西不同收入阶层中的分布极为不均，最贫穷的人承担了大部分的损失，而较为富足的人则享受了不成比例的收益。

表1　2019 年巴西家庭月均实际收入变化（按收入带分层）

单位：%

	第一收入带	第二收入带	第三收入带	第四收入带	第五收入带	第六收入带
第一季度	0.10	0.44	2.37	5.28	2.98	2.48
第二季度	−1.43	−0.43	0.87	3.03	1.95	1.52
第三季度	−0.34	0.43	2.00	4.32	2.87	−0.66
前三季度（综合）	−1.67	0.44	5.24	12.63	7.8	3.34

注：第一收入带：收入低于 1643.78 雷亚尔的人群；第二收入带：收入高于 1643.78 雷亚尔、低于 2461.02 雷亚尔的人群；第三收入带：收入高于 2461.02 雷亚尔、低于 4110.60 雷亚尔的人群；第四收入带：收入高于 4110.60 雷亚尔、低于 8221.20 雷亚尔的人群；第五收入带：收入高于 8221.20 雷亚尔、低于 16442.40 雷亚尔的人群；第六收入带：收入高于 16442.40 雷亚尔的人群。

资料来源：巴西应用经济研究所（IPEA）。

其次，可以通过 2019 年巴西处于贫困/极度贫困线以下人口分布（按联邦州）情况来衡量巴西贫困问题的严重程度和贫困问题在不同地区的差异化程度。2019 年巴西全国处于贫困线以下的人口占比高达 25% 左右、处于极度贫困线以下的人口占比高达 7% 左右。其中，贫困问题在不同联邦州的严重程度分化极大，在最为贫困的东北部地区的马拉尼昂州（Maranhão）和阿拉戈斯州（Alagoas）有 50% 左右的居民处于贫困线以下；而在最为富裕的南部地区的南大河州（Rio Grande do Sul）和圣卡塔琳娜州（Santa

Catarina），不管是处于贫困线还是处于极度贫困线以下的人口占比都仅为全国水平的一半以下。可以看出，巴西社会的总体贫困问题仍然严重，而且贫困的负担不成比例地压在了最贫困地区的居民身上。

最后，可以通过综合性的家庭人均工作收入基尼指数来展现巴西社会分配不公的严重程度及其在2012～2019年的总体变化趋势（见图4）。可以看出，这一指数继2014年底达到最低点后，一直处于上升态势，并于2019年第一季度达到历史新高0.627。这一水平比国际上设定的0.4的"警戒线"高56.75%，接近造成社会混乱的危险临界值。

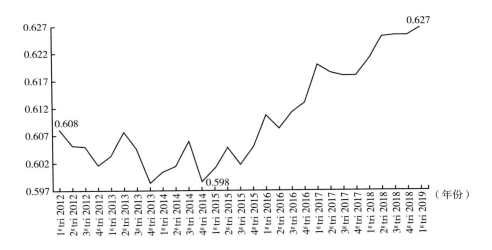

图4 巴西家庭人均工作收入基尼指数（2012～2019年）

资料来源：瓦加斯基金会巴西经济研究所（FGV IBRE）。

综上所述，由于2019年上任的博索纳罗新政府在社会政策方面奉行新保守主义方针，因此联邦政府的各项社会改革都以尽可能削减社会保障项目支出、为经济发展让路为基本宗旨。虽然从经济学理论的角度来说，这些政策有助于改善巴西的公共财政状况，有利于巴西经济通货膨胀问题的解决和未来的可持续发展，但对于一个贫富差距问题本就非常严重的国家，每一项社会保障机制的"瘦身"都会影响到成千上万的家庭，都可能激化更多的社会矛盾、破坏巴西社会的凝聚力。此外，对低收入者的保护也是巴西积累

人力资本、保持旺盛内需的必要条件，过度的社保改革反过来也会影响经济增长本身的可持续性。因此，在巴西，经济的可持续发展与社会的安宁与稳定在某种程度上是两个矛盾的目标，施政者如果不加以小心权衡，就必定会顾此失彼。

（三）教育经费大幅削减，环保政策大幅倒退，少数族群权益遭受重创

上文从劳动者个人和国家政策层面出发，对巴西社会现阶段发展的主要特征和趋势进行了梳理。若要对处于社会转型过程中复杂、多面的巴西社会有更立体的了解，还必须对市民社会这一介于"个人"和"国家"之间的广阔领域进行更细致的分析。基于此，下文将围绕2019年巴西市民社会最为关注的三大社会议题——教育问题、环保问题和少数族群权益问题，对2019年巴西的社会形势进行剖析。

1. 教育经费大幅削减

教育问题是2019年巴西国内被讨论得最多的议题之一，这主要是因为现任总统博索纳罗将巴西高等教育系统的"左翼化"作为自己竞选期间批评最猛烈的对象，且新政府在执政的第一年中也的确实施了一系列大刀阔斧的改革，对巴西教育领域造成了巨大的冲击。博索纳罗上任后不久就提出了一个国家部委改革一揽子方案，宣布对教育部的财政预算特别是高等教育公共预算经费进行大幅削减。2019年，教育部的非强制性预算被砍掉58亿雷亚尔（约合人民币96亿元），而首当其冲的就是各联邦大学，其预算被削减约24亿雷亚尔（约合人民币40亿元），占总预算削减金额的30%。[①]除此之外，巴西最重要的教育发展机构，如国家教育发展基金会（FNDE）和巴西高等教育人才促进会（CAPES）的预算也遭到削减，这意味着巴西高校的学生和研究者将失去很大一部分奖学金、研究补助和出国深造的机会。这

---

① Isabelle Barone, "Como ficou o plano de Bolsonaro para afastar a influência da esquerda na educação", *Gazeta do Povo*, https：//www. gazetadopovo. com. br/republica/o – que – bolsonaro – fez – na – educacao – 2019/.

些举措引起了巴西全国高校大学生和高等教育系统工作者的抗议，持续多天的示威游行使巴西大学几近瘫痪。在此压力下，9月联邦政府宣布追加一部分教育经费，并于当月立即拨付了19亿雷亚尔给高等教育部门，其中58%用于联邦大学建设。[①] 最后，新政府宣布鼓励巴西大学与私营部门建立伙伴关系以扩大其融资来源，但该政策也因可能造成巴西大学的"纯商业化"而引起社会的担忧。[②]

对于一个处于现代化关键阶段的国家而言，教育的重要性不言而喻。教育不仅是巴西人力资本和社会资本的重要来源，也是提高巴西科学技术水平和增强经济增长动力的重要保障，还是提高社会流动性、解决阶级固化问题、促进社会多元化发展的重要渠道。因此，新政府进行的这一系列改革无疑使本就资源匮乏的巴西教育雪上加霜。

2. 环保政策大幅倒退

环保问题也是博索纳罗执政第一年中最具争议的社会议题之一。自2019年初上台以来，巴西新政府对亚马逊雨林的政策就一直受到外界的批评。博索纳罗执政后，立马取缔了巴西环境部气候变化和林业秘书处、外交部环境能源和科学技术总秘书处，削弱了负责监管环境犯罪的巴西环境与可再生资源研究所（IBAMA）的职权，还将国家环境委员会的顾问人数从96名减少到23名，大幅削弱了非政府组织的代表权。[③]

环保问题还给巴西造成了一系列外交危机：2019年8月，巴西政府解散亚马逊基金董事会和指导委员会，引起了挪威、德国政府的抗议，后者最

---

① Isabelle Barone，"Como ficou o plano de Bolsonaro para afastar a influência da esquerda na educação"，*Gazeta do Povo*，https：//www. gazetadopovo. com. br/republica/o – que – bolsonaro – fez – na – educacao – 2019/.

② "Parceria alerta sobre limites da iniciativa privada nas universidades"，*Terra*，https：// www. terra. com. br/noticias/educacao/parceria – alerta – sobre – limites – da – iniciativa – privada – nas – universidades，3a8d5c844f864410VgnVCM20000099cceb0aRCRD. html.

③ Maurício Tuffani，"Veja 10 ações do governo Bolsonaro no desmonte da política ambiental"，*Folha de S. Paulo*，https：//www1. folha. uol. com. br/ilustrissima/2019/09/veja – 10 – acoes – do – governo – bolsonaro – no – desmonte – da – politica – ambiental. shtml.

终宣布中止对该基金的捐款;①当月，亚马逊雨林森林大火的新闻引爆全球媒体，多位公众人物在推特上贴出亚马逊雨林森林大火的图片并对巴西政府的不作为表示痛心和愤怒，"为亚马逊祈祷"在各路社交媒体上成了热门话题；在 8 月 24 日召开的 G7 峰会上，七国领导人也将亚马逊火灾问题提上了议程，法国政府还明确表示愿意拨款 2000 万美元用于支援巴西。然而，国际的关注并没有让巴西政府对其环保政策进行反思和修正，相反，巴西政府将其视为"国外势力干预"和"殖民主义行径"，博索纳罗在多个场合"奉劝"上述各国"管好自己的事"，而巴西国内的右翼保守群体民族主义情绪高涨，坚决捍卫"巴西的自主发展权"。②

然而，作为世界上自然资源最为丰富的国家之一，环保是巴西国家形象的重要标签和民族身份的重要构成元素。在 2016 年的里约奥运会上，巴西曾以"绿色"为主题为世界做出了发展中国家促进环境保护的榜样，巴西普通民众也常常以环保主义者自居。因此，博索纳罗政府环保政策的巨大转变不仅给巴西的国际形象带来了损害，还破坏了巴西社会长期以来建立起的环保共识，激化了社会中的"环保派"与"开发派"这两股势力的对立和矛盾，甚至对巴西社会共同体的凝聚力和集体认同感造成不利影响。

3. 少数族群权益遭受重创

与环保问题紧密相关的另一个引起巴西社会激烈辩论的议题是少数族群权益问题。在巴西，受到新政府政策影响最大的少数族群主要包括原住民群体、性少数群体（女同性恋者、男同性恋者、双性恋者与跨性别者）以及移民和难民群体。

首先，亚马逊地区原住民生存权益在新政府的环保政策改革中遭到重

① Ana Carla Bermúdez, Talita Marchao, "País que congelou repasse de R $ 134 mi, Noruega doou 94% do Fundo Amazônia", *UOL*, https: //noticias. uol. com. br/meio – ambiente/ultimas – noticias/redacao/2019/08/15/noruega – e – alemanha – doaram – 995 – do – fundo – amazonia – petrobras – deu – 05. htm.

② Jonathan Watts, "Amazon Rainforest Fires: Brazil to Reject $ 20m Pledged by G7", https: // www. theguardian. com/world/2019/aug/27/amazon – fires – brazil – to – reject – 20m – pledged – by – g7.

创。为了加快开发亚马逊雨林的步伐，巴西现任政府终止了巴西已执行多年的环境保护政策，包括放宽对森林砍伐和焚烧的限制、考虑取消保护区和印第安人保留地等。在新政府执政的第一年，对亚马逊森林的砍伐速度与上年相比增长了268%，其中18%的砍伐现象发生在法定保护区内，如印第安人保留地和国家公园。①除了对原住民群体赖以生存的环境造成巨大威胁以外，博索纳罗本人还对印第安人做出了许多带有敌意和歧视色彩的言论攻击，这进一步纵容了巴西社会对原住民群体的不宽容态度，使原住民群体的社会处境进一步恶化。博索纳罗曾公开对媒体表示："令人遗憾，巴西骑兵的效率不如美国人，后者杀光了印第安人"；"印第安人的确在进化，他们变得越来越像正常人类了"；"印第安人不会说我们的语言，他们没有钱，没有文化。他们凭什么占有巴西13%的国家领土？"②这样的言论显然将原住民群体置于巴西民众的对立面，不仅是对前者身为巴西公民基本权利的蔑视，还有挑起后者对前者仇视情绪的嫌疑。这样的做法无疑加深了巴西社会的裂隙，且有损巴西多元族群和谐共处的社会共识和契约。

其次，新政府上台以来，巴西的性少数群体权益也屡遭侵犯。博索纳罗及其团队在竞选阶段就以天主教教义为纲，呼吁巴西社会"回归宗教和传统家庭价值"。③ 新上任的巴西妇女、家庭和人权部长且身为福音派牧师的达玛雷斯·阿尔维斯（Damares Alves）在其就职的第一天就宣布，"在新时代的巴西，女孩穿粉红色，男孩穿蓝色"；而巴西教育部长里卡多·韦莱兹·罗德里格斯（Ricardo Vélez Rodríguez）更是在取缔了该部致力于社会多样性和人权发展的下属部门后，直言要在巴西的学校中禁止教授研究性别的社会

---

① Maurício Angelo, "Aumento de 268% no desmatamento, saída do acordo de paris, mineração e grandes obras: a Amazônia no governo Bolsonaro", *Inesc*, http://amazonia. inesc. org. br/destaque/desmatamento – saida – do – acordo – de – paris – a – amazonia – no – governo – bolsonaro/.

② "What Brazil's President, Jair Bolsonaro, Has Said about Brazil's Indigenous Peoples", *Survival*, https://www. survivalinternational. org/articles/3540 – Bolsonaro.

③ Tatiana Roque, "Censura de Bolsonaro e disputa de valores", *El País*, https://brasil. elpais. com/brasil/2019/10/08/opinion/1570491520_ 144246. html.

认同的"性别理论"。①这些带有极强性别主义的言论不仅是现阶段巴西保守主义全面回潮的一种反映，也使巴西社会陷入"进步"与"保守"两种价值观的激烈对立之中。例如，2019 年 6 月，巴西联邦最高法院宣布将"恐同"行为视为犯罪，联邦法官卡门·卢西亚·安特尼斯（Carmen Lucia Antunes）也深情发表了"所有的人都天生自由平等，都应被以同样的博爱精神对待"的讲话，一度使巴西社会的性少数群体及其同情者欢欣鼓舞。但没过多久，博索纳罗总统便公开表示联邦最高法院的这一决定是"完全错误"的。② 除此之外，在博索纳罗的督促下，巴西公民部长奥斯马·特拉（Osmar Terra）还签署文件，中止了约 7000 万雷亚尔（约合人民币 1.14 亿元）的电影制作项目公费资助，而这些电影大部分旨在宣扬巴西社会对性少数群体的理解和容忍。③ 可以看出，目前巴西社会在性少数群体问题上处于撕裂状态，不同立场的群体彼此仇视，甚至暴力相向。在巴西，针对性少数人群的犯罪屡见不鲜。尽管在 2012～2014 年、2017～2018 年，得益于该议题在公共议程中的广泛讨论和相应的犯罪打击机制的建立，此类暴力案件的数量出现显著下降（分别下降了 66.6% 和 67.4%），但从博索纳罗新政府执政开始，该类暴力犯罪现象又有上升苗头。④ 可以说，对性少数群体的仇视已经成为巴西社会最尖锐的矛盾之一。但很遗憾，巴西现任政府的各项决策不仅没有起到弥合社会裂隙的作用，反而使其呈现进一

① Anthony Faiola, Marina Lopes, "LGBT Rights Threatened in Brazil under New Far – Right President", *The Washington Post*, https：//www. washingtonpost. com/world/the_ americas/lgbt – rights – under – attack – in – brazil – under – new – far – right – president/2019/02/17/b24e1dcc – 1b28 – 11e9 – b8e6 – 567190c2fd08_ story. html.

② AFP, "Brazilian President Says Decision to Criminalise Homophobia Completely Wrong", *Euronews*, https：//www. euronews. com/2019/06/15/brazilian – president – says – decision – to – criminalise – homophobia – completely – wrong.

③ Fábio texeira, "Brazil's Bolsonaro Suspends Funding for LGBT + Screenplays", *The Reuters*, https：//www. reuters. com/article/us – brazil – lgbt – bolsonaro/brazils – bolsonaro – suspends – funding – for – lgbt – screenplays – idUSKCN1VB2GR.

④ "Dados públicos sobre violência homofóbica no Brasil：29 anos de combate ao preconceito", *FGV DAPP*, http：//dapp. fgv. br/dados – publicos – sobre – violencia – homofobica – no – brasil – 29 – anos – de – combate – ao – preconceito/.

步激化的趋势。

最后，作为巴西社会年度大事件之一的委内瑞拉难民问题也进一步暴露出巴西社会处于分裂中的现状。由于委内瑞拉政治和经济危机不断恶化，从2016 年开始，越来越多的委内瑞拉人涌入相邻的巴西北部罗赖马州寻求避难。2018 年 8 月，在帕卡赖马市当地抗议民众将委内瑞拉人驱逐出难民临时居留所，并摧毁了部分居留所设施，烧毁部分难民的个人物品。抗议民众还焚烧轮胎，阻断连接帕卡赖马市和两国边境的公路约 5 小时。[①] 2018 年 11月，罗赖马州州长宣布将制订计划将委内瑞拉难民"遣返"至邻国，此举引起了巴西及全球人道主义者的普遍批评。联邦政府随后在难民接收问题上立场趋于温和，并响应联合国的倡议，对已经进入巴西国境的委内瑞拉难民进行了安置。然而，难民问题仍然没有淡出巴西公众的视野：2019 年 3 月，博索纳罗总统在访美期间接受了美国福克斯新闻（Fox News）的采访，在采访中他对特朗普政府的移民政策表示了支持，并作出了"移民们大多居心不良"的论断。[②] 此前，他曾在 2015 年的一次采访中表示"难民是这个世界上的渣滓"。[③] 2019 年底，在巴西，伤害甚至谋杀委内瑞拉难民的暴力犯罪案件死灰复燃。[④] 可以看出，目前巴西社会显露出一定程度的极端排外主义倾向，这可能会进一步激化难民群体与当地居民间的矛盾，从而对巴西社会的稳定性和包容性产生危害。

综上所述，少数族群权益问题成为现阶段巴西社会面临的最棘手的问题

① Marcelo Marques, "Moradores ateiam fogo em objetos e expulsam venezuelanos de prédio abandonado durante protesto em RR", *Globo*, https：//g1. globo. com/rr/roraima/noticia/moradores – ateiam – fogo – em – objetos – e – expulsam – venezuelanos – de – predio – em – cidade – no – interior – de – rr. ghtml.

② Sarah Mota Resende, "Bolsonaro diz que maioria de imigrantes não tem boas intenções e que apoia muro de Trump", *Folha de S. Paulo*, https：//www1. folha. uol. com. br/mundo/2019/03/bolsonaro – diz – que – maioria – de – imigrantes – nao – tem – boas – intencoes – e – que – apoia – muro – de – trump. shtml.

③ Rita Azevedo, "Setembro de 2015：Bolsonaro chama refugiados de escória do mundo", *Exame*, https：//exame. abril. com. br/brasil/bolsonaro – chama – refugiados – de – escoria – do – mundo/.

④ Sérgio Ramalho, "Virou rotina agredir e assassinar venezuelanos em Roraima", *The Intercept*, https：//theintercept. com/2019/11/28/violencia – xenofobia – venezuelanos – roraima/.

之一。在这个问题上，许多有悖于已有社会共识的极端言论沉渣泛起，而右翼政府的默许甚至鼓吹又给这些极端群体提供了进一步阻挠社会团结与合作的理由和机会，这些都构成影响巴西社会稳定的多重不确定因素，也给巴西治安秩序的维持带来极大的压力。

二　巴西社会面临的主要矛盾及其形成原因

（一）社会极化使巴西社会陷入分裂状态

当前巴西社会所面临的许多矛盾与新上任的奉行极端保守主义的右翼政府的执政思路脱不了干系。但是，政府只是主导一国社会发展的众多力量之一，政府的取向或者总统个人的施政方针并不能完全解释一个社会中所有矛盾生成和激化的根本原因。巴西作为民主政体，其当选政府推行的政策也是巴西社会主流民意的侧面反映。但民意本身并不是问题的关键，它所反映出的巴西社会不同阶层、不同种族和性别族群、不同利益集团以及不同价值取向的群体立场的极化和对抗的尖锐化，才是巴西社会面临的最大危险。

巴西社会的极化趋势在 2013 年巴西经济陷入衰退之时就已初现端倪，并在 2018 年的总统大选中完全显露。如果我们将巴西社交网络上的议题按照意识形态进行划分，可以发现，2013 年以前巴西社会对不同话题的讨论程度是比较均衡的，且持有不同意识形态的网民之间尚有重叠与交流；但到 2018 年时，不仅政治家和普通网民的意识形态立场都更为尖锐，而且两个团体之间的互动明显减少，不同阵营之间呈现相互孤立的状态（见图 5）。

2018 年，左翼的劳工党任期内巴西经济下滑、腐败丑闻频发，引起了巴西选民的普遍不满，因此本来属于"温和派"的持中间立场群体发生了"非左即右"的分裂：一方面，由于许多人将支持劳工党与"容忍腐败"画上等号，一些人无奈加入反对派阵营，这使反对派规模空前扩大、动员能力急剧增强；另一方面，由于反对派的代表者博索纳罗的竞选纲领呈现极端保守主义的特征，这又引起许多本来政治立场居中的进步主义人士深深的担忧，从而使左派的政治宣传也呈现强烈的攻击性。在此背景下，巴西2018年的大选几乎变成了社会主义与保守主义两种意识形态的直接对抗，中间选民群体的缺乏也使巴西的政策偏好呈现为两个相互对立的波峰，将巴西社会往两个相反的方向拉扯。

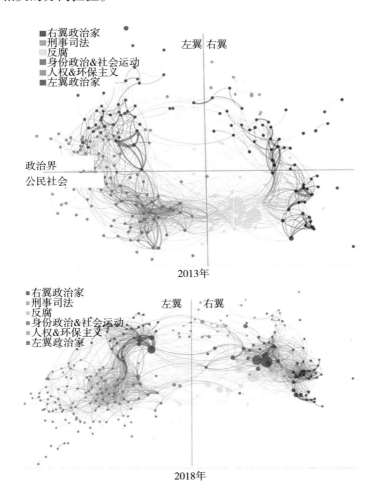

图5　巴西社交网络意识形态分野情况对比

资料来源：美国社会科学研究委员会（SSRC）。

2019 年 11 月，因腐败问题而被捕的巴西前总统卢拉（Luiz Inácio Lula da Silva）在狱中度过 580 天后获释。他随后前往位于圣保罗郊区的金属工人工会对支持者发表讲话，并对联邦警局和联邦公共部展开了言辞激烈的批评。① 卢拉是目前巴西政坛最有影响力的左派人士，可以预见，在他重返公众视野后，巴西的左派力量又将得到加强，卢拉与博索纳罗两人之间的争夺也将愈加白热化。事实上，在社交媒体高度发达、集体行动的壁垒日益消融的当下，巴西的"左""右"之争已经演变为巴西政治参与和社会动员的基本方式，投票、抗议、游行等大众运动也不过是这种社会极化现象的表征而已。

（二）意识形态急剧转向给巴西社会造成极大冲击

从表面上来看，巴西社会正在经历的两极分化与该国经济发展停滞、发展模式的结构失衡、不同政党的权力交换、社会保障政策的偏差等因素有关。但究其实质，造成这一系列问题的深层次原因可能还在于巴西社会主流意识形态和价值观的急剧转变。

21 世纪初，奉行社会主义的劳工党曾在巴西连续执政长达 15 年。在这一时期，巴西政府颁布了一系列带有极强社会主义色彩的经济再分配政策，赢得了广大贫民和中下阶层的认可与拥护。在劳工党的积极宣传和工人阶级及城市中产阶级知识分子的支持下，社会主义和工会主义等左翼意识形态一度成为巴西媒体和社会舆论中的主导思想。然而，传统上，巴西是一个奉行保守主义的国家。在过去的 30 年间，巴西国内认为自己属于"左翼人士"的民众数量仅在两个时刻超过了认为自己是"右翼人士"的民众数量，而这两个时间节点刚好分别是劳工党领袖卢拉开始执政之时和结束执政之时。② 从 2011 年起，拉丁美洲地区出现了所谓"向右转"的保守主义回潮，曾经几乎清一

---

① Alex Tajra, Luís Adorno, "Em 1° discurso livre, Lula agradece militantes e ataca PF e MPF", *UOL*, https：//noticias. uol. com. br/politica/ultimas – noticias/2019/11/08/primeiro – pronunciamento – de – lula – apos – liberdade. htm.

② Thiago Moreira da Silva, "Direita, volver?! O declínio do conservadorismo no Brasil contemporâneo (1989 – 2014)", https：//cienciapolitica. org. br/system/files/documentos/eventos/2017/04/direita – volver – declinio – conservadorismo – brasil – contemporaneo. pdf, p. 8.

色由左翼政党执政的拉美各国在 2011～2016 年短短 6 年时间内纷纷改弦更张。至此，巴西社会的主流意识形态发生了根本性转变，对重塑社会秩序、回归宗教传统、增强政府权威等新保守主义价值观的认同不断加强。造成这一变化的主要原因是左翼政党执政绩效的恶化以及由此导致的政府合法性的削弱，而这又与国际经济环境的整体恶化有很大的关系。可以说，左翼政党的失败与意识形态的"向右转"是同一过程的不同体现，如同一枚硬币的两面。

三　结论

2019 年巴西社会面临一系列风险和挑战：首先，产业结构调整导致劳动力市场持续低迷，这又进一步导致了贫富差距加剧、公共服务水平降低、暴力犯罪横行等社会问题；其次，由于几乎所有重大联邦公共项目经费在新政府任期内遭到了不同程度的削减，因此巴西的贫穷问题继续恶化、城乡和地区之间居民收入差距持续扩大，给巴西的社会稳定与经济发展的可持续性造成了不利影响；最后，由于新自由主义经济政策的执行，巴西的环境污染、环境犯罪等问题进一步恶化，教育事业停滞不前，且针对少数群体的暴力风险持续上升，从而给巴西原本就脆弱的治安管理秩序带来了较大压力。

处于转型期的巴西仍存在比较尖锐的社会矛盾，这将在今后较长时期内对巴西的经济调整与政治改革构成严峻挑战。社会动荡是大部分发展中国家现代化过程中不可避免的问题，但无论一国采取何种政府形式、奉行何种意识形态方针，努力协调经济发展和社会稳定、平衡经济增长与社会安宁两个目标并将经济成果最大限度地转化为国民生活水平的持续提高，都是执政者不可推卸的责任和义务。从这个角度而言，巴西现任政府利用社会中存在的对立情绪为自己争取政治支持的一些做法是相当危险的，因为它将不可避免地破坏巴西社会共同体赖以维系的凝聚力、集体认同感和不同群体之间的和解精神。因此，巴西社会未来的发展取决于不同政治行为者搁置偏见、消除敌意的智慧与意愿，取决于社会不同利益群体互相包容体谅、团结合作的态度，更取决于巴西社会共同体重新形成共识、捍卫社会正义的基本原则从而恢复社会和谐的意识与决心。

Y.5
在意识形态与实用主义之间：
2019年巴西外交政策评析

〔巴西〕Marcos Cordeiro Pires *

摘　要：　2019年博索纳罗新政府的外交政策深受极右翼意识形态的影响，代表人物为卡瓦略和阿劳若，他们追随美国特朗普与班农的对外政策。在极右翼意识形态的影响下，博索纳罗新政府在外交政策上从意识形态出发，放弃了巴西长期以来坚持的中立立场以及对多边主义的捍卫，转而主动向美国靠拢，试图与美国建立紧密的关系，并在国际事务上追随特朗普的脚步。博索纳罗新政府所采取的激进外交政策遭到了政府内其他部门的反对，其认为巴西的外交政策应从国家利益出发，保证国家的经济利益，反对过于激进的政治立场。在这些部门的反对下，博索纳罗新政府的外交政策有所缓和。

关键词：　博索纳罗　阿劳若　巴西外交政策　意识形态外交　实用主义

一　引言

2018年竞选期间，巴西总统候选人博索纳罗（Jair Bolsonaro）承诺，他当选后将转变巴西的外交政策，主动与美国结盟。2019年1月1日，博索

---

* 〔巴西〕Marcos Cordeiro Pires，经济学博士，巴西圣保罗州立大学哲学学院政治与经济系副教授。

纳罗开始上台执政，巴西的外交政策由此经历了较大幅度的调整。

在博索纳罗看来，巴西是一个信仰基督教的国家，认同基督教和西方世界的价值观，属于西方国家的一员；从此种意义上来看，巴西应该寻求与美国所结盟的国家建立伙伴关系，这些国家，比如以色列、日本能够向巴西转让技术。此外，博索纳罗在政府计划中还提出，巴西应该与古巴、玻利维亚和委内瑞拉等政府保持距离，这些政府大多数属于左翼政府；巴西还应当拒绝在南方共同市场（MERCOSUR）、南美洲国家联盟（UNASUL）、带有商业性质的二十国集团（G20）、七十七国集团（G77）以及金砖国家（BRICS）等国际组织框架下的合作；巴西在外交领域应该重视双边协定，不再坚定地捍卫多边主义，并减少与其他发展中国家间的合作。

根据上述政府计划，2019年博索纳罗政府执政首年，巴西新政府在外交政策方面采取了一系列措施，实现了博索纳罗的许多政治理想，如成为美国在拉丁美洲和联合国投票中坚定的盟友，在巴以冲突中选择支持以色列，在联合国人权理事会会议上就美国对古巴实行禁运问题投赞成票，试图动摇委内瑞拉马杜罗（Maduro）政权，反对玻利维亚莫拉莱斯（Evo Morales），推动南美洲国家联盟的解体并成立南美进步论坛（PROSUL），暂停参加拉美和加勒比国家共同体（CELAC）事务等。

博索纳罗新政府在外交政策上从意识形态出发，立场激进，因而其许多举措遭到农业部、国防部等重要政府部门的反对，它们反对将巴西驻以色列大使馆从特拉维夫迁至耶路撒冷，主张巴西政府在马德里举行的第25届联合国气候变化大会（COP25）上采取较为缓和的立场，反对巴西干预委内瑞拉内政等。

本报告聚焦2019年博索纳罗执政首年巴西外交政策的转变，在梳理博索纳罗新政府采取的外交政策和行动的基础上，分析博索纳罗新政府外交政策的特点、转变的原因及其带来的影响。

二　极右翼势力影响下巴西外交政策的转向

巴西极右翼势力代表博索纳罗于2018年10月当选巴西第38任总统，

2019 年 1 月 1 日开始上台执政。此次博索纳罗及其背后的极右翼势力在总统选举中大获成功并不是一个孤立的政治事件，这与其他国家类似的政治领导人的崛起有关。这些政治人物具有一些共同的特点，如信奉民族主义、保守主义，拥护宗教，主张发展经济，反对共产主义，反对"全球化"，认为全球化进程、移民问题、世俗主义、多边主义、多元文化和市场规范是导致失业率上升、工人收入下降、犯罪率升高、传统家庭破裂等国内问题的根源。

值得强调的是，这些观点并不新鲜。早在二战前，这些观点就已存在，并引发了法西斯主义浪潮，席卷了 1920 ~ 1945 年的世界。当前，极右翼运动的特别之处在于，随着新信息技术的普及，Facebook、Twitter、Instagram、WhatsApp、Telegram、Youtube、抖音等一大批社交媒体纷纷创建，通过利用这些社交媒体，极右翼运动产生了巨大的动员能力。2009 年"茶党"运动（Tea Party Movement）的兴起标志着新一轮极右翼思潮的传播，其对奥巴马执政、全球化、移民、文化马克思主义、共产主义等持反对态度。该运动起初为自发，后来得到一些财团和所谓的慈善机构如卡托研究所、美国传统基金会的资助。

在这一背景下，极右翼势力对巴西 2018 年的总统大选与博索纳罗政府产生了重要影响。其中，有影响力的极右翼代表人物之一是全球极右翼思想的煽动者、白宫前首席战略顾问班农（Steve Bannon）。班农曾在特朗普大选时扮演重要角色，对于右翼民粹运动在世界范围内的传播起着关键作用，巴西也深受其影响。班农高效的选举策略帮助特朗普在 2016 年美国总统大选中取得胜利。在此之前，该策略还被运用到英国的脱欧计划中并取得了成功。这一策略善于编造各种偏见、谎言（假新闻），并操控社交媒体，后来在其他国家得到运用，比如 2018 年巴西的总统大选。当时，作为总统候选人的博索纳罗与班农具有共同的价值观，两人关系密切，班农在多个方面助力博索纳罗竞选成功。

在博索纳罗竞选期间及执政之初，另一位有影响力的极右翼代表人物是巴西著名右翼作家卡瓦略（Olavo de Carvalho）。虽然他生活在美国弗吉尼亚州，却成功地在巴西组织了拥有广大支持者的网络。值得注意的是，卡瓦略反对民主自由思想和文化马克思主义，他的文章虽然缺乏事实，却被他忠实的追随者，尤其是巴西外交政策的一些决策者奉为"真理"。巴西外交部长阿劳若（Ernesto Araújo）称，博索纳罗的崛起是上帝支持的结果，也得益于卡瓦略的政治行动：

> 是上帝的旨意引导着巴西经历了这一切，将卡瓦略的思想与博索纳罗的坚定决心和爱国热情结合在一起。①

博索纳罗的崛起使卡瓦略成为其政府中最有影响力的人物之一。2019年1月20日，卡瓦略应邀参加班农举行的晚宴。经由卡瓦略的推荐，博索纳罗选择阿劳若担任外交部长。同样，博索纳罗总统的国际事务特别顾问马丁斯（Filipe Martins）也是经由卡瓦略推荐。他们和联邦众议员、博索纳罗的儿子爱德华多·博索纳罗（Eduardo Bolsonaro）一起，制定了博索纳罗新政府最具意识形态的外交政策构想。其中，巴西外交部长阿劳若信奉保守主义、民族主义，反对全球化。他在2017年8月发表于外交部下属刊物《外交政策手册》（Caderno de Política Exterior）的一篇长文中②，抨击了人文主义、启蒙运动、马克思主义、多元文化和多边组织，推崇特朗普作为基督教和西方文明"领导人"及"捍卫者"的形象，批评自由秩序。阿劳若表示，尽管往届巴西政府奉行不结盟和独立自主的外交政策，但是他认为巴西是以美国为首的西方国家之一，巴西应该与美国结盟：

> 如今，巴西正谋求加入经合组织，这是一个以西方经济为特征的中

---

① Ernesto Araújo, "Agora falamos", *The New Criterion*, Volume 37, Number 5, 2019, p. 37, https://newcriterion.com/issues/2019/1/agora-falamos.

② Ernesto Araújo, "Trump e o Ocidente, Cadernos de Política Exterior", Instituto de Pesquisa de Relações Internacionais（IPRI）Fundação Alexandre de Gusmão ano Ⅲ, número 6, segundo semestre 2017, pp. 323–358.

心组织。巴西感觉自己在精神上属于西方世界，这么说并非无稽之谈。基于这一假设，即便自身不愿意，巴西也是西方世界的一员。①

需要强调的是，尽管博索纳罗新政府试图在外交路线上实现根本的转变，但是此举遭到巴西社会、国会和生产部门的重重阻力，因为新政府意识形态化且排外的外交政策和相关言论并不符合巴西的国家利益。巴西在国际舞台上并非无足轻重：巴西的国土面积和人口在全球排名第五，是世界十大经济体之一，是地球上生物种类最为丰富的国家之一，拥有全世界最大的热带雨林，是南美洲天生的"领导者"、全球大规模移民的接收国，是所有致力于全球治理的重要组织的参与国。此外，巴西已有155年没有卷入邻国战争，这些因素在制定外交政策时应该被考虑在内。

尽管如此，博索纳罗政府的外交政策仍旧试图动摇巴西的许多外交传统，这些外交传统包括寻求磋商解决纷争、尊重人权、捍卫环境保护、遵守减缓气候变化的国际协定、在中东政治问题上保持中立、不干涉他国内政特别是南美邻国的内政等。外交部长阿劳若奉行的外交政策让巴西逐渐偏离了国际事务中调停者和负责任国家的立场，并与特朗普领导下立场激进、不负责任且排外专横的美国对外政策——如制裁伊朗、反对委内瑞拉马杜罗政府、支持以色列损害巴勒斯坦的利益、支持对古巴实行禁运、反对玻利维亚莫拉莱斯总统、对2019年阿根廷大选的参选人费尔南德斯态度消极等——联系在一起。

巴西前外交部长阿莫林（Celso Amorim）对博索纳罗执政初期巴西外交政策的转变一直持批评的态度。在他看来：

这是巴西历史上最为糟糕的外交政策，我们之前从未否定过多边主义和多领域国际准则的基本价值观，我也从未见过巴西像今天这样主

---

① Ernesto Araújo, "Trump e o Ocidente, Cadernos de Política Exterior", Instituto de Pesquisa de Relações Internacionais（IPRI）Fundação Alexandre de Gusmão ano Ⅲ, número 6, segundo semestre 2017, pp. 323 – 358.

动、绝对、公开地与美国保持一致……我看不到这些对巴西的任何益处。甚至连外交部最保守的人都会感到惊讶，因为这一情形以前从未发生过。美国不会尊重那些没有自尊的国家，我们可以看到今天美国和巴西间的关系充满了家长主义和自卑……很显然，博索纳罗政府打破了巴西的外交传统，其中表现最为严重的两个方面是不干涉和人民自决，这两点是巴西宪法中的基本原则，对于我们而言它们自始至终至关重要。①

巴西前外交官里库佩罗（Rubens Ricupero）也表达了这一观点，他曾担任联合国贸发会议秘书长，在佛朗哥（Itamar Franco）政府（1992～1995年）中曾担任环境部长和财政部长。他认为，博索纳罗执政初期巴西外交政策的转变意味着巴西在外交方面对美国的顺从：

对巴西与世界的关系来说，这是一项异化政策，会给巴西造成越来越多的损失，包括巴西政府关注的经济领域以及贸易和出口……他们在将巴西与美国的结盟视作其根本原则时，就已经放弃要捍卫自己国家的利益。总体而言，那些支持经济部长盖德斯（Paulo Guedes）自由议程的人将巴西与美国的同盟关系视作实现其自由议程的一种方式。然而，这些利益是有一定局限性的，因为巴西最主要的市场在中国、阿拉伯国家和伊朗。在某种程度上，巴西一些政府部门已经意识到博索纳罗的过激行为。博索纳罗意图把军事基地让给美国，但是国防部不允许；博索纳罗试图退出《巴黎协定》，但是农业企业等行业加以阻止。②

---

① Celso Amorim, "Ninguém mais quer ouvir o Brasil", diz o ex‐chanceler Celso Amorim. Revista Exame, 05/12/2019, https：//exame. abril. com. br/revista‐exame/ninguem‐quer‐ouvir‐o‐brasil/.

② Carta Capital, Rubens Ricupero, "Quem socorreu Bolsonaro não foi o Trump, foi o Xi Jinping", 2019, https：//www. cartacapital. com. br/economia/rubens‐ricupero‐quem‐socorreu‐bolsonaro‐nao‐foi‐o‐trump‐foi‐o‐xi‐jinping/.

正如库佩罗所讲，巴西国内的经济力量在一定程度上抑制了博索纳罗及其核心团队的激进立场。例如，巴西农业和矿业这两大领域以中国为主要市场，其代表的经济力量成功地扭转了博索纳罗在竞选期间和执政之初对中国表现出的消极情绪。同样，当博索纳罗试图退出《巴黎协定》、忽视亚马逊地区毁林行为时，欧盟和七国集团表现强硬，试图抵制巴西农牧产品的出口以及欧盟与南方共同市场间新签署的自由贸易协定。在此情形下，为了不影响巴西农牧产品的出口和国际市场，巴西农业部、经济部和基础设施部合力阻止了博索纳罗退出《巴黎协定》的打算，再次扭转可能造成经济损失的局面。此外，博索纳罗政府试图将巴西设在以色列的使馆迁至耶路撒冷的计划也被巴西国内的经济力量阻止，因为他们担心此举会导致阿拉伯国家和伊斯兰国家对巴西农产品出口的抵制。需要强调的是，巴西农业部长克里斯蒂娜和经济部长盖德斯对博索纳罗总统一些举动的反对和阻止，只是出于单纯的经济考量。在意识形态方面，他们和总统博索纳罗、外交部长阿劳若并不存在分歧，因为他们都属于保守派，持右翼立场，但是，单纯的经济问题除外，因为他们知道经济利益并没有意识形态之分。如果巴西在经济问题上完全遵循极右翼势力的指导方针，那么巴西企业家们将会失去经济利益。

三　2019年巴西在国际舞台上的主要外交活动

（一）主动与美国保持一致

如上所述，主动与美国保持一致是博索纳罗政府外交政策的核心内容。巴西历任总统就任后首访国家通常会选择阿根廷，而博索纳罗上任后却选择美国作为其首访国家，表明其亲美的外交政策倾向。

当谈及巴西与美国关系时，有必要考虑美国自19世纪30年代初就开始对拉丁美洲实行的霸权主义。在政治和经济方面，从巴西在二战时响应美国号召卷入战争开始，巴西军队就一直深受美国政治军事理论的影响。巴西是美国在拉美地区最大的投资目的国，巴西的金融体系与美国联系十分紧密。在文化和媒体方面，巴西同样深受美国文化产业和媒体的影响。巴西精英阶层对美国所代表的一切具有强烈的身份认同感。尽管如此，巴西往届许多政府仍然寻求在国际舞台上保持一定的自主空间，寻求在最大程度上融入拉美一体化，参与七十七国集团和金砖国家等多边组织，试图平衡美国在多边论坛中霸权主义的影响。

然而，博索纳罗的上台改变了巴西自主的外交战略，放弃了巴西的外交传统，支持并追随美国的对外政策。2019 年 3 月首次访问美国期间，博索纳罗与特朗普就多个议题展开了讨论，并达成了一系列协议，包括：（1）美国支持巴西加入经合组织，前提是巴西需要放弃其在世贸组织中"发展中国家"的地位；（2）巴西与美国签署了《阿尔坎塔拉保障协议》，允许美国以商业用途为目的使用巴西阿尔坎塔拉发射中心；（3）巴西承诺放开配额，对从美国进口的 75 万吨小麦免征进口税；（4）提高从美国进口的乙醇年度免税额度，从以前的 6 亿升提升至 7.5 亿升；（5）巴西政府放弃互惠原则，对美国游客单方面实行免签待遇，该措施同样惠及加拿大、澳大利亚和日本公民；（6）特朗普政府授予巴西"非北约主要盟国"地位，帮助巴西从美国购买军事技术和武器装备。

在国际问题上，博索纳罗政府也紧跟特朗普的步伐，与美国的外交政策保持一致，包括：干涉委内瑞拉、玻利维亚和阿根廷等拉美国家的内政，支持制裁古巴，在巴以冲突中无条件地支持以色列，支持制裁伊朗，与联合国成员国中的保守派立场保持一致，退出《巴黎协定》等。

（二）与欧盟关系紧张

巴西长期以来与欧盟关系紧密。在经贸领域，欧盟是巴西 20% 的商品的出口目的地以及 27% 的商品的进口来源地，出口量仅次于中国，进口量则多于中国。在国际事务上，巴西前几届政府一直与欧洲保持一致，例如捍卫人权、谴责美国制裁古巴、支持巴勒斯坦以及环境议题。

但是，2019 年博索纳罗执政以来，巴西新政府与欧盟的关系日益紧张。在政治方面，博索纳罗政府支持欧盟的批评者，如意大利的萨尔维尼

(Salvini)、法国的勒庞（Le Pen）、英国的约翰逊（Johnson）和法拉奇（Farage）以及匈牙利的欧尔班（Orban）。在经贸领域，欧盟针对巴西出口的钢铁产品加征关税，采取保护性措施，引起欧盟与巴西之间的贸易争端，导致博索纳罗政府与欧盟的关系陷入紧张状态。此外，博索纳罗政府的外交政策以及在环境保护、印第安人人权问题上的立场，引起了欧盟内部对签署欧盟与南方共同市场之间自由贸易协定的反对。其中，奥地利是第一个反对签署此协定的欧盟国家。根据"德国之声"的消息：

> 奥地利议会在周三（9月18日）通过一项提案，要求联邦政府在欧洲理事会上对欧盟与南方共同市场自由贸易协定投反对票……巴西政府在亚马逊火灾问题上的态度引起了对该协定的批评。鉴于巴西的环境政策及博索纳罗政府对亚马逊火灾的应对，法国等一些欧洲国家表示将否决该协定。①

需要强调的是，博索纳罗政府的环境政策以及与特朗普对外政策保持一致的做法，有损巴西的国际形象，不利于巴西的对外贸易，特别是巴西与代表超越民族主义的欧盟地区的贸易。

（三）逐渐向中国靠近

自2009年起，中国一直是巴西最大的贸易伙伴国、巴西农矿业大宗商品的最大进口国。此外，根据巴中企业家委员会（CEBC）2017年公布的信息，中国已成为巴西基础设施建设的重要投资国，特别是在能源领域。除经济方面，巴中两国在卫星、农业等领域一直开展技术合作，双方还共同参与二十国集团（G20）、金砖国家（BRICS）和基础四国（BASIC）等合作机制。对巴西而言，中国是非常重要的合作伙伴。

---

① Deutsche Welle, Parlamento da Áustria rejeita acordo UE – Mercosul, 19/09/2019, https：//www.dw.com/pt－br/parlamento－da－%C3%A1ustria－rejeita－acordo－ue－mercosul/a－50491214.

虽然博索纳罗在竞选期间及执政之初曾公开发表反华言论，但是经济利益的考量使博索纳罗政府逐渐转变了对华不友好的态度。2019 年 5 月，巴西副总统莫朗访华，此次访问拉近了两国关系，两国重启了 2015 年暂停的中巴高委会（COSBAN），双方代表还讨论了巴西加入"一带一路"倡议和华为公司参与巴西部署 5G 网络项目中基础技术供应的可能性。需要强调的是，巴中两国关系的正常化是在华有大量利益的巴西商业集团的期望，其中包括石油、大豆、动物蛋白、飞机、铁矿、木料出口商。巴西学者桑托罗（Maurício Santoro）在《时代》杂志（Época）上发表的一篇文章中表示：

> 巴西副总统莫朗的中国之行代表着巴西政府中寻求与中国这一巴西最大的贸易伙伴间务实关系一派的胜利。[1]

2019 年 10 月，博索纳罗总统的访华最终缓和了巴中关系。包括巴西农业部长克里斯蒂娜、矿产和能源部长阿尔布开克（Bento Albuquerque）在内的巴西总统访华团一行，与中方就寻求投资机遇及深化两国贸易关系展开了对话，并签署了涉及农业、贸易、能源、教育、科研、基础设施等领域的一系列双边协定。博索纳罗政府对华态度的转变主要是出于经济利益的考量，实用主义和经济利益的需要推动两国关系向前发展。

（四）排斥拉美左翼政府

针对拉美区域一体化问题，竞选期间，博索纳罗批评卢拉和迪尔玛政府优先加强南南合作、保持与广大拉美地区紧密联系的做法，认为这些做法具有意识形态色彩，旨在疏离美国。上台执政后，博索纳罗新政府不再重视拉美区域一体化，转而采纳美国西半球事务局（Escritório de Assuntos do

---

[1] Maurício Santoro, Mourão ganhou protagonismo em viagem à China, Revista Época, 26/05/2019, https://epoca.globo.com/mourao-ganhou-protagonismo-em-viagem-china-artigo-23694767.

Hemisfério Ocidental dos EUA）对拉美地区的有关建议和政策。从 2020 年 1 月起，巴西不再参与拉美和加勒比国家共同体（CELAC）事务。此外，2019 年 4 月 15 日，博索纳罗政府宣布退出南美洲国家联盟（UNASUL）。巴西外交部发布的公告显示，从 2018 年 4 月起，巴西、阿根廷、智利、哥伦比亚、巴拉圭和秘鲁政府决定集体暂停参与南美洲国家联盟的活动，使得该联盟陷入瘫痪状态。公告指出："要创立南美进步论坛（PROSUL）来取代南美洲国家联盟。新论坛结构轻巧灵活，运行规则明确，决策机制高效。"① 除了南美洲国家联盟外，南方共同市场也不是博索纳罗新政府关注的重点，不是其优先事项。②

在委内瑞拉问题上，博索纳罗政府加入特朗普政府的行动，试图推翻委内瑞拉马杜罗政府，并支持自封为"总统"的委内瑞拉国民议会主席瓜伊多（Juan Guaidó）。2019 年 1 月 23 日，巴西外交部发布了一份声明，承认瓜伊多政权，指出"巴西承认瓜伊多先生的总统地位"，并"将在其过渡阶段给予政治和经济支持"。③ 自此以后，巴西政府一直支持美国和哥伦比亚政府为委内瑞拉国内的政权更迭创造条件，支持对马杜罗政府的经济和政治制裁。

针对古巴这一拉美地区的社会主义国家，博索纳罗从一开始就持反对态度。执政伊始，博索纳罗政府对参与罗塞夫政府组织的"更多医生"（Mais Médico）项目的数千名古巴医生态度消极，导致古巴政府终止与巴西的医学合作，于 2018 年 10 月撤回在巴西的古巴医生；在国际舞台上，博索纳罗政府与特朗普政府一起在联合国投票时，支持对古巴政府实行经济封锁。

① Brasil – Mre, Denúncia do Tratado Constitutivo da União de Nações Sul – Americanas（UNASUL）15/04/2019，http：//www. itamaraty. gov. br/pt – BR/notas – a – imprensa/20291 – denuncia – do – tratado – constitutivo – da – uniao – de – nacoes – sul – americanas – unasul.

② O Globo, Paulo Guedes diz que "Mercosul não será prioridade" em governo Bolsonaro, 28/10/2018，https：//oglobo. globo. com/brasil/paulo – guedes – diz – que – mercosul – nao – sera – prioridade – em – governo – bolsonaro – 23194734.

③ Brasil – Mre, Nota à imprensa, 23/01/2019, http：//www. itamaraty. gov. br/pt – BR/notas – a – imprensa/19993 – nota – a – imprensa – venezuela – guaido.

针对玻利维亚的总统大选，博索纳罗政府虽然没有公开参与莫拉莱斯的下台，但是博索纳罗总统发表了一系列反对玻利瓦尔主义的言论，助长了玻利维亚国内的右翼势力，质疑玻利维亚总统的选举结果，巴西成为最早反对莫拉莱斯的国家之一。2019 年 11 月 12 日，巴西政府发布了如下公告：

> 巴西政府完全否认玻利维亚发生了"政变"。在莫拉莱斯大选舞弊后，民众对他的反感使其丧失了作为总统的合法性，随后在玻利维亚社会多个行业中出现了反对莫拉莱斯的声音。①

针对 2019 年阿根廷总统大选，博索纳罗政府因反对拉美的进步势力，曾试图直接干预 2019 年阿根廷大选，支持时任总统马克里（Maurício Macri），而非来自全民阵线（Frente de Todos）的总统候选人费尔南德斯，此举使巴西外交陷入困境。2019 年 10 月 10 日，巴西杂志《请看》（Veja）指出：

> 博索纳罗总统在本周四（10 号）指出，巴西政府一直努力阻止基什内尔反对派赢得阿根廷总统大选。巴西需要继续努力，到 2022 年不出现类似于今日邻国的情况。博索纳罗还表示需要阻止阿根廷人被那些曾经使国家陷入困境的人重新掌控。②

尽管两国外交官努力重建巴西和阿根廷间的对话与合作，但是直至 2020 年 3 月，两国总统还未进行任何政治层面的接触。考虑到两国间相互依赖的关系，对巴西而言，这并不是一个好消息。

---

① Brasil – Mre, Situação na Bolívia, 12/11/2019, http：//www. itamaraty. gov. br/pt – BR/notas – a – imprensa/21078 – situacao – na – bolivia – 3, Acesso em 31/03/2020.

② Veja（2020），Bolsonaro diz que trabalha para impedir vitória da oposição na Argentina, 10/11/ 2019, https：//veja. abril. com. br/mundo/bolsonaro – diz – que – trabalha – para – impedir – vitoria – da – oposicao – na – argentina/.

（五）追随特朗普政府的中东政策

前文提及，博索纳罗政府的外交政策在许多领域与美国特朗普政府保持一致，中东政策也不例外，这使得巴西在国际上陷入孤立，并放弃了往届巴西政府在中东地区多年的外交努力。巴西自 1985 年结束军人政权以后，从萨尔内（José Sarney）政府开始，一直在改变中东地区的外交局面。

博索纳罗政府在中东问题上新的外交立场引起了强烈反响。2018 年 11 月 1 日，博索纳罗表示把巴西驻以色列使馆从特拉维夫迁至耶路撒冷并不只是一个选举承诺。这一言论使巴西企业界人士忧心忡忡，担心阿拉伯国家和伊斯兰国家会因此对巴西的出口产品采取报复性措施。2018 年 11 月 5 日，埃及取消与巴西时任外交部长努内斯（Aloysio Nunes）的会晤，此举被巴西外交官解读为对博索纳罗言论的报复行为，因为博索纳罗意图承认耶路撒冷为以色列"首都"。2018 年 11 月 27 日，博索纳罗的儿子、联邦众议员爱德华多·博索纳罗与特朗普的女婿库什纳（Jared Kushner）在华盛顿举行会晤，库什纳一直积极地为以色列游说。会晤期间，爱德华多谈到要将巴西驻以色列使馆从特拉维夫迁至耶路撒冷，"还不知道使馆搬迁的具体日期，但我们有这个打算。问题不在于是否会搬迁，而在于什么时候搬迁"。①

由于巴西出口商担心此举会对与伊斯兰国家的贸易往来产生负面影响，因此巴西出口商不断给博索纳罗政府施压，最终博索纳罗总统不得不在巴西驻以色列使馆迁至耶路撒冷的问题上做出让步，暂停搬迁，只是在耶路撒冷设立了巴西贸易办事处，但是这并不意味着他放弃之前的打算。博索纳罗表示："搬迁使馆的承诺依然还在，我的任期直至 2022 年。我们做事应当稳

① G1 (2018), Eduardo Bolsonaro fala de mudança da embaixada brasileira em Israel com genro de Trump, 27/11/2018, https://g1. globo. com/mundo/noticia/2018/11/27/eduardo – bolsonaro – fala – de – mudança – da – embaixada – brasileira – em – israel – com – genro – de – trump. ghtml. Acesso em 30/03/2018.

重、谨慎，确保万无一失。"①

巴西学者克莱梅沙（Arlene Clemesha）认为，博索纳罗在以色列问题上的立场动摇了巴西的外交传统。她在接受BBC采访时表示：

> 自巴勒斯坦权力机构成立之初起，不论巴勒斯坦由哪个政权所代表，巴西一直同巴勒斯坦人民保持友好往来，也与作为主权国家的以色列发展友好关系。巴西一直努力寻求与双方保持"等距离外交"，因为很难在两者之间找到平衡。保持"等距离外交"关系并不意味着平衡，因为现状是不平衡的，在一方处于强势地位的同时，另一方处于弱势。因此，巴西长期以来一直寻求保持"等距离外交"关系，并且尊重人权、国际法和联合国决议……②

2019年，巴西与中东国家的另一个争议涉及两艘伊朗船只。2019年7月，两艘伊朗船只停靠在巴西帕纳拉州（Panará）的巴拉那瓜港口（Paranaguá），寻求燃料补给。巴西国家石油公司（Petrobras）拒绝为船只提供燃料，担心美国会因此而对其施加经济制裁。在被问及相关问题时，博索纳罗表示："我们在政策上与美国保持一致，那么我们就应当做该做的事情。"根据巴西《环球报》（Globo）的消息，博索纳罗表示巴西与美国的中东政策保持一致，但没有就伊朗船只问题与美国政府进行直接沟通。③ 博索纳罗在中东问题上的政治立场遭到巴西农业出口商的严厉批评，他们在伊朗

① Folha De São Paulo, Viagem de Bolsonaro a Israel teve papel simbólico e poucos efeitos práticos, dizem analistas, 03/04/2019, https：//www1. folha. uol. com. br/mundo/2019/04/viagem – de – bolsonaro – a – israel – teve – papel – simbolico – e – poucos – efeitos – praticos – dizem – analistas. shtml.

② Arlene Clemesha, Bolsonaro em Israel：Brasil abre mão de 25 anos de diplomacia no Oriente Médio ao se alinhar aos EUA, diz historiadora, BBC Brasil, 31/03/2019, https：//www. bbc. com/ portuguese/brasil – 47751065.

③ O Globo, Bolsonaro diz que Brasil está "alinhado" à política dos Estados Unidos no caso do Irã, 21/07/2019, https：//oglobo. globo. com/mundo/bolsonaro – diz – quebrasil – esta – alinhado – politica – dos – estados – unidos – no – caso – do – ira – 23823166.

有着重要的谷物和动物蛋白市场。根据巴西联邦最高法院的裁决,巴西国家石油公司必须为伊朗船只提供燃料,上述船只燃料供给问题随后得以解决。然而,巴西与伊朗的外交问题依然存在。

2019年10月,博索纳罗总统对沙特阿拉伯、阿拉伯联合酋长国和卡塔尔三国进行了正式访问,它们是美国在阿拉伯世界的三大盟友。访问沙特期间,博索纳罗总统宣布与沙特主权财富基金(PIF)建立伙伴关系,该基金可以为巴西带来高达100亿美元的投资。此外,双方还签署了涉及工业研究、国防技术发展、文化合作、金融合作等多个领域的合作行动计划。① 访问阿联酋期间,双方确定了八项重点合作行动,涉及和平与安全、经济合作、人工智能、环境和国防等多个领域。访问卡塔尔期间,双方签署了涉及入境免签政策、重大体育赛事合作等方面的多项协定。

(六)在联合国事务中与美国保持一致

2019年在联合国事务中,博索纳罗政府重申巴西与美国保持一致的原则,包括:在联合国人权理事会的投票(巴西选择支持以色列)、在联合国大会上的发言以及对古巴的禁运问题。

2019年3月22日,在日内瓦举行的联合国人权理事会会议上,巴西政府投票反对一项关于以色列在加沙地带边境对平民镇压的独立调查的决议。此外,巴西政府还在另一项有关反对以色列扩大占领区的决议中投弃权票,这打破了巴西传统的外交方针。在投票中,巴西与其他七国站在一起,其中包括美国的传统盟友澳大利亚、乌克兰,以及匈牙利和捷克的右翼民粹政府。②

2019年9月24日,博索纳罗总统在第74届联合国大会一般性辩论的

---

① Agencla Brasil, Presidente Jair Bolsonaro chega a Brasília após visita a cinco países, 31/10/2019, https://agenciabrasil.ebc.com.br/politica/noticia/2019 - 10/presidente - jair - bolsonaro - chega - brasilia - apos - visita - cinco - paises.

② O Globo, Governo Bolsonaro muda tradição e vota na ONU contra condenação a Israel por repressão a palestinos, 22/03/2019, https://oglobo.globo.com/mundo/governo - bolsonaro - muda - tradicao - vota - na - onu - contra - condenacao - israel - por - repressao - palestinos - 23543123.

开幕式上发表演讲，展现了其右翼民粹主义倾向。他表示巴西的外交政策要与美国保持一致，并为其政府在环境和印第安人问题上的政策进行辩护，批评了所谓的"全球主义"。此次联合国大会期间，在讨论美国对古巴实行禁运的问题上，巴西重申与美国保持一致，投票支持美国对古巴实行禁运，这是1992年以来巴西首次投票对此问题表示支持。博索纳罗表示：

> 巴西首次在美国对古巴禁运问题上表示支持。我们支持对古巴实行禁运。……巴西的立场会逐渐向中右翼转变。

需要强调的是，此次表决中，仅有巴西、美国和以色列三个国家投票支持美国对古巴实行禁运制裁，另外两国哥伦比亚和乌克兰投弃权票。最终，联合国大会以投票方式通过决议，敦促美国停止对古巴实行禁运。

（七）在全球气候变化议题上持消极态度

博索纳罗政府对环境问题十分敏感，支持特朗普在全球变暖问题上所持的否定论，对联合国框架下达成的气候变化多边解决方案持消极态度，这使巴西失去了在全球气候变化议题上的领导地位。

2018年大选中博索纳罗成功当选后，巴西政府对外宣布，"考虑到财政预算有限"，"巴西政府不得不放弃2019年第25届联合国气候变化大会（COP25）的承办权"。[①] 后来智利宣布在圣地亚哥接替巴西承办该会议，但是遭到了智利民众的抗议，最后会议不得不更改到马德里举办。巴西政府的举动实际上反映了博索纳罗新政府在全球变暖议题、亚马逊地区环境保护等问题上的批评立场。此外，博索纳罗总统取消了赴萨尔瓦多市参加于8月19~23日举办的拉丁美洲和加勒比地区气候周活动。该活动属于2019年第

---

① G1 (2018a), Brasil desiste de sediar Conferência do Clima em 2019, 28/11/2018, https://g1.globo.com/natureza/noticia/2018/11/28/brasil-desiste-de-sediar-conferencia-do-clima-em-2019.ghtml.

25 届联合国气候变化大会（COP25）的筹备会议。巴西《零点报》（*Zero Hora*）报道：

> 博索纳罗政府多次批评《巴黎协定》，其政府成员消极对待气候变化议题，尽管这在科学界已达成共识。……环境部长萨利斯（Ricardo Salles）表示气候问题不是巴西政府的优先事项……①

巴西环境部长萨利斯（Ricardo Salles）作为巴方代表参加了在马德里举行的第 25 届联合国气候变化大会。此次会议上，巴西表现得较为被动，并没有为共识的达成发挥领导作用。

在亚马逊毁林问题上，博索纳罗政府质疑并攻击巴西国家空间研究院（INPE）发布的有关亚马逊地区毁林的数据，这在国内引起了很大的争议。该机构负责人加尔万（Ricardo Galvão）因与总统意见相左，于 2019 年 8 月 2 日被迫离职。博索纳罗政府关于亚马逊毁林问题的态度和举动，引起了国际社会的广泛批评，影响了巴西的国际形象。2019 年 8 月 22 日，法国总统马克龙在推特上写道："我们的家园正在被燃烧。亚马逊雨林是'地球之肺'，为全球提供 20% 的氧气，如今它却正被大火燃烧。这是一场国际危机。"

四 结语

从盖泽尔将军（General Ernesto Geisel）执政开始，巴西外交政策的核心——独立自主的外交政策——形成，并被后来历届政府所延续，直至 2019 年 1 月 1 日极右翼势力的代表博索纳罗上台前。博索纳罗新政府的外交政策从意识形态出发，主张与美国结盟，其意识形态派别主义在巴西历史

---

① Gauchazh（2019），Governo de Bolsonaro cancela evento da ONU sobre mudança do clima，https：//gauchazh. clicrbs. com. br/ambiente/noticia/2019/05/governo－de－bolsonaro－cancela－evento－da－onu－sobre－mudanca－do－clima－cjvn0ws5j03ss01pedrm9u46o. html.

上前所未见。为了支持美国，巴西出让自身的国家利益，以换取美国所承诺的有国际影响力的巴西外交。博索纳罗极具意识形态的外交政策遭到了国内利益集团尤其是出口商的施压和抑制。如果按照外交部长阿劳若及其意识形态指导的外交政策行事，巴西有可能卷入委内瑞拉战争，与中国、中东国家等关系恶化。正如我们所看到的，2019年博索纳罗执政之初，经济利益上的"实用主义"已在多个场合战胜了右翼所谓的"民粹主义"激进的意识形态。

专题报告

Special Report

Y.6

重新执政：2019年巴西
保守主义势力的回归及其影响

吴志华*

摘　要：　2013年以来，巴西经济持续衰退、权钱交易盛行、党派斗争
激烈、社会局势动荡以及民众对国家发展前景不确定的忧虑，
为保守主义势力的回归提供了条件。2019年1月1日，博索
纳罗就任巴西总统，这是1985年巴西民主化进程以来，第一
位具有右翼政治理念的总统执政巴西，反映保守主义势力在
巴西的回归。但是，这并不意味着保守主义理念已经成为当
今巴西社会的主流意识。保守主义势力否定左翼政府执政成
果，全面调整经济社会政策，既缺乏社会共识的基础，也面

* 吴志华，《人民日报》国际部高级记者，原《人民日报》驻巴西分社首席记者，太和智库高
级研究员。

临重重困难和挑战。

关键词： 巴西 保守主义 博索纳罗 社会变革

2019 年 1 月 1 日，雅伊尔·博索纳罗就任巴西总统。这是 1985 年巴西民主化进程以来，第一位具有右翼政治理念的总统执政巴西，反映出保守主义势力在巴西的回归。在就职仪式上，博索纳罗重申了竞选时提出的主张："万事之上是巴西，万众之上是上帝"，宣称"巴西再次挣脱了思想束缚"，强调维护家庭和信仰上帝的传统价值观，"不能让摧毁我们价值和传统、摧毁作为社会支柱的家庭的有害思想分裂巴西人"[①]。

一 巴西保守主义势力回归的社会背景

保守主义势力在 2018 年通过政治选举重新执掌国家政权，成为巴西政坛上的主导力量，有其深刻的社会背景。

（一）持续不断的政治危机和民众对国家政治体制产生的信任危机，为保守主义势力重返政坛创造了历史性机遇

劳工党卢拉政府（2003～2010 年）在执政后期，为了争取国会对政府各项法案和政策的支持，频繁与在野党进行政治交易，私下向各党派的国会议员非法提供资金，以换取政治支持。这就是后来被披露的"大月费案"，由此揭开了政界与企业权钱交易的重重腐败黑幕。到 2017 年 6 月的 4 年时间里，巴西警方调查了 2000 多起政治腐败案件，这些腐败行为给国

---

① "Leia a íntegra do discurso de Bolsonaro na cerimônia de posse no Congresso"，https：// www1. folha. uol. com. br/poder/2019/01/leia – a – integra – do – discurso – de – bolsonaro – na – cerimonia – de – posse – no – congresso. shtml.

家造成的经济损失达 300 多亿美元。① 随着腐败案件不断被媒体披露，从总统、议长、政党领袖到议员和政府官员，数百名政治人物因涉嫌受贿、行贿和权钱交易或被检察部门调查或被司法机关判刑入狱。对腐败案件的揭发与调查引发了党派间的相互攻讦，政治斗争风波持续不断。广大民众对政治精英和国家政治体制产生了极大的厌恶和不信任，冀望"政治改革"和出现"体制外新人"。巴西保守主义势力迎合民众这种心理诉求，举起民粹主义旗帜，活跃于政坛和社会，扩大了其影响力，增强了其民意基础。

（二）连续多年经济衰退造成民众生活水平下降，失业加剧，引起民众对政府的不满

2004～2013 年，巴西经济保持平稳向好发展势头。据拉美经委会报告，2004～2013 年，巴西经济增长率分别是 5.7%、3.2%、4.0%、6.1%、5.2%、-0.1%、7.5%、4.0%、1.9% 和 3.0%。只有 2009 年受美国金融危机影响而出现 0.1% 的负增长，但是，第二年经济就强劲恢复了增长。这一时期，巴西约有 4300 万民众脱贫，生活有了改善。然而，受国际经济环境影响且国内结构性经济调整不到位，巴西经济从 2013 年开始出现持续衰退的趋势。拉美经委会的数据表明，2014～2017 年，巴西经济增长率分别为 0.5%、-3.5%、-3.3% 和 1.1%，年均经济增长率只有 0.1%。经济不景气，就业岗位减少。2017 年和 2018 年，巴西失业率连续两年超过12.0%，失业人数超过 1200 万名。② 许多家庭收入减少，生活水平下降，民众改善生活的期望值发生了急剧逆转。据国际货币基金组织的报告，2014年巴西人均 GDP 为 15562 美元。在经济连续 3 年衰退之后，2018 年人均

---

① 新华社里约热内卢 2017 年 6 月 25 日电。

② "Taxa de desemprego fica estável em 2018, e Brasil fecha ano com 12, 1 milhões sem trabalho", https：//www1. folha. uol. com. br/mercado/2019/01/desemprego – fecha – 2018 – em – 123 – em – ano – marcado – por – recorde – na – informalidade. shtml.

GDP只有14359美元。[①] 巴西经济界人士把国内经济发展忽高忽低的波动比喻为"母鸡起飞"[②]，飞不高，飞不远。稳定和振兴经济、寻找新的出路就成为这一时期社会普遍诉求，保守主义势力以推行财政、税收、劳工和养老金制度改革为由，为其夺取政权、实施新自由主义经济政策创造了机会。

（三）巴西社会风气发生新变化

民主化进程以来，巴西历届政府倡导包容性发展的社会政策，通过"家庭补助金"扶贫计划、"我的家，我的生活"社会住房计划，给贫困家庭发放生活补助，提供廉价住房；通过"更多医生"项目，引进古巴医生到贫困偏远地区为民众提供医疗卫生服务；切实保障劳动者工资每年获得实际增长，增加劳动保护福利；维护妇女权益，打击针对妇女的施暴犯罪，对堕胎和同性恋持包容态度等。2013年，巴西联邦最高法院承认同性婚姻是宪法赋予的权利并在2019年将仇视同性恋列为种族主义罪。然而，随着社会更加开放与包容，新的社会问题也应运而生。同性恋和同性婚姻蔚然成风。据2010年巴西人口普查，全国有0.18%的夫妻宣布自己与同性伴侣生活在一起，其中还有20%的同性恋家庭抚养孩子。2018年在巴西登记的合法同性婚姻就多达9520宗。凶杀、抢劫、偷盗、贩毒、强奸、欺诈以及有组织犯罪、与警察对抗枪战等暴力犯罪连年增长。2018年大选前，巴西公共治安论坛发布调查报告称，2013～2017年，因暴力凶杀而死亡的人数每年有6万多。每10万人口中，暴力凶杀导致死亡的人数从2013年的27.8名增长到2017年的30.8名。[③] 合法堕胎、性教育也引起广泛的社会争议。

---

① "Brasil perde corrida do PIB per capita para outros emergentes"，https：//www.valor.com.br/imprimir/noticia/6267399/brasil/6267399/brasil – perde – corrida – do – pib – capita – para – outros – emergentes.

② "'Brasil não aguenta mais voo de galinha', avalia economista"，https：//economia.uol.com.br/noticias/estadao – conteudo/2019/12/04/brasil – nao – aguenta – mais – voo – de – galinha – diz – jose – roberto – bendonca – de – barros.htm.

③ "Brasil registra 606 casos de violência doméstica e 164 estupros por dia"，https：//www1.folha.uol.com.br/cotidiano/2018/08/brasil – registra – 606 – casos – de – violencia – domestica – e – 164 – estupros – por – dia.shtml.

2011 年教育部提倡建设"没有同性恋恐惧症的学校",并计划向中学教师提供同性恋视频资料,此举因遭到社会普遍批评而被取消。2012 年,一场有关 LGBT 群体(女同性恋者、男同性恋者、双性恋者与跨性别者)的研讨会在国会举行,主张公开讨论青少年性教育、性别角色和青春期教育问题,也遭到保守主义势力的攻击和漫骂。① 遵循传统家庭理念的民众,特别是中产阶级家庭,对这些社会现象的蔓延深感忧虑,认为社会风气每况愈下,伦理道德滑坡,不安全感增强。同时,这些社会现象与问题也助长了保守主义势力逐步走向激进,他们借机攻击左翼社会运动,对堕胎和同性恋等行为表示"不能容忍",甚至发生对同性恋者施暴的犯罪行为。

(四)美国保守主义和福音派宗教势力对巴西的渗透和影响

巴西是天主教国家,全国 90% 以上的人信仰天主教。20 世纪 50 年代,美国福音派基督教到巴西传教,信徒逐渐增多。据巴西国家地理统计局 2012 年 6 月 29 日发布的《2010 年全国人口普查》统计数据,1960 年,信仰天主教的巴西人口占全国总人口的 93.1%,2000 年这一占比下降到 73.6%,2010 年进一步下降到 64.6%。同期,基督教福音派教徒在总人口中的比重却从 1960 年的 4.0% 上升到 2010 年的 22.2%。最近 10 年,基督教福音派呈现更加强劲的扩张势头。巴西《圣保罗页报》2019 年 12 月的调查显示,如今福音派教徒约占巴西总人口的 31%,预计到 2032 年福音派教徒的数量将首次超过天主教的教徒。② 随着福音派势力在巴西的扩张,美国和巴西福音派教会之间的往来也越来越密切。博索纳罗 2018 年 10 月当选巴西总统后,12 月 20 日就在里约热内卢的私人寓所会见了美国福音派教会的代表。

美国保守主义势力也在加紧对巴西的思想渗透。2005 年,巴西右翼作家奥拉沃·卡瓦略移居美国后,与美国保守主义代表人物史蒂芬·班农、博

---

① "Saiba como surgiu o termo 'ideologia de gênero'", https://www1.folha.uol.com.br/cotidiano/2018/10/saiba – como – surgiu – o – termo – ideologia – de – genero.shtml.

② "Onda evangélica", https://www1.folha.uol.com.br/opiniao/2020/01/onda – evangelica.shtml.

尔顿等人保持密切联系，对博索纳罗总统及其子女影响很大。2019 年 3 月，博索纳罗就任总统后首次访美，在巴西大使的官邸举行晚宴，邀请美国政界、新闻界和金融界知名的保守派人士参加，其中就有史蒂芬·班农和卡瓦略等人。班农还作为受邀嘉宾前往特朗普国际酒店观看以卡瓦略同名作品改编的巴西电影《苦难的花园》。巴西外交部编发的《每日要闻简报》中，增加了史蒂芬·班农支持的美国保守主义网站 Breitbart News 的新闻摘要。① 此外，在左翼政府前总统卢拉涉嫌受贿而受到司法调查时，美国多次邀请此案主审法官塞尔吉奥·莫洛访美。莫洛在博索纳罗当选总统后被任命为司法和公共安全部长。2019 年 3 月随总统访美时，莫洛破例地走访了美国中央情报局。博索纳罗总统的儿子、联邦众议员爱德华多应邀多次到美国访问，受到美方高规格接待。博索纳罗总统访美时，美方打破惯例，邀请爱德华多参加两国元首的小范围会谈。特朗普总统还当面称赞爱德华多"干得很好"。

此外，美国总统特朗普的思想理念和行事风格也对巴西保守主义势力产生很大影响。为吸引和争取民众支持，巴西保守主义政治家常以特朗普式语调发表谈话或演讲，重视利用社交网络加强与选民直接沟通。特朗普提出"美国优先"，巴西保守主义势力也提出"万事之上是巴西""巴西利益第一"，在内外政策上跟着特朗普政府亦步亦趋。

二 博索纳罗新政府中保守主义势力的政治基础

巴西保守主义势力成分复杂，派系众多，没有形成统一的理念和行动纲领。博索纳罗总统执政以来，政府内部各个派系在政策和行动上经常因意见分歧而产生争执，导致政府官员频繁更换。保守主义势力主要有四股力量，成为博索纳罗政府执政的政治基础。

---

① "Inclusão de Bannon em agenda de Bolsonaro nos EUA incomoda Casa Branca", https://www1.folha.uol.com.br/mundo/2019/03/inclusao-de-bannon-em-agenda-de-bolsonaro-nos-eua-incomoda-casa-branca.shtml.

（一）以福音派教会为主的宗教保守势力

巴西"上帝教会""天国普世教会""浸礼教会""神权世界教会"等几大福音派教会在全国建立了数千座教堂，拥有电视台、广播电台和出版社等媒介，信徒达数千万之众，具有广泛的社会影响力。与美国福音派教会一样，巴西福音派教会不仅热衷于传教，还积极参加政治竞选，不少福音派牧师当选国会议员、州和市的议员、市长，或到政府部门任职，在政坛的影响力日益增强。据巴西国会咨询部统计，在众议院，福音派议员从 2014 年的75 人增加到 2018 年的 84 人[①]。在参议院，福音派参议员从 2014 年的 3 人增加到 2018 年的 7 人。福音派议员、在涉及宗教议题上投票支持福音派立场的议员以及仍在教会担任神职的议员还组成了"福音派议员阵线"。在2019 年开始的新一届国会中，190 名议员加入了"福音派议员阵线"。

此外，福音派教会还通过各种渠道加强与政界要人往来，以便在制定公共政策上施加影响。博索纳罗总统信仰天主教，但是，他的夫人米歇尔是虔诚的福音派信徒。博索纳罗竞选时提出"风俗习惯上的保守主义"和"家庭至上"的口号基本上反映了福音教派的政治理念。各地福音派教会也对博索纳罗竞选总统予以大力支持。博索纳罗当选总统后投桃报李，任命具有福音教派背景的人出任联邦政府部长，如妇女、家庭和人权部长达玛雷斯，总统府民事办公厅主任洛伦佐尼，教育部长温特劳布等。

宗教界保守主义势力的政治主张是，强调在风俗习惯上要维护传统的家庭伦理道德，主张"妇女是维持家庭的稳定器"，妇女的责任就是抚育子女和照顾家庭。[②] 仇视同性恋婚姻、反对堕胎合法化、抵制对青少年进行性教育等。宗教界激进保守主义甚至反对在巴西不断发展的女权主义运动，指责

---

① "Partidos buscam evangélicos e policiais para disputarem capitais", https：//valor. globo. com/politica/noticia/2020/01/13/partidos – buscam – evangelicos – e – policiais – para – disputarem – capitais. ghtml.

② "Regina Duarte fala de feminismo em seu primeiro evento à frente da Cultura", https：//www1. folha. uol. com. br/ilustrada/2020/03/regina – duarte – fala – de – feminismo – em – seu – primeiro – evento – como – secretaria – da – cultura. shtml.

女权主义是不尊重生物学差异的意识形态，在社会上广泛讨论性问题是"对自然家庭的威胁"，是马克思主义左翼人士对传统家庭观念精心策划的攻击等。[①]

（二）右翼和极右翼政治势力组成的意识形态派

巴西目前没有一个自称或是公认的保守主义政党。保守主义政治势力主要来自社会自由党、共和党、基督教社会党等右翼和中右翼政党以及分散各地的保守主义社会团体，如"前进巴西""巴西保守主义运动""圣保罗保守主义运动""保守主义者运动"等。意识形态派的保守主义势力强调要维护西方世界的传统价值观，在思想理念上反共、反社会主义，指责和攻击拉美左翼政府，反对全球化和全球主义。其中，激进保守主义的代表人物是作家奥拉沃·卡瓦略、外交部长埃内斯托·阿劳若、众议院外委会主席爱德华多·博索纳罗等。

奥拉沃·卡瓦略（Olavo de Carvalho）生于1947年，年轻时学过哲学和占星术，还为一些报纸撰写文章，此后应聘到一所私立大学教授哲学课。1998年起，卡瓦略利用社交网络不断发表其政论文章，特别是2002年创建自己的网页"没有面具的媒体"（Mídia Sem Máscara）后，经常以激烈言辞批评和攻击巴西左翼政党和左翼知识分子。卡瓦略的政治理念概言之就是"逢左必反"，凡是左翼政党和知识分子提出的政策主张都被他指责是"有害的"。他言辞犀利、想法偏执的文章常在巴西媒体、高校和艺术界引起争议。卡瓦略为此受到保守主义势力的推崇。然而，在巴西学术理论界，卡瓦略则被视为"孤家寡人"和"怪异者"。2005年，卡瓦略无奈之下移居美国，联络美国保守主义势力，通过YouTube和在线授课等方式，继续向国内年轻人大肆传授他的"哲学思想"。听他网课的学生逐渐增加到数千之众，很多人成为崇拜他的追随者，成为博索纳罗竞选总统的支持者。其中一些人

---

① "Saiba como surgiu o termo 'ideologia de gênero'"，https：//www1. folha. uol. com. br/cotidiano/2018/10/saiba – como – surgiu – o – termo – ideologia – de – genero. shtml.

还经卡瓦略的推荐出任博索纳罗政府的高官，如外交部长埃内斯托·阿劳若、总统府国际事务助理马尔丁斯、前教育部长韦莱兹、现任教育部长温特劳布等人，这些人成为"意识形态派"的骨干力量。尽管远离巴西，卡瓦略的思想和言论仍在影响巴西政治进程，成为巴西国内保守主义势力的"思想导师"。

（三）武装部队和警察队伍中的保守主义者

1985 年巴西结束军政府统治，建立文人政府，开启了巴西政治民主化进程。1999 年 6 月，巴西政府对武装部队领导体制进行改革，建立国防部，统一领导陆、海、空三军，国防部长由文职官员担任。此后，军队作为国家武装力量，服从于文人政府领导，专心军队建设，很少在涉及政治包括党派斗争的问题上"发声"。但是，武装部队中依然存在深厚的民族主义和保守主义的传统理念。巴西弗卢米嫩塞联邦大学（UFF）教授达尼埃尔·雷伊斯说，巴西有武装部队干预政治的历史传统，因为保守派军人不承认或不想被承认是"穿制服的公务员"，他们把自己看成国家的"守护天使"。① 军队保守派对左翼政府设立"真相委员会"和"专门委员会"调查军政府时期侵犯人权的问题、对受政治迫害的进步人士及其家属给予经济赔偿等做法心存不满。当劳工党主要领导人因政治腐败问题受到司法调查后，武装部队内的保守派便私下或公开地为军政府统治鸣不平。2016 年迪尔玛·罗塞夫总统被国会弹劾，结束了劳工党 13 年的执政。继任总统特梅尔 2018 年 2 月任命一位现役将军出任国防部长，这打破了由文职官员担任国防部长的惯例。特梅尔总统还一度派出军队负责里约热内卢州的社会治安管理。在全国货车司机大罢工期间，派军队撤除公路障碍，帮助恢复道路运输畅通，保障能源供应等。随着武装部队政治地位的提高，军内一些保守派人士开始就国内政治问题公开发表讲话或通过社交网络发表意见。例如，劳工党人、前总统卢拉被控收受企业贿赂接受司法审判时，时任陆军司令维拉

---

① https：//brasil. elpais. com/brasil/2018/04/04/politica/1522878909_ 793429. html.

斯·博阿斯就发表讲话称："无数腐败丑闻显示出严重的道德危机将危及未来。"他通过社交网络发推文，严厉抨击"有罪不罚"，称军队将"履行其使命"。① 2018 年博索纳罗宣布参选总统，得到了以退役军人俱乐部为代表的军队保守派的支持。退役将军莫朗被推举为副总统候选人，与博索纳罗搭档参选。博索纳罗执政后任命大批军人担任联邦政府要职，在 22 个部长职位中，有 8 位来自军方。到 2019 年 9 月，联邦政府中担任领导职务或高级助手的军人多达 2500 名。② 里约热内卢联邦大学（UFRJ）历史学教授卡洛斯·菲科认为，博索纳罗总统依靠军人执政，是因为他本人在思想感情上亲近军队，同时，军队保守派的政治理念与其十分相似，又是组织最严密的政治团体，军人参政可以弥补新政府缺乏经验、缺乏人才的问题。③

此外，近年来警察队伍中的保守主义势力渐成气候。据国会咨询部统计，在众议院，警察出身的议员从 2014 年的 61 人增加到 2018 年的 87 人④，他们组成所谓的"子弹头"议员阵线，在涉及公共治安、枪支管理、保护警察权益等立法问题上积极支持政府，反映保守主义势力的政策主张，如强调优先保护警察人身安全，强化治安管理，提高对犯罪惩治的"量刑"标准，以"铁拳"镇压犯罪团伙，放开枪支管制让民众拥有"自卫"武器等。

（四）工商界和农村中思想保守的企业主和农场主

这些年巴西经济不景气，企业受到影响最大，集中表现在所谓的"去工业化"。据巴西工业发展研究所汇编的数据，巴西工业增加值在全球中的份额从 2005 年的 2.81% 下降到 2018 年的 1.83%。2010～2018 年，世界工

① https：//brasil. elpais. com/brasil/2018/04/04/politica/1522878909_ 793429. html.
② "Bolsonaro amplia presença de militares em 30 órgãos federais"，https：//www1. folha. uol. com. br/poder/2019/10/bolsonaro – amplia – presenca – de – militares – em – 30 – orgaos – federais. shtml.
③ "Militares já se espalham por 21 áreas do governo Bolsonaro，de banco estatal à Educação"，https：//www1. folha. uol. com. br/poder/2019/01/militares – ja – se – espalham – por – 21 – areas – do – governo – bolsonaro – de – banco – estatal – a – educacao. shtml.
④ "Partidos buscam evangélicos e policiais para disputarem capitais"，https：//valor. globo. com/politica/noticia/2020/01/13/partidos – buscam – evangelicos – e – policiais – para – disputarem – capitais. ghtml.

业附加值平均每年增长3.2%，而巴西却是年均下降2.1%。① 在科技和高科技产业引领全球工业转型增值扩展进程中，巴西工业没有及时调整转型，没有主动融入全球产业链，计算机、电子产品和光学产品等创新技术部门落伍，工业生产率低下，出现了所谓的"去工业化"现象。工商界企业主认为，"去工业化"的根源在于左翼政府的政策，他们指责左翼政府扩大社会领域公共投入，使财政赤字和公共债务不断扩大，导致基础设施建设的公共投资不足，企业贷款利率高、税赋高，物流成本高；指责左翼政府在劳资关系上向企业职工利益倾斜，提高了企业生产成本，缺乏对制造业的扶持和限制了私人投资的积极性。他们指责左翼政府受制于南共市的约束，没有与欧美发达国家签署自贸协定，影响企业外贸出口和引进外资等，主张实施自由经济、开放市场，吸引外资，拍卖国有企业，维护私人企业主利益，限制工会活动，建立资本化的社保制度等。而农村大农场主不满左翼政府对无地农民运动的支持，要求政府保护私人农场，允许开发印第安人保留地，在农业和矿产开发上减少因环境保护问题而受到的限制等。

三 保守主义势力回归带来的社会变革与影响

博索纳罗政府执政后，重新调整了巴西未来的发展方向，陆续出台具有保守主义特征的改革措施和公共政策，在政治、经济、社会等领域产生了很大的影响。

（一）清除左翼政党执政时留下的"政治遗产"

博索纳罗政府组建之时，就开始"清退"前几届政府任命的具有左翼思想的非公务员编制的行政人员。总统府民事办公厅主任洛伦佐尼称，要使新政府"非劳工党化"和"摆脱思想束缚"。他强调，总统府是联邦政府核

---

① "Brasil perde mais espaço na manufatura global", https：//www. valor. com. br/imprimir/noticia/6306233/brasil/6306233/brasil－perde－mais－espaco－na－manufatura－global.

心部门，决不允许与政府"作对"的官员继续留在岗位上，"或配合我们，若选择离开"。① 3 个月中，2 万多名非公务员编制的政府官员因与左翼政党有联系而被"清退"。

巴西政府在 1995 年成立"政治死亡和失踪案件专门委员会"（简称专门委员会），在 2011 年又成立了"真相委员会"，以便对军政府统治时期侵犯人权、政治迫害案件进行调查处理。真相委员会 2014 年 12 月发表报告认为，1946 ~ 1988 年，全国有 423 人因受到政治迫害而死亡和失踪②，军政府 377 名公职人员应对此负责。③ 专门委员会向政治死亡和失踪者家属发放了国家赔偿金。军队保守派和一些保守主义团体对此耿耿于怀。博索纳罗总统执政后，保守主义势力要求重新评价军政府的呼声逐渐高涨。2019 年和 2020 年，国防部连续两年举行纪念 1964 年军事政变的活动。2019 年 8 月，由劳工党政府任命的专门委员会主席和其他 3 名委员被博索纳罗总统罢免职务，妇女、家庭和人权部长特别助理被任命为该委员会新主席，另外 3 位新委员则来自军方和右翼政党。此举遭到法律界批评，巴西联邦检察院在受理巴西律师协会投诉后于 2019 年 10 月裁定，撤换专门委员会的委员，"变更了这个机构的宗旨"，要求予以更正④。

"家庭补助金"（Bolsa Família）计划是左翼政党执政时最重要的一项社会政策。根据这项计划，政府每年对全国 1380 万个贫困家庭发放生活补贴，每个受益人平均每月领取 205 雷亚尔，受益家庭则承诺履行送子上学义务。这项计划帮助贫困家庭改善生活条件，提高青少年的入学率，成为左翼执政的一面"旗帜"，在国际上也产生了良好的影响。博索纳罗政府准备将"家庭补助

---

① "Onyx anuncia exonerações de todos os comissionados para fazer 'despetização' da Casa Civil"，https：//g1. globo. com/politica/noticia/2019/01/02/onyx – anuncia – exoneracoes – de – comissionados – para – fazer – despetizacao – da – casa – civil. ghtml.

② "Bolsonaro se refere a aniversário do golpe de 64 como 'dia da liberdade'"，https：//www1. folha. uol. com. br/poder/2020/03/bolsonaro – se – refere – a – aniversario – do – golpe – de – 64 – como – dia – da – liberdade. shtml.

③ http：//www. bbc. com/portuguese/brasil – 44325522.

④ "Procuradoria aponta 'desvio de finalidade' de Bolsonaro em comissão sobre ditadura"，https：//www1. folha. uol. com. br/poder/2019/10/procuradoria – aponta – desvio – de – finalidade – de – bolsonaro – em – comissao – sobre – ditadura. shtml.

金"更名为"巴西收入"（Renda Brasil）计划，将受益对象分为成年人、3 岁以下婴幼儿和青少年三个群体，发放不同标准的生活补贴，目的是为这项社会计划打上博索纳罗政府的印记，以消除左翼政党的政治影响。①

保守主义势力攻击最近 30 年巴西"优先发展与拉美国家关系"、深化"拉美一体化进程"、加强与新兴国家和发展中国家"南南合作"是"左翼意识形态指导下"的外交政策。因此，博索纳罗政府重新调整巴西对外关系的战略布局，首先恢复与美国传统的"盟友"关系，疏远由左翼政党执政的拉美其他国家，宣布退出南美洲国家联盟，指责委内瑞拉、古巴是独裁国家，不承认马杜罗政府的合法性，支持委内瑞拉和玻利维亚的右翼政治势力，要求两国重新举行"民主选举"，并积极参与对委内瑞拉的制裁和外交施压。博索纳罗政府还不顾中东国家的反对，表示要跟随美国，将巴西驻以色列大使馆搬迁到耶路撒冷，并支持美国特朗普政府提出的"大中东和平计划"等。巴西还调整了应对全球气候变化的政策和立场。巴西外长阿劳若撰文称，气候主义是全球主义的衍生品，"气候变化应该冷静、理性地研究，现在却被一种意识形态所抓住，巴西成为'气候主义'的牺牲品"。

（二）在经济领域全面推行新自由主义政策

自 2016 年特梅尔政府执政起，巴西就逐步推行保守主义势力所主张的经济改革。博索纳罗总统执政后，任命盖德斯为经济部长，授权他全面主管经济工作。在新自由主义理念的指导下，盖德斯上任后推出以国有企业私有化、养老金制度改革和税制改革为核心的一系列经济政策和措施。

巴西国有企业或国有资本控股的企业共有 694 家。为减少政府财政赤字，减轻公共债务负担，吸引私人投资，盖德斯制订了国企私有化计划，大规模地拍卖国有企业资产，拍卖机场、公路、铁路和港口等国家基础设施的特许经营权。2019 年有 67 家国有企业被拍卖，约占劳工党执政时新建 90

---

① "Governo vai reformular Bolsa Família e destinar benefício a jovens e crianças", https：//economia. uol. com. br/noticias/estadao – conteudo/2019/12/07/governo – vai – reformular – bolsa – familia – e – destinar – beneficio – a – jovens – e – criancas. htm.

家国企的 2/3①。拍卖了 27 个机场、港口、公路和铁路的特许经营项目，并计划在 2020 年再拍卖 40~44 个特许经营项目，其中包括 6 条公路、22 个机场、9 个港口码头和 2 条铁路。②

2019 年 11 月 12 日，政府提交的养老金制度改革提案最终获得国会审议批准。新的养老金制度修改了养老金和抚恤金条款，如延长企业职工和公务员的退休年龄，延长缴纳社会养老保险金的年限，调整了领取养老金的计算公式，对新旧养老金制度过渡期如何发放养老金和缴纳社会养老保险金做出明确的安排等。根据测算，新的养老金制度实行 10 年，能为政府节省大约 8000 亿雷亚尔的财政开支。巴西有 70%的职工退休后依靠养老金生活。改革养老金制度有利于政府减少公共开支，有利于企业减轻为职工投保的负担。然而，延长退休年龄和缴纳养老金年限增加了企业职工和公务员在投保养老上的支出，因而引起工会组织和左翼政党的强烈批评，认为这一改革破坏了"以社会保障为原则，以分配和互助为基础的养老金制度"，将民众福祉"交给了资本市场"。③

巴西是税赋很高、税则繁杂的国家。各种税费有 63 种，2019 年全国税收收入 2.6 万亿雷亚尔，相当于国内生产总值的 35.17%，人均纳税约 1.2 万雷亚尔，相当于劳动者全年收入的 1/3。④ 税收制度抑制了经济活力、创新和创业精神，损害了公平竞争，阻碍了私人投资，是巴西融入全球价值链进程中缺乏竞争力的重要因素之一。21 世纪初以来，巴西多次尝试改革税制，均没有成功。博索纳罗执政后，国会和政府分别提出税制改革方案，其共同目标是减轻税负、减少税种、统一税率和强化征税机制。新税制法案着

---

① "Privatização vai acelerar em 2020, diz Mattar", https://valor. globo. com/brasil/noticia/2019/12/20/privatizacao – vai – acelerar – em – 2020 – diz – mattar. ghtml.

② "Governo quer leiloar 44 ativos de infraestrutura em 2020, diz ministro", http://agenciabrasil. ebc. com. br/economia/noticia/2019 – 12/governo – quer – leiloar – 44 – ativos – de – infraestrutura – em – 2020 – diz – ministro.

③ "Assistimos à dissolução da sociedade fundada no bem – estar social, diz Belluzzo", https://www. redebrasilatual. com. br/economia/2019/08/assistimos – a – dissolucao – da – sociedade – fundada – no – bem – estar – social – diz – belluzzo/.

④ "Estudo aponta que carga tributária bateu recorde em 2019", https://www1. folha. uol. com. br/mercado/2020/03/estudo – aponta – que – carga – tributaria – bateu – recorde – em – 2019. shtml.

眼于减轻企业和个人纳税负担、简化纳税程序、减少税务纠纷，以利于私人投资和吸引外国投资，增强经济活动竞争力。但是，这些税制改革方案也引起很大争议。批评者认为，税制改革方案仅有利于企业主和有钱人，没有解决社会收入不公问题，没有推出更公平的税率。圣保罗大学教授保罗·费尔德曼（Paulo Feldmann）指出，在巴西，绝大多数中低收入家庭仅靠工资收入生活，富裕家庭除工资外还享有企业利润所得和资本市场红利。然而，现行税制将这些收入仅列入企业所得税，因此富裕家庭每年实际纳税仅为其收入的 6%，中产阶级家庭每年纳税则相当于其收入的 13%。①

（三）在思想文化领域抵制"文化马克思主义"，宣扬保守主义思想理念

2018 年 12 月 8 日，众议员爱德华多·博索纳罗和社会自由党（PSL）主持了在伊瓜苏举办的首届"美洲保守主义峰会"，巴西、阿根廷、智利、哥伦比亚、巴拉圭、委内瑞拉和古巴等地的极右翼保守团体代表应邀参会。

2019 年 10 月，众议员爱德华多·博索纳罗等人牵头组织，与美国保守党联盟合作，在圣保罗市举行首届"保守党政治行动大会"巴西分会。巴西外交部长，妇女、家庭和人权事务部长，教育部长，总统府民事办公厅主任和环境部长，以及美国保守联盟主席马特·施拉普（Matt Schlapp）、亚利桑那州共和党参议员迈克·李（Mike Lee）、传统基金会经济学家詹姆斯·罗伯茨（James Roberts）等人出席。与会者攻击马克思主义和左派思想，并宣称"要超越政治，在历史、文化和教育领域开辟新战场"。②

巴西政府在民主化进程中重视文化事业的发展。1985 年创建文化部，后来又建立文化基金会，出台鼓励文化产业发展的新法规。2019 年博索纳

---

① "Reforma tributária precisa taxar a riqueza", https：//www1. folha. uol. com. br/opiniao/2019/09/reforma - tributaria - precisa - taxar - a - riqueza. shtml.

② "Cúpula conservadora ataca esquerda, vende bugigangas e escanteia crise", https：//noticias. uol. com. br/politica/ultimas - noticias/2019/10/13/cupula - conservadora - ataca - esquerda - vende - bugigangas - e - escanteia - crise. htm.

罗政府执政后，撤销文化部，在旅游部设立文化局。2019 年 4～9 月，文化局及下属机构领导班子大调整，一批参加过美洲保守主义峰会的保守派人士出任文化部门的领导，他们主张遵循传统习俗、尊重基督教教义、尊崇经典艺术等，鼓励利用影视等手段宣扬保守主义思想。

（四）在社会领域推行保守主义道德理念指导下的"变革"

博索纳罗总统执政后，组建妇女、家庭和人权部，任命福音派基督教牧师达玛雷斯·阿尔维斯为部长。针对巴西未婚先孕、少女早孕、性自由及其带来艾滋病蔓延等公共卫生问题，达玛雷斯反对前几届政府动用公共资金，在社会上及学校中广泛开展青少年性生活保健以及"性意识"教育，鼓励青少年"禁欲"，推迟性生活的开始，并为此推出一项"预防过早性生活的风险"计划。她还倡导"男孩子穿蓝衣服、女孩子穿粉红衣服"，以此增强青少年的性别意识感，减少受同性恋风气的影响。①

在教育领域，由卡瓦略推荐出任教育部长的韦莱兹，上任伊始就提出修订教科书中对军政府和1964 年政变的表述，还要求中小学校拍摄学生唱国歌的录像并报送给教育部。此举在社会和政府内部引起轩然大波。4 个月后韦莱兹被迫辞职。接任教育部长的温特劳布也是卡瓦略思想的追随者，继续在教育领域实施保守主义理念指导下的三项改革措施：推行"无党派学校"（Escola sem Partido）、扩大"学生军校"以及在公立学校教育资金中引入私人资本。"无党派学校"主要内容是：禁止涉及学生性别以及性指导的教育政策；禁止教师为关切自身利益，宣传思想、宗教、道德、政治和党派意识；"家庭秩序"价值观应优先于道德教育、性教育和宗教教育等。② 巴西现有 203 所"学生军校"，分布在一些大城市。"学生军校"的教育课程与

①　"'Vamos ensinar uma mãe a ser mãe', diz Damares Alves sobre mudança no Bolsa Família"，https：//valor. globo. com/eu － e/noticia/2020/02/07/vamos － ensinar － uma － mae － a － ser － mae － diz － damares － alves － sobre － mudanca － no － bolsa － familia. ghtml.

②　"Votação do Escola Sem Partido é adiada；relator chama petista de mentirosa"，http：//educacao. uol. com. br/noticias/2018/11/13/votacao － do － escola － sem － partido － e － adiada － relator － chama － petista － de － mentirosa. htm.

普通学校一样。唯一不同的是，学校聘请退役军人担任教官，对中小学生进行军事化纪律教育，学生上课期间穿统一的制服。博索纳罗政府强调，强化学生纪律可预防青少年犯罪，并计划在全国再建216所"学生军校"，保障"学生军校"优先得到教育资金。根据计划，仅在2020年就将拨款5400万雷亚尔用于新建54所"学生军校"。① 温特劳布是一位经济学家，具有金融市场的背景，因而他主张用经济手段管理学校教育，鼓励高校自筹教育资金，为私人资本进入公共教育领域铺平道路。

四　结语

保守主义在巴西有悠久的历史根源和深厚的社会根基。无论在殖民地时代、封建帝国时期，还是在二战前的共和国时期，保守主义一直是巴西社会的主流意识。二战之后，维护国家主权、自主发展民族经济、争取社会平等的民族主义和社会主义思潮在巴西的出现和发展，对保守主义形成了挑战。20世纪60年代，巴西军人发动政变，建立威权统治，镇压民族社会主义运动。在20世纪80年代开始的政治民主化进程中，多元化社会民主政治理念取代保守主义成为巴西社会的主流意识，引领巴西的发展方向。2013年以来，巴西经济持续衰退、权钱交易盛行、党派斗争激烈、社会局势动荡、民众对国家发展前景不确定的忧虑，为保守主义势力的回归提供了条件。保守主义势力所主张的一些理念在一定程度上顺应了民众的普遍期许，如维护家庭和社会稳定，反对政治腐败、改革经济制度、恢复经济增长、强化治安管理等，这也是保守主义势力能够赢得2018年总统大选、重新执政的主要原因，但是，这并不意味着保守主义理念重新成为当今巴西社会的主流意识。保守主义势力否定左翼政府的执政成果，全面调整经济社会政策，没有社会共识的基础，将进一步撕裂社会民意，也面临着重重的困难和挑战。

---

① "Governo prevê 216 escolas militares até 2023 e Bolsonaro diz que modelo tem de ser imposto", https：//www1. folha. uol. com. br/educacao/2019/09/governo - preve - 216 - escolas - militares - ate - 2023 - e - bolsonaro - diz - que - modelo - tem - de - ser - imposto. shtml.

Y.7
积极参政：2019年巴西
福音派的政治参与及未来展望

刘婉儿*

摘　要：　2010年以来，巴西保守主义浪潮回归，为基督教福音派的发展提供了沃土。巴西福音派势力的上升不仅冲击了该国天主教会的霸权地位，更在一定程度上改变了该国政治领域的面貌。早在20世纪80年代中期，巴西福音派便出于捍卫基督教价值观及教会利益的目的，积极投身政坛，逐渐发展为一支不容忽视的政治力量。如今，在"亲福音派人士"博索纳罗当选总统、社会思潮更趋保守的大背景下，该宗教群体的政治野心被进一步激发，开始以更积极的方式渗入行政、经济、司法等领域，并显著改变了博索纳罗新政府的对外政策方向。可以说，巴西福音派不仅构成了当前保守主义浪潮的一部分，更助推了保守主义发展。未来，巴西福音派的政治影响力仍有较大上升空间，该宗教群体必将持续影响巴西的重要选举及内政外交决策，值得高度关注。然而，由于其秉持实用主义的参政态度，政治立场并不坚定，难以构成左右国家发展方向的决定性因素。

关键词：　巴西政治　博索纳罗政府　福音派　保守主义

---

* 刘婉儿，中国现代国际关系研究院拉美研究所实习研究员。

一 引言

有学者指出，拉丁美洲宗教领域正经历着一场"沉默的变革"，福音派的崛起对天主教延续了五个世纪的霸权地位形成冲击。[①] 巴西的情况亦不例外，该国 2010 年人口普查数据显示，福音派信徒占该国总人口比例已从 1970 年的 5.2% 升至 2010 年的 22.2%，天主教信徒占比则从 1970 年的 91.8% 降至 2010 年的 64.6%。[②] 有分析认为，巴西福音派信徒与天主教信徒数量将在 2030 年持平。[③]

福音派的发展壮大不仅改变了巴西宗教领域的力量对比，更改变了该国政治领域的面貌。自 20 世纪 80 年代中期起，为捍卫保守的基督教价值观、维护教会利益并吸引更多信众，巴西福音派开始积极投身政坛，追求官方政治权力。与天主教会通过压力集团影响政治决策的方式不同，福音派选择推举教会官方候选人参选公职的方式，这种直接参政方式在一定程度上改变了巴西的政教关系，使宗教的政治地位更加显性。[④] 有学者认为，随着福音派政治影响力日渐扩大，巴西的世俗主义正在经历重塑。[⑤] 鉴于巴西福音派与政坛的紧密、微妙联系，不少学者已对该宗教群体的发展历程、崛起原因、参政形式、政治影响等做出探析，但对 2019 年博索纳罗政府上任后巴西福音派的发展现状论述并不多。因此，本研究报告拟重点

---

① José Luis Pérez Guadalupe，"¿Políticos Evangélicos o Evangélicos Políticos? Los Nuevos Modelos de Conquista Política de los Evangélicos en América Latina"，in José Luis Pérez Guadalupe and Sebastian Grundberger（Eds.），*Evangélicos y Poder en América Latina*，Lima：Instituto de Estudios Social Cristianos and Konrad Adenauer Stiftung，2018，pp. 11 – 106.

② IBGE，*Censo Demográfico 2010，Características Gerais da População，Religião e Pessoas com Deficiência*，Rio de Janeiro：IBGE，2010，pp. 89 – 91.

③ Lamia Oualalou，"El Poder Evangélico en Brasil"，in *Nueva Sociedad*，No. 260，2015，pp. 122 – 133.

④ 周燕：《基督教福音派在巴西制度化政治中的参与及其影响》，《世界宗教文化》2019 年第 3 期，第 60～67 页。

⑤ Paula Montero，Aramis Luis Silva and Lilian Sales，"Fazer Religião em Público：Encenações Religiosas e Influência Pública"，in *Horiz. antropol*，Vol. 24，No. 52，2018，pp. 131 – 164.

对福音派在 2019 年博索纳罗政府执政后的政治参与新特点、新影响及未来发展做出分析。

二　保守主义浪潮回归下巴西福音派的发展

巴西福音派最初是在 20 世纪下半叶这一国家大发展、大变革、大动荡时期，依托现代化浪潮中被边缘化的中下阶层迅速发展壮大的。如今，该宗教群体再次在政治、经济、社会大调整时期，利用社会思潮转变及大众阶层的脆弱性，扩大信众基础。

2010 年以来，巴西深陷经济低迷、失业率高企、暴力犯罪猖獗、腐败丑闻层出不穷的困局，民众普遍期盼秩序、纪律、安全，社会思潮更趋保守。根据巴西权威调查机构"巴西民意和统计研究所"（IBOPE）发布的数据，进入 21 世纪第二个十年后，巴西保守指数不断增长，从 2010 年的 0.657 上涨至 2016 年的 0.686，再上涨至 2018 年的 0.689；[①] 该国高度保守人口占总人口比重从 2010 年的 49% 上升至 2016 年的 54%，再上升至 2018 年的 55%。[②]

从具体议题看，政治方面，由于"洗车行动"（巴西司法机关于 2014 年启动的大规模反腐调查）揭露了大量腐败丑闻，巴西民众对政治腐败的忧虑陡然上升。IBOPE 的数据显示，2011 年，仅有 9% 的民众将腐败列为最关注议题；2017 年，这一比例升至 62%，民众对腐败的关注已超过医疗、安全等传统优先事项。[③]

经济方面，由于新中产阶级的发展壮大及该阶层对左翼经济政策的不满

---

① 根据 IBOPE 的统计与划分标准，保守指数介于 0~1，数值越接近 1，表示民众越保守。

② IBOPE，"Índice de Conservadorismo Brasileiro"，https：//www.ibopeinteligencia.com/arquivos/% C3% 8D － ndice% 20de% 20Conservadorismo.pdf，2018.

③ Jailton de Carvalho e Daniel Gullino，"Corrupção é Principal Preocupação para 62% dos Brasileiros，mas Denúncias Podem ser Coadjuvantes"，*O Globo*，https：//oglobo.globo.com/brasil/corrupcao － principal － preocupacao － para － 62 － dos － brasileiros － mas － denuncias － podem － ser － coadjuvantes － 22241432，Dez.31，2017.

加剧，越来越多的巴西民众倾向自由主义模式。根据巴西瓦加斯基金会
（Fundação Getulio Vargas）经济学家马塞洛·内里（Marcelo Neri）于 2019
年发布的最新统计，新中产阶级①占巴西总人口比例已达 55.3%。② 不同于
拥有良好经济基础的传统中产阶级，新中产阶级的大部分人口是依靠左翼劳
工党（PT）执政时期（2003~2016 年）的经济增长、社会福利等获得发展
的，他们虽实现了向上流动，但仍具有较强的经济脆弱性，随时面临返贫风
险，更多地受到劳工党执政后期的经济衰退冲击。另外，新中产阶级也不同
于贫困阶层，他们不再依赖社会项目扶持，更强调个人努力，倾向于自由主
义经济发展模式，反对政府干预，③ 对劳工党无力解决经济危机反而在资源
捉襟见肘时仍大规模补贴贫困群体极为不满。根据巴西民调机构 Datafolha
于 2017 年发布的数据，54% 的巴西民众认为，"越少依赖政府，生活会越
好"，这一比例较 2014 年上升了 5 个百分点。④

公共安全方面，由于巴西凶杀率及凶杀案死亡人数于 2016 年、2017 年
连创新高，该国民众普遍主张加大惩治犯罪的力度。IBOPE 于 2018 年发布
的调查数据显示，50% 的巴西民众赞同恢复死刑，73% 的民众赞同降低刑事
责任年龄，上述比例较 2010 年分别提升了 19% 和 10%。⑤

家庭道德方面，巴西蒂德·塞图巴尔基金会（Fundação Tide Setubal）
于 2019 年对该国保守主义者的价值观和立场进行了深入分析。结果显示，
该群体普遍注重秩序，尤其是家庭秩序，认为家庭稳定是社会稳定的根基，

---

① 根据瓦加斯基金会的最新标准，新中产阶级指家庭月收入为 1892.65~8159.37 雷亚尔（约
合 440.15~1897.53 美元）的群体。

② Bruno Villas Bôas，"Classes A e B voltam a crescer e atingem 14，4% da população"，*Valor
Econômico*，https：//valor. globo. com/brasil/noticia/2019/10/29/classes - a - e - b - voltam - a -
crescer - e - atingem - 144 - da - populacao. ghtml，Out. 29，2019.

③ 周燕：《巴西新中产阶级对左翼政党支持减弱的原因分析》，《国际论坛》2019 年第 1 期，
第 114~126 页。

④ Datafolha，"Ideias Afinadas com Esquerda Voltam a Empatar com Pensamento de Direita"，
http：// media. folha. uol. com. br/datafolha/2017/07/03/d2a8a70683c9fa81dcaebffab03758V23d
f9674ca. pdf，Jul. 3，2017.

⑤ IBOPE，"Índice de Conservadorismo Brasileiro"，https：//www. ibopeinteligencia. com/arquivos/
% C3%8D - ndice%20de%20Conservadorismo. pdf，2018.

一旦家庭失序，将为政治、社会问题埋下潜伏性诱因，引发腐败、犯罪。[①] 由此，巴西多数民众主张维护传统的家庭观念，五成民众反对同性婚姻，八成民众反对堕胎。[②]

上述观念的转变恰好与福音派的教义、特点相契合。首先，福音派善于将大量宗教意象带入政治领域，声称"是魔鬼导致了腐败"，"教会能帮助驱散政治中的邪恶力量"，[③] 从而塑造自身的"反腐斗士"形象，以"政治道德危机"的旗帜吸引信众。其次，与天主教不重物质相反，福音派推崇"成功神学"（Teologia da Prosperidade），[④] 认为物质财富是对上帝忠诚的证明，从而在神学层面赋予物质追求合理性，并以此鼓励信徒努力工作、创业，这对重视个人努力、渴望物质成功的大众阶层来说极为受用。再次，福音派在社会道德议题上比天主教更为保守，主张严格遵守《圣经》戒律及基督教价值观，强烈反对堕胎、同性恋、婚外性行为、酗酒、吸毒等，对担忧家庭及社会秩序崩溃的民众极富吸引力。最后，福音派的组织形式、宣传方式与宗教服务极富实用主义色彩，极具灵活性、针对性，能有效为信徒提供情感慰藉，帮助信徒解决实际困难。组织形式上，不同于天主教烦琐的仪式、手续，福音派创办教堂、培养牧师的程序十分简洁，有助于迅速搭建组织网络、提供高频宗教服务。宣传方式上，福音派善于使用媒体（包括传统媒体和新媒体），有助于扩大宗教信息覆盖面。日常运作中，福音派教会通常把新加入者安排在小型、亲密的团体中，[⑤] 鼓励信徒建立紧密的私人情感纽带；推出多种社会援助项目，为无家可归者、吸毒

① Fundação Tide Setubal，"O Conservadorismo e as Questões Sociais"，https：//d335luupugsy2. cloudfront. net/cms/files/79459/1574366046Pesquisa_ Tide_ completa_ 21nov. pdf，2019.

② IBOPE，"Índice de Conservadorismo Brasileiro"，https：//www. ibopeinteligencia. com/arquivos/% C3%8D – ndice%20de%20Conservadorismo. pdf，2018.

③ Ari Pedro Oro，"A Política da Igreja Universal e Seus Reflexos nos Campos Religiosos e Políticos Brasileiros"，in *Revista Brasileira de Ciências Sociais*，Vol. 18，No. 53，2003，pp. 53 – 69.

④ Pablo Semán，"¿Quiénes son? ¿Por qué Crecen? ¿En qué Creen? —Pentecostalismo y Política en América Latina"，in *Nueva Sociedad*，No. 280，2019，pp. 26 – 46.

⑤ Ricardo Mariano，"Crescimento Pentecostal no Brasil：Fatores Internos"，in *Revista de Estudos da Religião*，Dezembro，2008，pp. 68 – 95.

者、遭受暴力侵害者等弱势群体提供帮助，①满足了危机背景下中下阶层的情感、物质需求。

由于自身教义及特点与保守思潮相吻合并能通过宗教服务满足特定群体的现实需求，福音派信徒数量进一步上升。据统计，2010 年以来，巴西福音派信徒占该国总人口比例以年均 0.8% 的速度增长。②巴西民调机构 Datafolha 的数据显示，2016 年 12 月，福音派信徒占巴西总人口比例已达 29%；③2020 年 1 月，这一比例升至 31%。④庞大的信众群体为福音派进军政坛提供了坚实基础。

三　福音派对博索纳罗政府的支持与影响

自 20 世纪 80 年代中期巴西开启民主化进程以来，国家政治社会氛围日渐宽松，部分福音派教会开始有组织、大规模地投身政治，不断扩大在立法、行政部门的存在，现已成为各派政治势力争相拉拢的对象。早在 1997 年，就有巴西学者指出，"在言论和战略上无视宗教团体的政党和候选人将面临使选举复杂化或不可行的严重风险"。⑤自 2002 年巴西大选开始，在讨好福音派的同时不触怒天主教徒和无神论者已成为所有候选人的竞选策略。⑥直至 2018 年大选，这一原则依然适用，巴西福音派在博索纳罗参选总统及执政

①　Christina Queiroz, "Fé Pública", in *Revista Pesquisa Fapesp*, Ed. 286, 2019, pp. 12 – 19.

②　Lamia Oualalou, "Los Evangélicos y el Hermano Bolsonaro", in Nueva Sociedad, No. 280, 2019, pp. 68 – 77.

③　Datafolha, "Perfil e Opinião dos Evangélicos no Brasil – Total da Amostra", http://media. folha. uol. com. br/datafolha/2016/12/28/da39a3ee5e6b4b0d3255bfef95601890afd80709. pdf, Dezembro de 2016.

④　Anna Virginia Balloussier, "Cara Típica do Evangélico Brasileiro é Feminina e Negra, Aponta Datafolha", *Folha de São Paulo*, https://www1. folha. uol. com. br/poder/2020/01/cara – tipica – do – evangelico – brasileiro – e – feminina – e – negra – aponta – datafolha. shtml, Jan. 13, 2020.

⑤　Joanildo Burity, *Identidade e Política no Campo Religioso: Estudos sobre Cultura, Pluralismo e o Novo Ativismo Eclesial*, Recife: Editora Universitária UFPE: IPESPE, 1997, p. 46.

⑥　Lamia Oualalou, "El Poder Evangélicoen Brasil", in *Nueva Sociedad*, No. 260, 2015, pp. 122 – 133.

过程中均发挥了举足轻重的作用。且在保守主义浪潮回归的背景下，该宗教群体开始以更积极的方式渗入国家政治生活的方方面面，对政治格局与政治文化产生了重要影响。

福音派的支持是博索纳罗当选总统的重要助力。博索纳罗虽为名义上的天主教徒，但从政以来一直秉持与福音派相同的道德价值观，逐渐与该宗教群体结成政治联盟。2006 年，作为众议员的博索纳罗因坚决反对当年提出的"将恐同行为定性为犯罪"的法案（Projeto de Lei nº 122），而与福音派神召会（Assembleia de Deus）著名领袖西拉斯·马拉法亚（Silas Malafaia）建立了友谊。2013 年，博索纳罗因支持神召会牧师马尔科·费利西亚诺（Marco Feliciano）参选众议院人权委员会主席，而进一步密切了与福音派的关系。在表明参选总统的意愿后，博索纳罗于 2016 年在以色列约旦河接受神召会牧师埃韦拉尔多·佩雷拉（Everaldo Pereira）的洗礼，意图利用模糊的宗教身份建立广泛的选民基础。竞选宣传期间，他抓住保守主义浪潮回归的契机，提出"巴西高于一切，上帝高于一切"的口号，将自身打造为基督教价值观的坚定捍卫者，获得福音派的大力支持。福音派神国普世教会（Igreja Universal do Reino de Deus）创始人埃迪尔·马塞多（Edir Macedo）通过旗下电视台 Rede Record（巴西第二大电视台）为其进行独家宣传，国会福音派议员阵线（Frente Parlamentar Evangélica）和主要福音派教会领导人对其表示公开支持。大选第二轮投票前两日（2018 年 10 月 26 日），巴西民调机构 Datafolha 发布了一组数据，显示了该国主要宗教群体的投票意向，其中，天主教徒及无宗教信仰者对博索纳罗及阿达（博索纳罗在第二轮投票中的对手，来自劳工党）的支持率相差无几，而非洲裔宗教信徒及无神论者对阿达的支持率远高于博索纳罗，因此，博索纳罗获胜的关键之一在于福音派信徒的支持（详细数据见表 1）。①

---

① Datafolha，"Eleições 2018"，http：//media. folha. uol. com. br/datafolha/2018/10/26/3416374d 208f7def05d－1476d05ede73e. pdf，Outubro de 2018.

表1　巴西主要宗教信仰群体对博索纳罗及阿达的支持情况

单位：%

	天主教徒	福音派信徒	非洲裔宗教信徒	无宗教信仰者	无神论者
博索纳罗	51	69	30	45	36
阿达	49	31	70	55	64

资料来源：Datafolha。

最终，大选第二轮投票中，博索纳罗以55.13%的得票率战胜对手（44.87%），且在福音派信徒占比较高的北部（如阿克雷州、朗多尼亚州、罗赖马州）、中西部（如马托格罗索州、戈亚斯州）及部分东南部地区（如里约热内卢州、圣保罗州），其优势更为明显，而在福音派信徒占比较小的东北部，其得票率不及对手。[①]

2019年1月，博索纳罗政府上任，福音派构成了新政府的一大支柱。从执政团队组成看，本届政府的22名部长中，有5名福音派信徒，分别为：妇女、家庭和人权部长达玛雷斯·阿尔维斯（Damares Alves）、公民部长奥尼克斯·洛伦佐尼（Onyx Lorenzoni）、旅游部长马塞洛·阿尔瓦罗·安东尼奥（Marcelo Álvaro Antônio）、总统府政府秘书处部长路易斯·爱德华多·拉莫斯（Luiz Eduardo Ramos）以及联邦律师总署署长安德烈·路易斯·门多萨（André Luiz Mendonça）。其中，达玛雷斯和门多萨均为福音派牧师。此外，外交部长埃内斯托·阿劳若（Ernesto Araújo）是典型的天主教保守派，与福音派同属一条战线。以上6人作为右翼保守主义者的代表，与军方、"新自由主义经济派"一道，共同组成新政府的核心决策圈，深获博索纳罗倚重。

从国会组成看，巴西本届国会（2019～2023年）被认为是该国1985年再民主化以来最保守的一届。其中，福音派信徒有92人（巴西国会共有议员594人），为历届之最。[②] 保守的宗教势力与农业、军火集团保持着长久、

①　Lamia Oualalou，"Los Evangélicos y el Hermano Bolsonaro"，*Nueva Sociedad*，No. 280，2019，pp. 68 – 77.

②　DIAP，*Radiografia do Novo Congresso：Legislatura 2019 – 2023*，Brasília：DIAP，2018，p. 113.

密切的同盟关系，共同组成了众议院中著名的"3B 联席"（Bancada BBB，三个"B"分别代表"Bíblia""Boi""Bala"，分别意为"圣经""牛""子弹"）。本届国会中，"3B 联席"成员数量约占众议员总数的 43%，他们均是博索纳罗政府的重要盟友。

从民众支持看，博索纳罗政府的"铁杆粉丝"大部分来自福音派。在博索纳罗政府执政满一周年之际，巴西民调机构 Datafolha 进行了一次调查，结果显示，福音派对现政府的支持率是所有宗教群体中最高的。①

由于社会大环境更趋保守，福音派的政治势力在本届政府中又实现了前所未有的扩张，该宗教群体的政治野心被进一步激发，其政治参与既延续了以往的风格，又呈现不同于过去的新特点。

曾经，巴西福音派的政治诉求可用社会学家大卫·马丁的一句话概括，"大部分福音派基督教徒的野心只是组成一个有效的压力团体，以捍卫道德原则和教会利益"②。另有巴西学者指出，福音派的政治议程主要围绕道德议题展开，极少涉及其他领域。③ 可见，过去很长一段时间内，福音派的政治议程有限，且力量较为分散，未在道德议题外的其他政府核心议题上达成一致并有所作为。

如今，相同的是，道德原则和教会权益仍是福音派关注的核心问题。道德价值观方面，今天的福音派政客依然坚持保守的基督教伦理及传统的家庭观念，坚决反对"性别意识形态"及"马克思主义文化"。因外部环境更为有利，他们在相关议题上施加了更大推力，具体表现在：以妇女、家庭和人权部长达玛雷斯为代表的政客大力提倡"学校去意识形态化"和"去政党化"（Escola sem Ideologia e Escola sem Partido）；达玛雷斯更直言道："学校

---

① Datafolha, "Avaliação do Presidente Jair Bolsonaro", http：//media. folha. uol. com. br/datafolha/2019/12/23/57102c2d2b4f095adbec95cb335c7066abc. pdf, Dez. 9, 2019.

② David Martin, "La Poussée Évangéliste et Ses Effets Politiques", in Peter L. Berger (Ed.), *Le Réenchantement du Monde*, Paris：Bayard, 2001, pp. 61–78.

③ Reginaldo Prandi and Renan William dos Santos, "Quem Tem Medo da Bancada Evangélica? Posições sobre Moralidade e Política no Eleitorado Brasileiro, no Congresso Nacional e na Frente Parlamentar Evangélica", *Revista de Sociologia da USP*, Vol. 29, No. 2, 2017, pp. 187–214.

不应教授与宗教、家庭道德相悖的内容"，并有意开通投诉渠道，以监督教师;① 博索纳罗还于 2019 年 9 月敦促教育部起草"禁止基础教育涉及性别意识形态"的法案。另外，福音派人士在文化教育机构中的影响力大大提升。2020 年 1 月，福音派加尔文宗信徒（Evangélico Calvinista）阿吉亚尔·内图（Aguiar Neto）被博索纳罗任命为高等教育人才促进会（CAPES）主席。相较于福音派其他分支，加尔文宗更强调基督教道德的优越性，主张恢复宗教在文化领域的霸权。有分析认为，内图及其团队有意在教育上推广"圣经创世论"（Criacionismo Bíblico），以取代进化论。②

教会利益方面，博索纳罗任内，在福音派施压下，小型教会已被巴西联邦税务局（Receita Federal）免除法人登记（Cadastro Nacional da Pessoa Jurídica）义务，教会需上报的日常金融交易额度从 120 万雷亚尔（约合 27.49 万美元）升至 480 万雷亚尔（约合 109.95 万美元）。

不同的是，现政府任内，福音派在维护道德原则及机构利益的基础上，形成了一股更加统一的力量，开始更积极地渗入行政、经济、司法、外交等领域，意图占领更大的政治空间。

2018 年 10 月，福音派议员阵线发布了一份名为"国家宣言"的纲领性文件，这是一桩标志性事件，是巴西福音派首次作为一个集体就道德议题外的其他政府核心议题提供较为完整、系统的设想。文件从行政、司法、财政、教育四个维度出发，为建设"新巴西"提出了一系列改革举措，包括精简行政机构、简化税制、推行养老金改革等，声称"要在维护基督教价值观的同时作出更大贡献"。③ 约翰·霍普金斯大学拉美问题专家莫妮卡·德波莱（Monica de Bolle）认为，这份文件表明，巴西福音派比以往任何时候都

---

① "Damares Anuncia Canal para Denunciar Professores por Atos contra a Família", *Veja*, https://veja.abril.com.br/educacao/damares – anuncia – canal – para – denunciar – professores – por – atos – contra – a – familia/, Nov. 20, 2019.

② Vicente Vilardaga, "Afronta ao Estado Laico", in *Istoé*, No. 2617, 2020, pp. 24 – 29.

③ Frente Parlamentar Evangélica, "Manifesto à Nação, o Brasil para os Brasileiros", Out. 24, 2018.

更加团结，该群体似乎正精心筹划一场运动，以谋求更大的政治权力。①

最值得关注的是，福音派政客以前所未有的力度影响了巴西外交政策，使基督教价值观成为本届政府对外政策的轴心之一。双边关系上，博索纳罗政府明显倾向保守的基督教国家，有意拉近与匈牙利、波兰等国的关系，建立右翼保守联盟。巴西还有意与匈牙利合建基金，资助中东的基督教社区。再者，现政府十分重视以色列，博索纳罗甚至一度表示，要将巴西驻以色列使馆迁往耶路撒冷。这与宗教因素不无关联。根据福音派教义，只有确保犹太人对耶路撒冷的管理权，才能为基督复临创造条件。② 此外，虽然对非洲关系并非现政府的优先事项，但因非洲福音派同样发展迅速，且不少巴西福音教会在非洲设有分支，巴西福音派政客便在现政府支持下，主导了对非洲事务。如今，巴西福音派在非洲的影响已远超宗教界限，不少福音派政客在巴西与非洲国家的贸易、国防、科技、教育合作中发挥着重要作用。③ 多边层面上，博索纳罗政府积极捍卫反对堕胎及反对迫害基督徒的旗帜。2019年3月，巴西驻联合国代表团以"可能促进堕胎"为由，拒绝在一份文件中使用"性与生殖健康权利"的提法。随后，一名消息人士表示，"巴西外交部致力于在多边组织中捍卫人权，但不会捍卫有违基督教教义的权利"。2019年5月，巴西与其他七国推动联合国大会通过决议，将8月22日定为"基于宗教或信仰的暴力行为受害者国际纪念日"。2020年2月，巴西加入美国主导成立的"国际宗教自由联盟"，以反抗全球范围内对基督徒的迫害。

简言之，博索纳罗政府任内，福音派不仅构成了保守主义浪潮的一部分，更大大助推了保守主义发展。

---

① Ciro Barros, "Frente Parlamentar Evangélica Quer Definir Agenda de Bolsonaro, Diz Monica de Bolle", Agência Pública, https://apublica.org/2018/11/evangelicos - parecem - coesos - para - definir - agenda - de - bolsonaro - diz - monica - de - bolle/, Nov. 23, 2018.

② Rafael Kruchine, "Entre o Sagrado e o Profano, Bolsonaro Foi a Israel", El País, https://brasil.elpais.com/brasil/2019/04/06/opinion/1554584441_ 281600.html, Abr. 7, 2019.

③ João Fellet, "Evangélicos Fazem Ofensiva para Dominar Política Externa do Brasil para África", BBC, https://www.bbc.com/portuguese/brasil - 50845597, Dez. 23, 2019.

四　未来福音派对巴西政坛的影响展望

未来一段时间内，巴西福音派的政治影响力仍有较大上升空间。

当前，巴西政治、经济、社会形势仍面临较大不确定性，能在危机背景下满足中下阶层心理与现实需求的福音派将会进一步扩大信众基础。基于宗教信仰的身份认同往往能在某种程度上诱发集体行动，[1] 福音派教会能凭借其较其他宗教群体更完善的组织网络和更高效的组织能力，有效动员信徒，从而将宗教影响力转化为政治影响力。

更重要的原因则在于巴西政党制度及选举制度本身。首先，巴西政党政治的碎片化为福音派参政创造空间。巴西实行多党制，成立政党的门槛较低，国内党派林立。加之众议院选举实行开放名单比例代表制，选区规模庞大（以州为单位），国会内部同样党派林立，使本就碎片化的政党格局愈加碎片化。这一制度背景下，胜选的政党通常需通过利益交换与多个其他党派共同组建执政联盟。但此种联盟仅基于利益并非基于统一的政纲，因此极不稳固，并加大了执政党平衡各派利益的难度。在此情况下，若能与纲领清晰、根基深厚的"跨党派议员阵线"组建联盟，便可在一定程度上降低政治交易成本。有学者认为，福音派议员阵线与博索纳罗政府的关系证明了，基于跨党派议员阵线的执政联盟可以替代基于政党的执政联盟；福音派议员阵线有潜力改变巴西的政治游戏规则，扮演传统上属于巴西民主运动党（MDB）的角色，成为执政党的"担保人"（Fiador）。[2]

此外，巴西政党普遍缺乏权威，为宗教势力介入政治提供了有利的客观

[1]　Simone R. Bohn，"Contexto Político - Eleitoral, Minorias Religiosas e Voto em Pleitos Presidenciais（2002 - 2006）"，in *Opinião Pública*，Vol. 13，No. 2，2007，pp. 366 - 387.

[2]　Ciro Barros，"Frente Parlamentar Evangélica Quer Definir Agenda de Bolsonaro, Diz Monica de Bolle"，*Agência Pública*，https：//apublica. org/2018/11/evangelicos - parecem - coesos - para - definir - agenda - de - bolsonaro - diz - monica - de - bolle/，Nov. 23，2018.

条件。巴西政党大都纪律松散、纲领模糊、社会基础薄弱，选民党派归属感本就不强。近期，腐败丑闻又持续发酵，选民对传统政党愈发不信任。相反，受历史文化因素影响，巴西素有保守传统，宗教在该国的影响力不容低估。在巴西民意和统计研究所进行的社会信任指数调查中，政党常年排名垫底，教会却常年位居前三。[①] 以上因素有助于宗教势力特别是福音派在巴西政坛进一步"开疆扩土"。

2020年10月，巴西将举行市政选举。在政坛碎片化加剧、传统政治势力普遍遭选民厌弃的背景下，不少党派将宗教作为吸引选票的抓手。民主党（DEM）等右翼政党有意寻找福音派竞选搭档，左翼的劳工党亦成立了针对福音派选民的专门机构。预计福音派政治实力将在此次选举后再获提升，进一步改变巴西的政治力量对比，并将持续影响该国的重要选举及内政外交决策，成为政坛中不可小觑的变量。

此外，还需强调的是，虽然巴西福音派与右翼政党的政见相近，但该宗教群体并不总是与右翼结盟。巴西民主化后的历届大选中，福音派既拥护过博索纳罗等右翼政客，也支持过卢拉等左翼政客。对此，有学者指出，宗教身份不会自动生成相对应的政治身份；[②] 福音派的政治立场部分取决于其与政党的协商对话情况。[③] 由此可得出两个结论：一是巴西福音派势力上升不一定有助于该国右翼势力崛起；二是巴西福音派通常在政治生活中秉持实用主义态度，"左右逢源"，以使自身利益最大化，颇有利益集团的味道。

同时，正由于这一实用主义态度，巴西福音派的政治立场来回摇摆，难

[①] IBOPE，"Índice de Confiança Social 2019"，https：//www. ibopeinteligencia. com/arquivos/ JOB%2019_ 0844_ ICS_ INDICE_ CONFIANCA_ SOCIAL_ 2019%20 – %20Apresenta%C3% A7%C3%A3o%20（final）. pdf，2019.

[②] Pablo Semán，"¿Quiénes son? ¿Por qué Crecen? ¿En qué Creen? —Pentecostalismo y Política en América Latina"，in *Nueva Sociedad*，No. 280，2019，pp. 26 – 46.

[③] André Cabette Fábio，"O Fortalecimento Evangélico no Brasil e na América Latina"，*Nexo Jornal*，https：//www. nexojornal. com. br/expresso/2019/07/13/O – fortalecimento – evang%C3% A9lico – no – Brasil – e – na – Am%C3% A9rica – Latina，Jul. 14，2019.

以形成左右国家发展方向的坚定、统一的力量。不少学者认为，虽然宗教信仰仍广泛存在于巴西社会中，但宗教既非巴西政党制度的基础，也非该国政治辩论的焦点。[①] 福音派在政坛的行动及其可能产生的影响必受限于具体的政治、经济、社会环境。换言之，福音派确实是巴西政坛中的重要变量，但暂不构成决定性因素。

① Simone R. Bohn，"Contexto Político – Eleitoral, Minorias Religiosas e Voto em Pleitos Presidenciais（2002 – 2006）"，in *Opinião Pública*，Vol. 13，No. 2，2007，pp. 366 – 387.

Y.8
不对等性：2019年博索纳罗执政
首年巴西与美国关系分析

〔巴西〕Laís Forti Thomaz 〔巴西〕Tullo Vigevani 〔巴西〕Elisa Cascão *

摘　要： 2019年执政伊始，博索纳罗新政府欲寻求与美国特朗普政府建立紧密的结盟关系，以此来为巴西谋求对外战略利益。但是，在美巴双边关系中，相较于美方所得，巴西政府及生产部门所获得的利益呈现不对等性，巴西并未从中获得实质性利益。上任以来，博索纳罗总统的四次访美以及在经贸领域对美国做出的种种让步都证实了博索纳罗新政府所采取的激进外交政策给巴西带来的风险，其预期目标并没有实现。由此可见，巴西激进的外交政策并不总能为其外交目标的达成带来实质性的结果。

关键词： 巴西—美国关系　博索纳罗　特朗普　巴西外交

一　引言

为了在国际舞台上谋求自身的战略利益，巴西历届政府在对外政策方面

---

* Laís Forti Thomaz，国际关系学博士，巴西戈亚斯联邦大学研究人员；Tullo Vigevani，巴西圣保罗州立大学政治学和国际关系学教授，国家科学技术研究所和当代文化研究中心（CEDEC）、国家科学技术研究院美国研究所（INCT - INEU）研究员；Elisa Cascão，巴西戈亚斯联邦大学学生。

表现出两种截然不同的倾向：一部分巴西政府主张寻求更大的外交自主权（如古拉特、盖泽尔及卢拉执政时期），另一部分则主张采取与美国主动结盟的对外战略，积极向美国靠拢（如杜特拉、布朗库及科洛尔执政时期）。以上对外政策分歧的出现主要是基于过去长期以来巴西对维护自身利益的不同考量。

2018 年 10 月，雅伊尔·博索纳罗（Jair Bolsonaro）当选巴西第 38 任总统。上任伊始，博索纳罗新政府改变了劳工党执政期间独立自主的外交政策倾向，积极向美国靠拢，欲寻求与美国特朗普政府建立紧密的关系，为巴西谋求对外战略利益。实际上，自 2016 年 5 月罗塞夫总统遭弹劾开始，巴西国内要求劳工党下台的呼声逐渐达到高潮，同时加强巴西与美国的联系、强调巴美共同利益和共同价值观的观点不断地被强调。早在 2017 年，巴西现任外交部长埃内斯托·阿劳若（Ernesto Araújo）在他的一篇文章中就强调了巴西认同西方身份和价值观的必要性，指出：

> 如今，巴西正谋求加入经合组织，这是一个以西方经济为特征的中心组织。巴西感觉自己在精神上属于西方世界，这么说并非无稽之谈。基于这一假设，即便自身不愿意，巴西也是西方世界的一员。①

竞选期间，博索纳罗与时任白宫顾问班农多次接触，采用了与特朗普相似的策略，被视为"巴西特朗普""热带特朗普"。可以说，博索纳罗与特朗普的私交，加之他与班农的交情，都有助于他胜选。巴西学者卡萨雷斯指出，竞选期间，博索纳罗为了赢得选举刻意与美国和以色列保持密切联系，他想将自己的形象与特朗普联系起来，将自己的形象塑造为这场竞争中不被看好的弱者，却代表着沉默的大多数的爱国人士。同时，与以色列的密切关

---

① Ernesto Araújo, "Trump e o Ocidente", *Cadernos de política exterior*（*IPPRI*）, Ano Ⅲ, No. 6, 2017, p. 354.

系对于博索纳罗吸引福音派选民似乎很重要。①

竞选期间，博索纳罗承诺将使国家权力回归右翼从而来"重建国家"。此外，他的执政目标还包括"拯救家庭，尊重宗教和犹太教 – 基督教传统，与性别意识形态作斗争以及维护我们的价值观"。博索纳罗的就职典礼结束后，并未出席的美国总统特朗普在推特上表示："美国与您同在！"博索纳罗回复道："在上帝的保佑下，我们同在，我们将为我们的人民带来繁荣与进步！"②

2019年博索纳罗上台执政后，巴西外交部的官网指出，"巴西和美国作为充满活力的多元经济体，双方利益和价值观高度契合，这使得美国成为巴西商品的主要出口目的地"，巴西有意愿"实现双边关系的飞跃"。巴美合作的关键领域涉及以下方面："优化产业链对接，改善营商环境，促进投资和贸易便利化，扩大科技创新领域共同研发范围并加强双方在国防、安全、能源、外太空、教育和文化方面的合作。"③ 需要强调的是，博索纳罗在上任不到15个月的时间里四次访美，并提名其第三子联邦众议员爱德华多·博索纳罗担任巴西驻美大使，此次提名最后因总统府与众议院的纠纷而被驳回。

那么，2019年博索纳罗新政府执行的亲美外交政策会给巴西带来实际的利益和好处吗？美方的回应是否满足了巴西的期待与诉求？尽管巴美国家实力不对等，双方在贸易中是否实现了互利共赢？围绕上述问题，本报告将采用综合分析法，以巴西相关媒体的报道、巴西和美国政府发布的文件、两国总统发表的言论以及两国企业界公布的数据作为主要资料来源，重点分析2019年即博索纳罗政府执政首年巴西与美国在政治和经贸领域的互动，以此来认识2019年博索纳罗新政府实行的激进的外交政策给巴西带来的影响。

① Casaroes, Guilherme, "The First Year of the Bolsonaro's Foreign Policy", in MORI, Antonella, *Latin America and the Global order*, *Dangers and Opportunities in a Multipolar World*. Milan：Ledizioni Ledi Publishing, 2020, pp. 87 – 88.

② Anderson, J. L., "Jair Bolsonaro's Southern Strategy", Disponível em, https：//www. newyorker. com/magazine/2019/04/01/jair – bolsonaros – southern – strategy, Acesso em：3 Mar. 2020.

③ Brasil, Ministério das Relações Exteriores. "Estados Unidos da América", ［2019?］ Disponível em：http：//www. itamaraty. gov. br/pt – BR/ficha – pais/5120 – estados – unidos – da – america, Acesso em：11 Mar. 2020.

二 政治：亲美姿态下博索纳罗总统四次访美

博索纳罗执行亲美的外交政策，试图寻求构建巴西与美国之间的紧密关系。为了拉近两国之间的关系，博索纳罗总统在上任不到 15 个月的时间里四次访美，先后访问了美国华盛顿特区、达拉斯市、纽约市和迈阿密市（见表 1）。

表 1　巴西博索纳罗总统四次访美信息（2019～2020 年）

日期	地点	议程	主要成果
2019 年 3 月 17～19 日	华盛顿特区	签署《阿尔坎塔拉保障协议》；对美游客免签；美支持巴西加入经合组织；促进消除贸易壁垒及加强投资	巴西单方面给予美国公民赴巴旅游免签入境待遇；美国授予巴西"非北约主要盟国"地位；签署《阿尔坎塔拉保障协议》
2019 年 5 月 15～16 日	达拉斯市（得克萨斯州）	博索纳罗获巴西—美国商会授予的"2019 年度人物"称号	私下访问乔治·布什，就委内瑞拉问题发表评论并对阿根廷大选表示担忧
2019 年 9 月 23～24 日	纽约市（纽约州）	出席联合国大会第 74 届会议一般性辩论开幕式	未与美国官员会见；试图就亚马逊森林大火问题为自己辩护
2020 年 3 月 7～10 日	迈阿密市（佛罗里达州）	出席巴西—美国企业家研讨会	签署旨在加强两国军事合作的《研究、发展、测试和评估协议》；访问美军南方司令部

（一）第一次访美：2019年3月

2019 年 2 月 5～7 日，巴西外交部长阿劳若先行访美，这被视作博索纳罗正式访美的准备。[①] 2019 年 3 月，博索纳罗启动执政以来首次出国访问。他一反巴西总统就任后首次出访前往邻国阿根廷的传统，而是前往美国进行了正式的国事访问，向外界表明其亲美姿态。博索纳罗访美的第一站是华盛

---

① Embassy of Brazil, "Brazil in the USA", Mar. 2019, Disponível em：< https：//us9. campaign - archive. com/？ u = 0e8586f47cab7cd3bea204578&id = 683792a773 >. Acesso em 25 de março de 2020.

顿。在与特朗普会面后，博索纳罗宣布他将与美国公司签署一项技术保障协议，允许美国以商业用途为目的使用巴西马拉尼昂州的阿尔坎塔拉发射中心。巴西外交部长阿劳若表示，期待"巴西凭借优越的地理位置而成为世界商业卫星的主要发射点"①。除了献上阿尔坎塔拉军事基地，博索纳罗还试图寻求巴美关系的飞跃，这一点在其访美议程中有所体现：

> 巴西同意给予美国公民赴巴旅游免签入境待遇……；巴西航天局与美国宇航局签署有关开发小型空间气候监测卫星的协议；美国发表声明支持巴西作为正式成员国加入经合组织；美国给予巴西"非北约主要盟国"地位，这将为两国的国防合作带来新契机；双方在新的基础上恢复或启动数个双边机制（包括高级行政论坛、经贸合作委员、能源论坛）以消除贸易壁垒并促进投资。②

（二）第二次访美：2019年5月

继3月访美后不到两个月的时间，博索纳罗于5月15～16日再次访美，主要是为了领取巴西—美国商会（Câmara de Comércio Brasil – Estados Unidos）颁发的奖项，前往美国得克萨斯州的达拉斯市。颁奖仪式原定于在纽约市举行，因受到美国激进组织的批评和抗议，最后改为在达拉斯市举行。纽约市长白思豪（Bill de Blasio）公开反对博索纳罗的到来。在达拉斯市，博索纳罗出席了由巴西—美国商会授予的"2019年度人物"称号颁奖典礼，并与埃克森美孚公司首席执行官达伦·伍兹（Darren Woods）会面。巴西

---

① "Bolsonaro Confirma acordo com EUA sobre base de Alcântara", *ANSA*, 14 Mar. 2019, Disponível em：http：//ansabrasil. com. br/brasil/noticias/brasil/politica/2019/03/14/bolsonaro – confirma – acordo – com – eua – sobre – base – de – alcantara_ b57422cb – b195 – 40a2 – 9cd3 – 003dbe429310. html. Acesso em：3 mar. 2020.

② Brasil, Ministério das Relações Exteriores, "Estados Unidos da América", [2019?] Disponível em：http：//www. itamaraty. gov. br/pt – BR/ficha – pais/5120 – estados – unidos – da – america, Acesso em：11 Mar. 2020.

政府表示，在得克萨斯州举行此次颁奖活动由美国前总统布什提议，但是布什本人的顾问团对此并未证实。此次访美期间，博索纳罗与布什进行了会面。

（三）第三次访美：2019年9月

2019年9月下旬，博索纳罗第三次访美，这次他以巴西代表的常规身份出席联合国大会第74届会议一般性辩论开幕式。会议期间，博索纳罗煽动反对社会主义，为其政府的亚马逊环境政策进行辩护，并粉饰了1964年巴西发生的军人政变。博索纳罗的此番言论遭到多家国际媒体，包括《纽约时报》、英国广播公司及美国全国广播公司财经频道的批评。24日，博索纳罗会见了联合国秘书长古特雷斯，出席了一般性辩论开幕式，并在会见了纽约前市长朱利安尼后返回了巴西利亚。

（四）第四次访美活动：2020年3月

2020年3月7~10日，博索纳罗访问了迈阿密。7日，他受邀出席特朗普主持的晚宴。会面期间，双方就经济问题和委内瑞拉危机展开讨论，但没有就相关议题宣布具体措施。巴方的期望是采取行动以深化双方在商业、经济和国防领域的合作。8日，博索纳罗参观了美军南方司令部并出席了意在加强两国军事领域合作的《研究、发展、测试和评估协议》（RDTE&E）的签约仪式。美军南方司令部网站显示，该协议的签署为两国在国防应用研究、新兴技术开发、战略分析、运筹研究、军事演习以及新武器性能的测试与评估等方面的合作开辟了道路。9日，博索纳罗会见了佛罗里达州参议员马尔科·卢比奥（Marco Rubio），并出席了巴西—美国企业家研讨会开幕式。10日，博索纳罗参加了以"伙伴关系和投资关系的新视角"为主题的美巴国际会议（由美洲智库论坛组织），会见了巴西航空工业公司代表并参观了该企业位于杰克逊维尔市的工厂。①

---

① Brasil, Presidência da República, "Agenda do Presidente", 10 Mar. 2020b, Disponível em, https：//www. gov. br/planalto/pt - br/acompanhe - o - planalto/agenda - do - presidente - da - republica/2020 - 03 - 10. Acesso em 25 mar. 2020.

下文我们将具体分析博索纳罗四次访美的预期目标和最后产生的实际经济结果。

三 经贸：2019年美巴贸易呈现明显的不对称性

（一）巴西商界、政界对于美巴贸易的态度

2018年12月，巴西全国工业联合会（CNI）和美国商会（Câmara de Comércio dos Estados Unidos）在圣保罗共同举办了巴西—美国商业理事会（CEBEU）第36次全体会议。美方主席（Jane Fraser）和巴方主席（Paulo César de Souza）在巴西全国工业联合会发布的公报中共同表示，双方高度期待博索纳罗领导下的巴西与美国之间能够建立更紧密的联系。关于如何加强两国之间的贸易，巴西—美国商业理事会表示，在未来几年中双方将强调以下四点倡议：

> 首先是签署美巴双方授权的经济运营商项目间的互认协议，这将加快货物进出口中的通关流程……另一个优先事项是开展谈判以签订两国之间的合作与投资便利化协议……双方还要签署提高两国跨国公司竞争力的基本协议，避免两国实行重复征税……此轮议程中，针对签署自由贸易协定的谈判对于两国能否实现互惠互利仍然至关重要。①

值得一提的是，早在罗塞夫执政时期，这些条款就已经出现在巴西私营部门的议程中。从巴西政府的角度而言，与世界上任何一个国家的政府一样，罗塞夫、特梅尔和2019年上台的博索纳罗政府都对扩大贸易和投资规模感兴

---

① Jane Fraser, Paulo César de Souza, "Acordos devem ser prioridade nas relações entre Brasil e EUA", *Portal Confederação Nacional da Indústria（CNI）*, 18 dez. 2018, Disponível em：https：// noticias. portaldaindustria. com. br/artigos/jane－fraser－e－paulo－cesar－de－souza－e－silva/ acordos－devem－ser－prioridade－nas－relacoes－entre－brasil－e－estados－unidos/. Acesso em：16 mar. 2020.

趣。2019 年 3 月，博索纳罗和特朗普在华盛顿的会面中，双方讨论的重要议程之一便是未来可能采取的促进贸易和投资便利化以及优化监管的举措。自巴西独立以来，关于如何打破双边贸易壁垒的讨论首次上升为美巴关系中的优先事项。就此问题，巴西—美国商会在博索纳罗访问美国前随机对巴西 252 名来自不同行业的公司首席执行官和公司董事进行了调查。调查结果表明，尽管认识到博索纳罗新政府为推动巴西与美国双边关系迈上新台阶所做出的努力，但是大部分受访的巴西企业家并不认为博索纳罗总统的访美活动会在短期内产生加强两国贸易往来的具体效应。① 在同一调查中，51% 的受访巴西企业家们认为，特朗普政府帮助巴西企业拓展海外业务的主要举措是对美国市场上的中国产品征收附加税，此举会促进中国从巴西进口更多的商品。②

代表超过 5000 家巴西和美国企业的巴西—美国商会提出了更加雄心勃勃的双边伙伴关系方案，其中包括美国与巴西之间的自贸协议。对此，巴西—美国商会首席执行官维埃塔斯（Vieitas）指出：

> 我们必须采取短期措施以使两国关系重焕生机，并……给双边贸易注入活力。制定自贸协定的意愿可能会在两位总统的讲话中被证实。但是，众所周知，此举完全取决于双方在短期内对于这种全新贸易和双边模式的热情程度。③

---

① Amcham Brasil, "Amcham Brasil apresenta propostas para a relação comercial ao secretário de comércio dos EUA, Wilbur Ross", 30 ago, 2019c, Disponível em：＜https：//www. amcham. com. br/noticias/amcham – brasil/amcham – brasil – apresenta – propostas – para – a – relacao – comercial – ao – secretario – de – comercio – dos – eua – wilbur – ross＞. Acesso em 17 mar. 2020c.

② Amcham Brasil, "Amcham Brasil apresenta propostas para a relação comercial ao secretário de comércio dos EUA, Wilbur Ross", 30 ago, 2019c, Disponível em：＜https：//www. amcham. com. br/noticias/amcham – brasil/amcham – brasil – apresenta – propostas – para – a – relacao – comercial – ao – secretario – de – comercio – dos – eua – wilbur – ross＞. Acesso em 17 mar. 2020c.

③ Amcham Brasil, "Encontro Trump e Bolsonaro：49% dos empresários não esperam resultados concretos no curto prazo, aponta pesquisa AMCHAM", 20 mar. 2019a, Disponível em：＜https：//www. amcham. com. br/noticias/amcham – brasil/encontro – trump – e – bolsonaro – 49 – dos – empresarios – nao – esperam – resultados – concretos – comerciais – no – curto – prazo – aponta – pesquisa – amcham＞. Acesso em 11 mar. 2020.

美国商务部部长威尔伯·罗斯（Wilbur Ross）于 2019 年 7 月访问巴西。他在位于圣保罗的巴西—美国商会发表的讲话中强调，美巴两国应该共同努力降低关税，这与 2019 年 3 月两国总统第一次会面时所发表的讲话一致：

> 在今年 3 月两国总统的会面中，双方同意建立"繁荣伙伴关系"以增加并创造新的就业机会。两国领导人决定强化美巴经贸关系委员会的工作。该委员将通过探索新举措来推进贸易投资和良性监管措施。①

罗斯还阐述了美方对巴西的经济和贸易目标，并明确了其政治预期：

> 博索纳罗总统上任伊始的政策之一便是宣布期待美国成为巴西的第一大贸易和投资伙伴。目前，巴西是我们在全球的第 13 大贸易伙伴，在西半球排名第三，仅次于加拿大和墨西哥。2018 年，美国对巴西的出口货物达 396 亿美元，同年美国从巴西进口了价值 311 亿美元的货物。我们双方的服务贸易数额也很可观。2017 年，美国对巴西的服务贸易出口额为 264 亿美元，进口额为 72 亿美元；巴对美直接投资总额为 478 亿美元，美对巴投资总额达 683 亿美元。我们还可以扩大这些经济和贸易联系。②

需要强调的是，在上述美国商务部部长罗斯强调的美巴经贸数据中，我们可以看到，两国经贸在货物贸易、服务贸易、直接投资等所有方面均呈现明显的不对称性，对美方更加有利，美方从中获利颇丰。

---

① Wilbur Ross, "Remarks by Commerce Secretary Wilbur L. Ross at AMCHAM Centennial", *U. S. Embassy and Consulates in Brazil*, 30 jul, 2019, Disponível em, https: //br. usembassy. gov/ remarks – by – commerce – secretary – wilbur – l – ross – at – amcham – centennial/ Acesso em 11 abr. 2020.

② Wilbur Ross, "Remarks by Commerce Secretary Wilbur L. Ross at AMCHAM Centennial", *U. S. Embassy and Consulates in Brazil*, 30 jul, 2019, Disponível em, https: //br. usembassy. gov/ remarks – by – commerce – secretary – wilbur – l – ross – at – amcham – centennial/ Acesso em 11 abr. 2020.

（二）美巴双边贸易中存在的主要争议问题

1. 巴西对美国乙醇和小麦的进口配额问题

2019年博索纳罗执政以来，美巴双边贸易中存在的主要争议问题之一是美国乙醇和小麦进口问题。

关于美国乙醇进口问题，从2017年9月开始，巴西政府设立了为期两年的年度配额，以实行每年从美国进口6亿升乙醇的免税政策。如果超过此额度，巴西政府将对美国乙醇征收20%的进口关税。博索纳罗于2019年3月访美之际，表示巴西可以提高美国乙醇的进口配额。当巴西对外贸易商会还在就是否维持美国乙醇进口配额的现状进行商议时，博索纳罗已经单方面同意将美国乙醇进口配额增加至每年7.5亿升。此举有利于美国玉米生产商，因而引发了巴西农场主们的不悦。特朗普对此感到高兴，并在2019年9月2日的推文中庆祝道：

> 巴西将允许零关税进口更多的美国乙醇，这是一项值得巴西工厂庆祝的决定。这种看似违反常理的回应可以用南美国家与美国之间正在进行的贸易协定谈判的基调来解释。……我们为我们的农民争取到了巨大的收益。我已经批准了为期一年的 E－15 号决议，并且其他大额清单也将于两周内被提交后获批。这对于乙醇产业来说更是个好消息，因为我们将拯救国内的小型炼油厂！①

巴西农业部长特蕾莎曾在2019年3月试图与特朗普议价，她表示如果美方愿意就巴西蔗糖进口关税问题进行谈判，那么巴西愿意就美国乙醇进口关税问题做出调整。然而，博索纳罗在访问华盛顿时却发出了巴西单方面做

---

① Trump, Donald［@ realDonaldTrump］, "Brazil will allow more American Ethanol to enter the country without Tariffs, a decision that Brazilian mills are celebrating. The seemingly counter－intuitive reaction stems from the tone of ongoing negotiations between the South American nation and the U. S. for a...;" *Twitter*, 2 set, 2019b, Disponível em: < https: //twitter. com/realdonaldtrump/status/1168714707305565058 >. Acesso em 07 abr. 2020.

出让步的信号，这不仅没有实现互惠互利，还削弱了巴西的议价能力。

关于美国小麦进口问题，博索纳罗承诺将对美国小麦设置免征进口关税配额，最高为 75 万吨。博索纳罗对美国做出的这一让步违反了巴西签署的《南共市共同对外关税协定》。2019 年 3 月，博索纳罗在华盛顿之行结束时，通过联合声明授权对美国让利：

> 博索纳罗总统宣布巴西将实施关税配额，允许每年以零关税进口 75 万吨美国小麦。此外双方达成一致，巴西将在科学评估的基础上进口美国猪肉。为了恢复巴西牛肉的出口，只要符合巴西食品安全相关文件要求，美国就同意尽快派遣农业部食品安全检验局团队对巴西进行技术访问并考察其生牛肉检疫系统情况。[①]

2017 年 6 月 22 日，美国宣布停止从巴西进口鲜牛肉，原因是巴西鲜牛肉未达到质检标准，问题在于巴西对牲口使用的口蹄疫疫苗，其药物成分会在牛体内产生反应，使牛肉呈现不正常的肿胀。巴西农户和屠宰场主们一直等待美国重新开放巴西牛肉进口。但是，一直到 2020 年 2 月，美国农业部食品安全检验局才共同批准了对巴西牛肉的重新进口。

2. 美国对巴西钢铁和铝材产品进口加征关税问题

2018 年以来，美巴两国达成协议，如果美国生产商证明国内市场供应不足，巴西金属半成品将以既定配额出口美国。然而，特朗普却于 2019 年 12 月 2 日在推特上宣布，将对巴西钢铁和铝材产品进口加征关税。他指控巴西故意采取货币贬值这一不公平手段以在国际贸易中获取优势：

> 巴西和阿根廷一直在大幅度操纵货币贬值，此举损害了美国农民的利益。因此，我将立即恢复这些国家出口到美国的所有钢材和铝材产品的关

---

① Uniten States，White House，"Joint Statement from President Donald Trump and President Jair Bolsonaro"，Washington，19 Mar. 2019，disponível em：< https：// www. whitehouse. gov/ briefings - statements/ joint - statement - president - donald - j - trump - president - jair - bolsonaro/ >. Acesso em 11 abr. 2020.

税。同样的，美联储也应该采取行动防止其他许多国家通过进一步贬值本国货币来利用我们稳定的美元。这些手段会使我们的制造商和农民们难以在公平的条件下出口他们的商品。更宽松的配额政策——美联储！①

在与巴西总统通话后，特朗普承诺不会对巴西钢铁和铝材产品的进口加征关税。尽管如此，此事件还是使巴西生产商产生了紧张的情绪。虽然博索纳罗高调表示他已经和特朗普总统迅速地解决了这一问题，但是巴西和美国官员们与美国机构还是围绕此事件进行了会谈，以应对特朗普的威胁：

在会谈中，巴西代表解释说，雷亚尔贬值是巴西采用的浮动汇率制度所致，同时巴西中央银行最近几周已经发放了储备金以试图遏制美元的升值，而非刺激事态的逆向发展。这位巴西代表明确表示，巴西钢铁的进口为美国工业的发展提供了原材料，因此，对巴西钢铁产品的进口加征关税将会阻碍美国国内的工业生产。此外，为了生产钢板，巴西建材商从美国购买了煤炭。对巴西钢铁和铝材产品加征关税将会损害两国之间的这些贸易链，造成两败俱伤的局面。巴西官方再次强调了巴西为改善两国关系所作的努力，如给予美国公民赴巴旅游免签待遇；增加美国乙醇和小麦的免税进口配额；签署阿尔坎塔拉太空基地的技术合作协议。最后，巴方表示，巴西是此次中美贸易争端的意外受益者。②

当特朗普在佛罗里达州与博索纳罗会面，被问及对巴西钢铁和铝材产品

---

① Trump, Donald, [＠realDonaldTrump], "Brazil and Argentina have been presiding over a massive devaluation of their currencies, which is not good for our farmers. Therefore, effective immediately, I will restore the Tariffs on all Steel & Aluminum that is shipped into the U. S. from those countries. The Federal....;" *Twitter*. 2 dez. 2019c, Disponível em：< https：//twitter. com/realDonald Trump/status/1201455858636472320 >. Acesso em 07 abr 2020.

② Sanches, "Anunciada por Trump, tarifa sobre aço brasileiro que nunca entrou em vigor é revogada". *BBC*, 20 dez. 2019, Disponível em：< https：//www. bbc. com/portuguese/internacional － 50875273 >. Acesso em 17 mar. 2020.

的进口加征关税的问题时，特朗普对此并未作出任何承诺。采访对话如下：

> 问题：总统先生，您会对巴西钢铁和铝材产品的进口继续征收关税吗？
>
> 特朗普：我们在关税方面有很好的合作关系。美国为巴西提供了帮助，这也是我们一直所希望的，并且现在两国的友谊可能比以往任何时候都更加坚固。
>
> 问题：那么美国会加征新税吗？
>
> 特朗普：我暂时不想作出任何承诺。我不会承诺。①

特朗普不愿意作出承诺，也没有表明任何立场来确保他不会再对巴西钢铁和铝材产品的进口加征关税。正如我们所看到的那样，单方面加征关税总是与新的双边贸易协定的签署有联系，而此前罗斯部长已经阐明了这一点。

（三）美巴双边贸易和投资情况

1. 2019年美巴双边贸易对美更加有利

根据巴西官方公布的数据，2019 年巴西对美出口中，82.7% 的产品来自制造业，包括制成品和半制成品；2019 年巴西对美出口总额为 300 多亿美元（见图 1 和表 2）。就巴西对外贸易而言，2019 年中国仍然是巴西最大的贸易伙伴。巴西对华货物出口总值达 623 亿美元，其中原油及未加工的从沥青矿物中提取的油类占比为 28%，铁矿石和提纯矿占比为 24%，大豆占比为 20%，新鲜或冷冻牛肉占比为 6.4%。一旦巴西和中国政府之间出现敏感问题，巴西出口商将会受到影响并面临巨大压力。②

---

① United States, White House, "Remarks by President Trump and President Bolsonaro of Brazil Before Working Dinner ｜ West Palm Beach", *FL. Remarks* ［Foreign Policy］, 8 Mar. 2020, Disponível em: https：//www. whitehouse. gov/briefings - statements/remarks - president - trump - president - bolsonaro - brazil - working - dinner - west - palm - beach - fl/ Acesso em 11 abr. 2020.

② Brasil, Ministério da Economia, Comex Vis, "Visão Geral dos Produtos Exportados para China e Estados Unidos", 2019d, Disponível em: < http：//comexstat. mdic. gov. br/pt/comex - vis >. Acesso em 07 de abril de 2020.

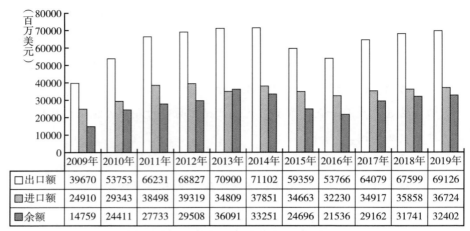

	2009年	2010年	2011年	2012年	2013年	2014年	2015年	2016年	2017年	2018年	2019年
□ 出口额	39670	53753	66231	68827	70900	71102	59359	53766	64079	67599	69126
▨ 进口额	24910	29343	38498	39319	34809	37851	34663	32230	34917	35858	36724
▨ 余额	14759	24411	27733	29508	36091	33251	24696	21536	29162	31741	32402

图1　美国与巴西双边贸易额（2009～2019年）

资料来源：美国经济分析局（BEA），2020，https：//www. bea. gov/data/intl－trade－investment/international－trade－goods－and－services。

表2　美国与巴西的货物贸易和服务贸易额（2009～2019年）

单位：百万美元

年份	货物贸易			服务贸易		
	出口额	进口额	余额	出口额	进口额	余额
2009	26097	20208	5889	13572	4703	8870
2010	35348	24200	11148	18405	5143	13262
2011	42962	31539	11423	23270	6959	16310
2012	43734	31821	11913	25093	7498	17594
2013	44092	27130	16962	26808	7679	19129
2014	42395	29586	12809	28707	8265	20442
2015	31565	26470	5095	27795	8193	19602
2016	30139	24609	5529	23627	7621	16006
2017	37168	27801	9366	26911	7116	19796
2018	39349	29734	9615	28250	6124	22126
2019	42813	30514	12299	26313	6210	20103

资料来源：美国经济分析局（BEA），2020，https：//www. bea. gov/data/intl－trade－investment/international－trade－goods－and－services。

注：表中部分数据存在误差。

与对华贸易不同的是，巴西与美国贸易中，呈现对美国更加有利的态势。如图1和表2所示，2009年以来，美国对巴西的贸易顺差就一直存在，其中美国对巴西的贸易顺差约从 2018 年的 317 亿美元增至 2019 年的 324 亿美元，服务贸易顺差额的变化是造成这一结果的主要原因：在服务贸易方面，美国对巴西的顺差额约从 2018 年的 221 亿美元降至 2019 年的 201 亿美元；在货物贸易方面，同期美国对巴西的顺差额约从 96 亿美元增至 123 亿美元。如果这一趋势持续下去，巴西平衡两国间贸易逆差的希望渺茫。我们都知道，美国对大多数国家存在贸易逆差，但是巴西是为数不多的一个例外。2020 年初，巴西知名财经报纸——《经济价值报》（*Valor Econômico*）刊登了一篇关于巴西对美贸易逆差增长趋势的报道。[1] 2018~2019 年，巴西对美贸易逆差由 2018 年的 83 亿美元增至 2019 年的 122 亿美元，增长了 39 亿美元。[2] 在对美贸易处于弱势地位的一些国家中，巴西成为对美贸易逆差增长最快的国家。

2. 2019年美国对巴西的直接投资渐趋稳定

巴西是美国外商直接投资（FDI）的目的地国之一。2018 年，美国对巴西的直接投资占其对南美总投资的 50. 6%（见表 3）。如图 2 所示，美国对巴西的直接投资在 2011 年上升至近 100 亿美元的高峰后急剧下降。

表 3　美国在拉美和西半球其他地区的直接投资

单位：百万美元

国家或地区	2009年	2010年	2011年	2012年	2013年	2014年	2015年	2016年	2017年	2018年
拉美及西半球其他地区	718478	752788	788987	828721	788772	898460	902642	929459	1008080	932320
南美	119765	136598	149562	147490	140871	144592	129303	135681	133972	140016
巴西	55380	66963	74840	76821	69760	69548	56847	66418	68272	70878

资料来源：美国经济分析局（BEA），2020，https：//apps. bea. gov/iTable/iTable. cfm? ReqID = 2&step = 1。

---

[1]　Anais Fernandes, Álvaro Fagundes, "Brasil é país com quem EUA têm maior avanço no superávit comercial", *Valor Econômico*, 22 jan 2020. https：//valor. globo. com/brasil/noticia/2020/01/22/brasil – e – pais – com – quem – eua – tem – maior – avanco – no – superavit – comercial. ghtml Acesso em 07 abr. 2020.

[2]　U. S. Census Bureau, 2020, https：//www. census. gov/foreign – trade/statistics/highlights/top/index. html.

2015 年降至 4.48 亿美元的最低值。2016 年至今，美国对巴西的直接投资渐趋稳定，其中 2019 年美国对巴西的直接投资额约为 25 亿美元（见图 2）。

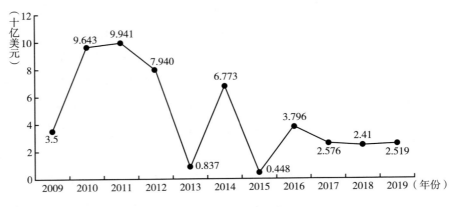

图 2　美国在巴西的直接投资额（2009～2019 年）

资料来源：美国经济分析局（BEA），2020，https：//www.bea.gov/international/di1usdbal。

四　结语

2019 年 1 月 1 日执政以来，博索纳罗新政府实行亲美外交政策，试图与美国特朗普政府建立紧密的关系，以此来为巴西谋求对外战略利益。相较于以往巴西的外交传统，博索纳罗的执政导向发生了重大变化。尽管特朗普和博索纳罗领导下的政府表现出了相似的意识形态及价值观，但是在美巴双边关系中，相较于美方所得，巴西政府及生产部门所获得的利益呈现不对等性，巴西并未从中获得实质性的利益。

2019 年在美国和巴西双边贸易中，巴西政府的立场出现了新的变化，它将改善巴西与美国特朗普政府的关系置于优先地位。正是基于这一优先考量，巴西在经贸领域对美国所做出的让步并没有以实现平等互利为前提。巴西对美国乙醇进口配额的单方面提升就是一个明显的例证，此举直接让美国生产商受益，然而巴西与美国就巴西蔗糖进口问题谈判的目标却没有实现。同样，巴西政府不顾南方共同市场的规则，不惜违反《南共市共同对外关税协定》，对美国小麦实行免税进口配额，此举不仅对巴西与阿根廷的关系造成了负面影响，而且遭到了巴西南大河州小麦生产商的批评。尽管巴西采取了这些让步措施，特朗普仍然在声明中威胁对巴西钢铁和铝材产品的进口加征关税，并指责巴西采取了货币贬值的手段。同时，特朗普并没有就巴西钢铁和铝材产品的进口关税问题做出承诺，也未就美方保证对此不会再次加征关税进行表态。美国的上述做法向我们发出了一个清晰的信号：面对有利可图的不对等贸易，美国不会做出任何承诺。正如特朗普政府所强调的"美国优先"的口号那样，巴西激进的外交政策能否达到其预期目标，取决于巴西能否维护本国的利益。此外，在美巴双边贸易中，长期以来，美国处于顺差地位，巴西是为数不多的一直以来在对美贸易中处于逆差状态的国家之一。同时，在对美贸易中处于最弱势地位的一些国家中，巴西是近年来贸易逆差增长最快的国家。尽管巴西政府意识到维护美巴双边关系的重要性远大于贸易成绩，但是由于这种贸易逆差既不能作为谈判的筹码，也无法成为巴西政府的议价工具，巴西在美巴贸易中利益的不对等性也就显现出来。

博索纳罗政府的核心团队认为巴西有必要与美国政府保持密切的关系，不管是从经济还是从战略和政治层面考量，维持巴西与美国的紧密关系对于巴西来说具有广泛的意义，对其潜在利益至关重要。但是，美国是否满足了巴西的期待与诉求呢？上文的分析表明，2019年，总体而言，在与美国的双边关系中，巴西的预期目标并没有实现，未能从中获得实质性的利益。博索纳罗总统上任以来的四次访美及其在经贸领域对美国做出的种种让步都证实了博索纳罗新政府所采取的激进的外交政策给巴西带来的风险。由此可见，巴西激进的外交政策并不总能为其外交目标的达成带来实质性的结果。

Y.9
2019年巴西地区战略调整：
以南方共同市场为例

王　飞[*]

摘　要： 巴西极右翼势力代表博索纳罗于 2019 年初正式就任巴西总统，巴西的外交政策开始发生变化。南方共同市场自 1991 年成立以来始终是巴西地区战略的核心和提升其国际话语权的平台。博索纳罗新政府放弃了过去十几年间巴西劳工党政府外交政策以南方共同市场合作为中心的南南合作基调，重新强调巴西与美国等发达国家之间的联系，积极利用南方共同市场深化与欧盟之间的经贸合作并取得实质性突破。然而，随着阿根廷新总统阿尔韦托·费尔南德斯上台，博索纳罗以意识形态划界，多次扬言退出南方共同市场，使南方共同市场发展方向充满不确定性。尽管短期可能出现波动，但是在多极化的世界中，巴西多边主义外交传统不会受到影响。

关键词： 南方共同市场　地区一体化　博索纳罗　多边主义　巴西

2019 年 1 月 1 日，极右翼代表雅伊尔·博索纳罗（Jair Bolsonaro）正式就任巴西总统，巴西外交政策的基调进一步调整。此前，接替被弹劾的迪尔玛·罗塞夫（Dilma Rousseff）出任巴西总统的米歇尔·特梅尔（Michel

---

[*] 王飞，中国社会科学院拉丁美洲研究所巴西研究中心，副秘书长，主要研究方向为巴西经济。

Temer）已经开始逐渐将巴西对外政策的重点从南南合作转向追随美国，博索纳罗则进一步放弃了过去十几年间巴西劳工党政府推行的南南合作传统，转而着力改善与美国及其盟友的关系，对多边合作亦持消极和怀疑态度。博索纳罗在竞选纲领中提及将放弃"优先发展南方共同市场"的外交政策安排，强调拉美一体化必须基于民主原则，坚持将本地区非民主国家剔除出一体化组织。正式执政后，博索纳罗的外交政策更加清晰。他改变了巴西领导人上任后首访阿根廷的历史传统，还成为首位访问美国中央情报局的巴西总统。在拉美地区，博索纳罗反对委内瑞拉马杜罗（Nicolás Maduro）政权，对阿根廷新总统费尔南德斯（Alberto Fernández）的态度不够友好，南方共同市场发展前景扑朔迷离。

一 南方共同市场在巴西地区战略中的地位

1991年3月26日，阿根廷、巴西、巴拉圭和乌拉圭四国总统在巴拉圭首都签署《亚松森条约》，宣布建立南方共同市场，推动拉美地区经济一体化进程。截至2019年12月，南方共同市场已经举行了55届首脑会议。南方共同市场为巴西的国际参与提供了重要平台，帮助其提升了国际地位。但是，博索纳罗执政后，巴西外交政策导向转变，对南方共同市场的态度也发生变化。

（一）博索纳罗执政前巴西对南方共同市场的重视

20世纪80年代，巴西逐步回归民主。"多边主义"成为巴西外交政策的主线，巴西在全球和地区层面利用多边机制为本国争取国际事务中更多的发言权，积极参与全球治理。巴西回归民主化后，经历了疏离型自主、参与型自主和多元化自主三种外交战略，南南合作始终占据重要地位。疏离型自主强调"南南联盟"、参与型自主扎根南美洲、多元化自主依靠南方国家，巴西希望通过加强与其他发展中大国之间的政治和经济战略联盟，确保其有效融入和参与世界经济与政治的重构过程，巩固其在多极化

世界中的地位。① 在地区关系方面，南美洲地区一体化一直是巴西外交战略的优先目标，同南美洲国家特别是加强与南方共同市场合作是巴西巩固地区大国角色的途径。②

巴西积极推动全球治理变革，利用实用主义原则支持其实现拉美地区领导权和世界大国地位的国际战略目标。③ 2003 年，卢拉（Luiz Inácio Lula da Silva）出任巴西总统，在外交政策上推行多边主义，大力保护国家主权，十分重视与南方国家的接近，重视南方共同市场，区域一体化在巴西各项议程中名列榜首。④ 罗塞夫总统基本延续了卢拉的外交策略，坚持立足拉美、强调南南合作、反对霸权和干涉主义，即奉行"南美一体化为核心、南南合作优先、欧美国家次之"的原则。⑤ 尽管特梅尔执政后，巴西外交重点开始从南南合作向南北合作转变，但他仍认为多边主义而非孤立主义更适合巴西。他在卸任前一个月出席在阿根廷举行的 G20 峰会期间表示，巴西将坚持捍卫多边主义。⑥

（二）博索纳罗执政后巴西外交政策的调整及对南方共同市场态度的变化

2003 年以来，巴西劳工党两任总统、三届半任期内国际战略的核心是加强南南合作。巴西通过积极发展与金砖国家、非洲国家、南美洲地区国家之间的关系加强南南合作，提升其国际影响力。2016 年，罗塞夫总统被弹

① 关于巴西外交政策的三种类型转变，可参见〔巴西〕杜鲁·维也瓦尼、〔巴西〕加布里埃尔·塞帕鲁尼《巴西外交政策：从萨尔内到卢拉的自主之路》，李祥坤、刘国枝、邹翠英译，社会科学文献出版社，2015，第 11 ~ 12 页。

② Celso Amorim, "Brazil's Multilateral Diplomacy", in Remarks at the Second National Conference on Foreign Policy and International Politics, Brazilian Embassy in Washington, November 27, 2007.

③ 吴国平、王飞：《浅析巴西崛起及其国际战略选择》，《拉丁美洲研究》2015 年第 1 期。

④ 〔巴西〕杜鲁·维也瓦尼、〔巴西〕加布里埃尔·塞帕鲁尼：《巴西外交政策：从萨尔内到卢拉的自主之路》，李祥坤、刘国枝、邹翠英译，社会科学文献出版社，2015，第 131 ~ 132 页。

⑤ 参见刘国枝主编《巴西发展报告（2016）》，社会科学文献出版社，2017，第 17 页。

⑥ "Temer, upon Arriving in Argentina: Brazil Will Defend Multilateralism", Portal do Governo Brasileiro, http://www.brazil.gov.br/about - brazil/news/2018/11/temer - upon - arriving - in - argentina - brazil - will - defend - multilateralism，访问日期：2020 年 3 月 26 日。

劲后，巴西开始调整外交政策，重新巩固和发展同发达国家之间的关系。2018 年，"政治素人"博索纳罗参加巴西总统选举。在选举期间及胜选之后，博索纳罗多次表达了亲近美国的立场，巴西和美国越走越近。作为回应，在巴西总统选举后，特朗普成为首批率先联系博索纳罗的世界领导人之一。博索纳罗秉承"巴西高于一切"的理念，明确表示将疏远古巴、委内瑞拉等左翼政府执政的国家，加强与智利、巴拉圭、阿根廷右翼政府的联系。博索纳罗及巴西外交部长埃内斯托·阿劳若（Ernesto Araújo）还多次批评左翼劳工党对外政策强烈的意识形态色彩，批判左翼政府、社会主义和马克思主义，巴西外交存在"大调整"倾向。①

首先，博索纳罗的外交政策紧随美国。竞选期间，博索纳罗竞选团队和美国密切沟通。2018 年 8 月，博索纳罗之子爱德华多·博索纳罗（Eduardo Bolsonaro）还晒出同特朗普首席战略分析师史蒂夫·班农（Steve Bannon）的合影，称得到了班农的指点，巴西和美国有着相同的世界观。② 班农则称爱德华多为南美右翼民粹主义领袖。③ 博索纳罗就任巴西总统后，退出联合国《移民问题全球契约》、明确反对全球化、意图将巴西驻以色列使馆迁至耶路撒冷、排斥委内瑞拉马杜罗政府等举措和美国"如出一辙"。2019 年 3 月，博索纳罗访问美国，成为第一个将首访目的地定在美国的巴西总统。美国对巴西也"投桃报李"，特朗普于 2019 年 7 月 31 日确认巴西为美国的"非北约主要盟国"，巴西成为阿根廷之后第二个获得这一地位的南美洲国家。④ "非北约主要盟国"是美国政府给予不属于北约组织但与美国军方有战略合作关系的盟国的定位，这一定

---

① 周志伟：《巴西外交调整：意识形态化下的选择尴尬》，《世界知识》2019 年第 6 期。

② "Mentor da eleição de Trump nos EUA indica que Bolsonaro faz parte do seu 'movimento'"，Sputnik Brasil，https：//br. sputniknews. com/eleicoes – 2018 – brasil/2018101312433669 – bannon – movimento – bolsonaro/，访问日期：2020 年 3 月 27 日。

③ "Bannon anuncia Eduardo Bolsonaro como líder sul – americano de movimento de direita populista"，*Folha de S. Paulo*，https：//www1. folha. uol. com. br/mundo/2019/02/bannon – anuncia – eduardo – bolsonaro – como – lider – sul – americano – de – movimento – de – ultradireita. shtml，访问日期：2020 年 3 月 27 日。

④ 2019 年 3 月 19 日，特朗普在会见到访的巴西总统博索纳罗时就曾表示，美国有意给予巴西"非北约主要盟国"地位。

位并不自动包括共同防卫条款，但可为这些国家提供美国本不与非北约盟国开展的军事与财政合作，方便它们购买美国制造的武器和军事设备。

其次，倡导地区多边合作"去意识形态化"，看重经济利益。博索纳罗政府体现出极端意识形态化、弱化南南合作并淡化多边主义的外交政策趋势，认为无法同委内瑞拉等左翼执政的国家合作，更无法同左翼政党对话。他还明确表示不支持南方共同市场，认为巴西不能局限于和委内瑞拉、玻利维亚、阿根廷做生意，而要和更多的国家做生意。① 尽管对南方共同市场态度消极，但由于经济联系较为紧密，且南方共同市场在巴西对外贸易中的关键作用，博索纳罗在 2019 年底于巴西召开的南方共同市场第 55届首脑会议上表达了对该一体化组织的支持，态度发生逆转。② 另外，巴西以经济利益为导向，在拉丁美洲寻找新的合作伙伴。智利是南方共同市场的联系国，多年来和南方共同市场保持了紧密的商业联系。博索纳罗政府重视同智利的合作。2018 年 4 月，智利和巴西开展自由贸易协定（FTA）谈判。2018 年 11 月 21 日，经过 4 回合谈判后，巴西—智利自由贸易协定正式签署。博索纳罗上台后积极推动双方自由贸易协定进程，2019 年 3 月博索纳罗访问智利期间明确表示将加快推动巴西—智利自由贸易协定在巴西国会通过。③

二　博索纳罗新政府关于南方共同市场的政策与行动

博索纳罗外交政策的转变主要体现在意识形态和经济利益两大方面，这

---

① "Future Economy Minister Says Mercosur Not a Priority for Bolsonaro's Brazil", Merco Press, https: //en. mercopress. com/2018/10/30/future – economy – minister – says – mercosur – not – a – priority – for – bolsonaro – s – brazil，访问日期：2020 年 3 月 27 日。

② "Bolsonaro Calls on Mercosur for a Quick Implementation of the Trade Agreement with the EU", Merco Press, https: //en. mercopress. com/2019/12/06/bolsonaro – calls – on – mercosur – for – a – quick – implementation – of – the – trade – agreement – with – the – eu，访问日期：2020 年 3 月 27 日。

③ "Piñera, Bolsonaro set roadmap to boost relationship between Chile and Brazil", https: //www. bilaterals. org/? pinera – bolsonaro – set – roadmap – to，访问日期：2020 年 3 月 27 日。

也影响到巴西对南方共同市场合作的态度。出于"巴西利益第一"的原则，博索纳罗积极探索开放合作，促成南方共同市场和欧盟自由贸易协定谈判，积极推进和智利的合作，推动南方共同市场和太平洋联盟的对接。意识形态方面，巴西反对委内瑞拉马杜罗政权，对阿根廷中左翼新总统费尔南德斯态度不友好，甚至扬言退出南方共同市场。

（一）关于南方共同市场与欧盟关系的政策与行动

2019 年 6 月 6 日，博索纳罗对阿根廷进行首次正式访问，并与阿根廷时任总统马克里（Mauricio Macri）会晤。双方就南方共同市场和欧盟自贸协定谈判交换了意见，还对南方共同市场货币统一进行了讨论。2019 年 6 月 28 日，G20 大阪峰会期间，经济总量之和约占全球 1/4 的两大区域组织——欧盟与南方共同市场——宣布达成自贸协定。双方除传统关税减让之外，还在政府采购、贸易便利化、卫生检验检疫以及知识产权等多领域达成共识。作为世界上发达国家集团与发展中国家集团自贸谈判进程的重要代表，欧盟与南方共同市场之间的谈判始于 1999 年。双方的目标是创建一个覆盖 8 亿消费者的彼时世界上最大的自由贸易区。由于双方在农业和工业品市场准入问题上存在显著分歧，谈判于 2004 年中止，农产品、汽车工业、政府采购是谈判的主要障碍。

南方共同市场—欧盟战略伙伴协定的主要推动力量来自阿根廷。马克里于 2015 年出任阿根廷总统后就积极推动双方重启自贸协定谈判，此次双方签署战略伙伴协定也在阿根廷担任南方共同市场轮值主席国期间达成。当然，促成南方共同市场和欧盟此次自贸协定谈判离不开博索纳罗的支持和巴西立场的改变。出于对本国产业的保护，巴西在对外开放中的立场较为保守，巴西的市场开放度在整个拉美地区倒数第一。[①] 博索纳罗坚持贸易开放和市场化原则，坚持融入世界经济。巴西在此次南方共同市场和欧盟自贸协定谈判中改变了谈判方式，尤其在市场准入等问题上进行了改变。例如，巴

---

① 吴国平、王飞：《浅析巴西崛起及其国际战略选择》，《拉丁美洲研究》2015 年第 1 期。

西放弃坚持牛肉和乙醇在自贸清单中的地位，换取了更高的鸡肉和猪肉出口配额。① 2019 年 12 月 5 日，在南方共同市场第 55 届首脑会议上，博索纳罗催促南方共同市场加快落实与欧盟之间的自由贸易协定。

（二）关于巴西和南方共同市场成员国之间的政策与互动

博索纳罗认为南方共同市场受控于左翼意识形态，巴西从中获得的经济效益有限，主张减少南方共同市场框架下的多边合作，转而重视双边关系。基于意识形态色彩，博索纳罗对新当选的阿根廷总统费尔南德斯态度不友好并坚决抵制马杜罗政府领导下的委内瑞拉。

首先，左右翼分野影响巴西—阿根廷合作。巴西和阿根廷关系在 2019 年产生重要变化。上半年，两国还共同"发声"，希望加强合作，而双边关系在阿根廷大选启动后急转直下。中左翼总统候选人费尔南德斯击败马克里后，博索纳罗表示将重新评估巴西和阿根廷的关系以及两国在南方共同市场中的合作。博索纳罗上任后主张市场开放，看重经济利益，积极推进南方共同市场和欧盟之间的合作，这和阿根廷一贯以来的主张相吻合。2019 年 1 月 16 日，博索纳罗上任仅两周，时任阿根廷总统马克里就访问了巴西，成为全球首位在博索纳罗执政后访问巴西的领导人。访问期间，两国领导人达成实现南方共同市场"现代化"的目标。② 2019 年 6 月 6 日，博索纳罗上任后首次访问阿根廷，两国政府达成一致，将尽快推进南方共同市场和欧盟之间的自由贸易区建设。巴西经济部长保罗·盖德斯（Paulo Guedes）表示，在三到四周之内，南方共同市场和欧盟就自贸区将初步达成一致。在博索纳罗访问阿根廷之前，巴西总统府发言人奥塔维奥·莱古·巴罗斯（Otávio Rêgo Barros）就曾表示，"博索纳罗此次访问将聚焦于加强巴西和阿根廷经

---

① 王飞：《南方共同市场发展机遇与挑战》，《中国社会科学报》2019 年 8 月 19 日，第 6 版。
② "Macri and Bolsonaro will Work Together to Modernise Mercosur, Boost Economies", *Buenos Aires Times*, https：//www. batimes. com. ar/news/argentina/macri－bolsonaro－work－together－modernize－mercosur－boost－argentine－economy. phtml，访问日期：2020 年 3 月 16 日。

济关系，南方共同市场和欧盟自贸区则是重中之重"。[①] 2019 年 6 月 28 日，欧盟和南方共同市场签署协议，历时 20 年之久的欧盟—南方共同市场自贸协定谈判结束，双方在货物贸易、服务贸易、双向投资和政府采购等方面达成原则性共识，并承诺在未来 5～15 年内逐步降低现有关税水平。但是，巴西和阿根廷双边关系在阿根廷 2019 年大选后急转直下。博索纳罗于 2019 年 6 月访问阿根廷之前就表示，希望阿根廷人民选出一位中右翼领导人，这样能够和巴西、巴拉圭、智利、秘鲁、哥伦比亚保持一致。[②] 2019 年 4 月，他还表达了对马克里可能会在大选中失利的担忧。[③] 2019 年 8 月 16 日，博索纳罗通过巴西经济部长盖德斯发表声明，如果费尔南德斯赢得阿根廷大选并做出不利于南方共同市场扩大开放的举动，巴西将退出南方共同市场。费尔南德斯曾经探望在狱中的巴西前总统卢拉，并表示将重新考虑阿根廷对南方共同市场的态度。博索纳罗强调了巴西和阿根廷两国在意识形态方面的差异，这将不利于南方共同市场的发展。[④] 2019 年 12 月 5 日，南方共同市场第 55 次首脑会议在巴西南里奥格兰德州本图·贡萨尔维斯（Bento Gonçalves）举行。刚刚参加完在西班牙马德里举行的 2019 年联合国气候变化大会[⑤]的马克里总统直接飞往巴西，参加南方共同市场首脑会议，而在五天之后，费尔南德斯正式取代马克里成为阿根廷新一届总统。博索纳罗通过此次首脑会议送别了其盟友马克里，但表示不会支持新任总统费尔南德斯且

① "Macri, Bolsonaro: Signing of EU – Mercosur Free Trade Deal is 'Imminent'", *Buenos Aires Times*, https://www.batimes.com.ar/news/argentina/macri – bolsonaro – signing – of – eu – mercosur – free – trade – accord – is – imminent.phtml, 访问日期：2020 年 3 月 16 日。

② "Macri, Bolsonaro: Signing of EU – Mercosur Free Trade Deal is 'Imminent'", *Buenos Aires Times*, https://www.batimes.com.ar/news/argentina/macri – bolsonaro – signing – of – eu – mercosur – free – trade – accord – is – imminent.phtml, 访问日期：2020 年 3 月 16 日。

③ "Macri is in Trouble: Bolsonaro Expresses Fears over Potential Return of CFK", *Buenos Aires Times*, https://www.batimes.com.ar/news/latin – america/macri – is – in – trouble – bolsonaro – expresses – fears – over – potential – return – of – cfk.phtml, 访问日期：2020 年 3 月 16 日。

④ "Brazil to Leave Mercosur if Argentina Causes Trouble, Bolsonaro Says", *Agência Brasil*, https://agenciabrasil.ebc.com.br/en/politica/noticia/2019 – 08/brazil – leave – mercosur – if – argentina – cause – trouble – bolsonaro – says, 访问日期：2020 年 3 月 26 日。

⑤ 本届气候变化大会本该在智利举行，因智利爆发大规模社会运动而延期在西班牙举行。

不会出席其就职典礼。[1]

其次，意识形态成为影响巴西—委内瑞拉关系的关键因素。委内瑞拉在加入南方共同市场的过程中得到了巴西的大力支持。尽管委内瑞拉所追求的具有强烈意识形态色彩的南美地区一体化与巴西所推行的务实一体化政策迥异，但巴西始终力求维持两国关系平衡，避免直接冲突。[2] 由马杜罗领导的委内瑞拉曾经是罗塞夫政府最亲密的盟友之一，特梅尔上台后，巴西和委内瑞拉关系开始恶化。2016 年 9 月 13 日，巴西时任外交部长若泽·塞拉（José Serra）指出，由于委内瑞拉未履行南方共同市场的各项规定，尤其是未将南方共同市场现行条例与协定融入委内瑞拉法律制度，委内瑞拉将不担任 2016 年下半年南方共同市场的轮值主席国，由阿根廷、巴西、巴拉圭和乌拉圭共同督导执行，制定经济体运作所需的行动方针和做出经贸与其他基本议题的决定。[3] 2017 年 8 月 5 日，南方共同市场初始成员国在巴西召开紧急会议，就委内瑞拉 7 月 30 日举行的制宪大会和 8 月 4 日制宪大会代表宣誓就职进行磋商。四国发表联合声明拒绝承认委内瑞拉制宪大会并决定动用南方共同市场民主条款继续中止委内瑞拉成员国资格。2018 年巴西总统大选中，博索纳罗将委内瑞拉列为典型，打出"防止巴西变成第二个委内瑞拉"的口号批评左翼劳工党。[4] 2019 年 1 月 23 日，委内瑞拉议会主席、反对党人士

① Natasha Niebieskikwiat, "Mercosur: Bolsonaro armó una cumbre para despedir a Macri y no saludar a Alberto Fernández", Clarín, https://www.clarin.com/politica/mercosur-bolsonaro-armo-cumbre-despedir-macri-saludar-alberto-fernandez_0_CGSYjD1m.html, 访问日期: 2020 年 3 月 26 日。

② 王正：《多边主义视角下的二十一世纪巴西外交》，中国社会科学院研究生院博士学位论文，2015，第 74 页。

③ Ministério das Relações Exteriores, Aprovação da "Declaração Relativa ao Funcionamento do Mercosul e ao Protocolo de Adesão da República Bolivariana da Venezuela", http://www.itamaraty.gov.br/pt-BR/notas-a-imprensa/14727-aprovacao-da-declaracao-relativa-ao-funcionamento-do-mercosul-e-ao-protocolo-de-adesao-da-republica-bolivariana-da-venezuela, 访问日期: 2018 年 2 月 25 日。

④ Anna Carolina Raposo de Mello, Brazilian Foreign Policy on Twitter: Digital Expression of Attitudes in the Early Months of Bolsonaro's Administration, Dissertação (Mestrado), Universidade de São Paulo, 2019, pp. 61-62.

瓜伊多（Juan Guaido）自封为"临时总统"，要求重新举行总统大选，完成政府权力过渡。巴西成为最早承认瓜伊多为委内瑞拉合法临时总统的国家之一。与此同时，美国希望将巴西拉入自己的阵营，扩大美国在拉美地区的影响力，并希望巴西在委内瑞拉问题上发挥更大的作用，因此积极"拉拢"巴西，特朗普还表示美巴关系处于历史最好时期。① 事实上，委内瑞拉加入南方共同市场对巴西和阿根廷来说毫无裨益。巴西和阿根廷各自通过开发其盐下层和页岩油储量均有可能成为主要的石油生产国，和委内瑞拉的经济互补性差。②

　　最后，经济利益促进巴西和智利的合作。智利是南方共同市场的联系国，多年来和南方共同市场保持了紧密的商业联系。早在 20 世纪 80 年代，阿根廷—巴西经济一体化项目时期，智利就表达了和南美洲这两个大国合作的愿望。20 世纪 90 年代智利加入北美自由贸易协定的计划幻灭后，从北向南看，第一个对巴西提出的建立南美自由贸易区做出反应。③ 2018 年，巴西和智利基于经济利益开启自由贸易区谈判。博索纳罗上台之后，积极同智利开展合作。博索纳罗认为智利是拉丁美洲的一个重要参考国家，有良好的教育，技术先进，经济开放使其跟全世界其他国家和地区进行贸易往来并获益颇多。巴西是智利在拉丁美洲的第一大贸易伙伴，也是智利对外投资的主要市场，占智利对外投资总额的 1/3。巴西—智利自贸协定谈判不包括关税减让，主要讨论国际贸易新议题，意在补充 1996 年 10 月 1 日生效的智利与南方共同市场第 35 号经济互补协定。新议题包括电子商务和便利化、中小企业、劳工、商务人士短期入境、经济商业合作、环境、贸易与性别平等。此外，为使巴西—智利自贸协定更加完整，两国将 2016 年签署的投资及金融服务协定以及 2018 年 4 月签署的政府采购协定纳入其

---

① 刘晨、朱东阳、刘品然：《美国拉拢巴西有何用意》，新华网，http://www.xinhuanet.com/world/2019-03/20/c_1210087309.htm，访问日期：2020 年 3 月 27 日。

② 〔美〕戴维·R. 马拉斯、〔美〕哈罗德·A. 特林库纳斯：《巴西的强国抱负：一个新兴大国崛起之路的成功与挫折》，熊芳华等译，浙江大学出版社，2018，第 157~158 页。

③ 王飞：《南方共同市场》，社会科学文献出版社，2019，第 33~34 页。

中。巴西—智利自贸协定正式签署后，将成为巴西首次签署承诺电子商务、规范措施、透明化及反腐败、贸易与劳工等议题的双边贸易协定。巴西—智利自贸协定标志着南方共同市场和太平洋联盟的又一次"亲密接触"，此前，阿根廷已经表示希望与太平洋联盟进行更多经贸往来，并进行了实践。拉丁美洲最大的两个地区组织之间开展更高级别的贸易对话，将为碎片化的拉美一体化形势注入新的活力。

三 巴西地区战略展望

南方共同市场是巴西劳工党执政时期对外政策的基础和重要平台。在博索纳罗看来，巴西不应局限在南方共同市场，而需要更加开放的市场和合作帮助巴西实现"巴西利益第一"。巴西的政治环境和传统利益集团有可能迫使博索纳罗调整其政策主张，以便更广泛地团结中间党派，保证在议会中获得尽可能多的支持。尽管博索纳罗打破了巴西外交政策传统，但他的政策理念与巴西多边主义传统价值观存在较大差异，其政策主张也屡遭质疑。博索纳罗在不同场合多次表达了退出国际和地区多边合作组织的主张，参与多边合作的积极性和政策力度减弱，但巴西未完全走上单边主义。以南方共同市场为例，博索纳罗不会放弃和阿根廷、乌拉圭和巴拉圭三个周边国家的合作，毕竟保持和周边国家的良好关系对发展中的巴西来说意义重大。巴西也需要南方共同市场巩固其在南美洲地区的领导地位和绝对影响力。

从巴西外交政策的历史承继来看，博索纳罗的改变包括意识形态和价值观的转向，并带来了地区战略的调整。无论如何，在多极化的全球世界中，巴西对外关系中的南南合作取向应该不会改变。尽管巴西退出了南美洲国家联盟，但2019年3月，包括巴西、阿根廷、巴拉圭三个南方共同市场成员国在内的8个拉美国家宣布成立"南美进步论坛"，其成为南美洲地区一体化的新机制。南美进步论坛强调加强成员国之间的协调合作，关注的重点是基础设施建设、国防安全、医疗卫生、防灾减灾和打击犯罪，更有效地推进地区一体化进程，促进各国的进步和发展。长期来看，巴西还是会坚持多边主义，只不过在短期会基于左右翼立场，要求区别对待。无论是南美进步论坛的成立还是南方共同市场—欧盟自贸协定谈判，均表明巴西在区域合作中的多边主义立场未曾改变，也不可能改变。

Y.10
新的突破：2019年巴西科技创新政策与发展评析

郭 栋 林娴岚*

摘 要： 2019年是巴西新政府上台后实施科技新政的开局之年，巴西将科技创新视为国家发展的重心，制定了5G网络战略、国家物联网计划、科学进校园计划以及国家创新政策等一系列新的科技创新战略与政策；明确了航空和信息技术等重点发展领域；着力推动包括与中国、美国的双边合作以及金砖国家合作机制下的多边合作等在内的一系列国际科技创新合作。2019年巴西科技发展成效显著但也困难重重，其中最大的挑战就是经费不足。联邦政府颁布的"科研经费预算冻结令"影响到新任科技创新通信部长庞特斯施政目标的落实。巴西曾计划依靠科技创新实现质的飞跃，但在研发经费捉襟见肘的前提下希望渺茫。

关键词： 庞特斯 科技新政 巴西

近年来，全球经济增长进入周期性低谷，受此影响，巴西经济的增长水平也持续在低位徘徊。如何更好地发挥科技对经济发展的支撑作用，推动产业升级，增强巴西的国际竞争力，成为巴西政府高度关注的问题。2019年1

---

* 郭栋，中国科学技术交流中心助理研究员，主要研究方向为国际科技合作政策；林娴岚，法学博士，湖北大学政法与公共管理学院、区域与国别研究院副研究员，主要研究方向为科技创新与国际关系、葡语国家。

月 1 日，雅伊尔·博索纳罗（Jair Bolsonaro）就任巴西第 38 任总统。新政府成立以来，推行了一系列改革措施，其中科技创新领域的举措尤为引人注目。

新任部长庞特斯十分强调科学和技术对国家战略的重要性，他履职的重任就是要恢复科技创新对巴西国家发展的战略作用。庞特斯在就职演说中提到"科技是发展的先锋，我们有责任让科技成为推动国家成功发展的更好的工具"，他还强调了在与国会和公众对话的过程中得让他们"必须了解科技战略的重要性，协助开展科技工作，提供适当的预算，以便科技能够更好地为巴西的国家发展做出贡献"。[①] 新组建的科技创新通信部对巴西的科技创新工作目标进行重新定位，即：生产更多知识，创造更多财富，为提高巴西人民生活质量做出更大贡献。为了实现上述目标，巴西科技创新通信部出台了一系列促进科技创新的战略和政策，聚焦重点发展的科技领域，并且强化和积极拓展国际科技创新合作。

一　2019年巴西重大科技创新战略与政策

2019 年巴西科技创新领域改革措施由四大方面的重要内容组成，分别是 5G 网络战略、国家物联网计划、"科学进校园计划"以及国家创新政策。

（一）巴西5G 网络战略

2019 年 7 月，巴西科技创新通信部启动了"巴西第五代移动电信网络（5G 网络）战略"的公众咨询。"巴西 5G 网络战略"（Estratégia Brasileira de Redes de Quinta Geração）[②] 旨在展望巴西发展 5G 技术的潜力和机遇，通

---

① "Ministro Marcos Pontes ressalta importância estratégica da ciência e tecnologia para o país, por ASCOM ", 02/01/2019, https://www. mctic. gov. br/mctic/opencms/salaImprensa/noticias/arquivos/2019/01/Ministro_ Marcos_ Pontes_ ressalta_ importancia_ estrategica_ da_ ciencia_ e_ tecnologia_ para_ o_ pais. html.

② Ministério da Ciência e Tecnologia, Inovações e Communicações, Secretaria de Telecomunicações, Departamento de Seviços Telecomunicações, *Estratégia Brasileira de Redes de Quinta Geração (5G)*, Versão para conculta pública, 25/06/2019.

过广泛借鉴全球范围内各国的最佳实践来应对巴西当前面临的挑战，促进巴西建成第五代移动通信服务，用技术进步促进经济增长和提高人们生活质量。该战略分为五个部分的内容：射频、招标和许可、研发和创新、5G 的应用以及 5G 的安全性。当前，巴西全国共有 5G 技术研究人员 61 名，大多数来自东南部相对发达的地区，其中米纳斯吉拉斯州 21 名、圣保罗州 13 名，占总数的 56%。相关研究人员最集中的研究机构是国家电信研究所（Inatel），该机构拥有 17 名 5G 研究人员。①

目前主要支持 5G 研发与创新的政策和法律工具是电信技术发展基金（FUNTTEL）以及信息技术法（Lei de Informática）。其中，电信技术发展基金的组成来源包括：电信服务运营商净收入的 0.5%、语音通话类收入的 1% 以及由电信检测基金（FISTEL）转移的 1 亿雷亚尔。电信技术发展基金支持由巴西国家经济与社会发展银行和创新研究署投资的电信扶持计划和项目，鼓励巴西电信技术的应用研究和产品开发。巴西公共或私人教育或研究机构、电信服务运营商，以及为巴西提供电信产品和服务的企业都可以获得支持。信息技术法则规定，电信类企业必须将每年 5% 的净收入用于支持巴西的信息通信技术研发，其中 1% 用于和巴西的科研机构共同开发研究项目，0.8% 用于和中西部欠发达地区的科研机构联合研发，0.5% 存入巴西的国家科技发展基金（FNDCT）。②

从研发和应用角度看，"巴西 5G 网络战略"明确了政府的工作重心。关于 5G 的研发，鼓励正在进行的研发项目在全球 5G 标准制定的过程中尽可能反映巴西的需求；鼓励与其他国家开展政府间合作，联合征集 5G 技术联合研发项目；通过税收激励机制等政策措施鼓励 5G 技术开发；鼓励建立 5G 技术中心；培育巴西的 5G 生态系统，鼓励巴西的服务供应商和生

---

① Ministério da Ciência e Tecnologia, Inovacões e Communicações, Secreteria de Telecomunicações, Departamento de Seviços Telecomunicações, *Estratégia Brasileira de Redes de Quinta Geração（5G）*, Versão para conculta pública, 25/06/2019. p. 20.

② Ministério da Ciência e Tecnologia, Inovacões e Communicações, Secreteria de Telecomunicações, Departamento de Seviços Telecomunicações, *Estratégia Brasileira de Redes de Quinta Geração（5G）*, Versão para conculta pública, 25/06/2019. p. 22.

产商融入全球生产链中。关于 5G 的应用，优先发展领域为：智能汽车及交通、大数据分析、智能制造、智能医疗和健康产业、智能运营和业务支持系统以及智慧城市。巴西希望通过 5G 技术为国家物联网建设提供解决方案。

（二）国家物联网计划

如果说发展 5G 网络是巴西科技新政的战略基础，那么建立国家物联网则是巴西科技新政的战略目标。2019 年 6 月，巴西发布了"国家物联网计划"（O Plano Nacional de IoT），并设立"国家物联网会议"（Câmara IoT）①。

国家物联网计划是巴西科技创新通信部、经济部和国家经济与社会发展银行共同发起的，是巴西新政府 200 天执政的重点举措之一。国家物联网计划的目标是通过实施物联网解决方案促进人民生活质量和服务效率的提高；促进与数字经济中物联网应用开发和创造就业岗位相关的专业培训；促进创新生态系统的形成，提高生产力水平和巴西的国际竞争力；参与国际标准制定，推动科技创新的国际合作以及巴西物联网解决方案的国际化，最终提高巴西在该领域的国际话语权。巴西将着重在城市、卫生、农业和工业四大领域推广物联网建设，将通过科技创新、国际合作、教育与专业培训、基础设施互联互通、监管以及安全与隐私保护等方面的政策措施来推进国家物联网计划的实施。具体措施包括：建立物联网创新平台、支持建立物联网技术能力建设中心以及国家数字转型检测系统等。②

"国家物联网会议"是为了监督国家物联网计划实施而专门设立的一个咨询机构，由巴西科技创新通信部、经济部、农业部、卫生部和地区发展部

---

① Lucas Lima, "Governo lança Plano Nacional de Internet das Coisas e Câmara IoT", *Tecnoblog*, 16/06/2019, https：//tecnoblog. net/296395/governo – institui – plano – nacional – internet – coisas – iot/.

② André Guskow Cardoso, "IoT – Internet das Coisas – O decreto 9. 854 e o Plano Nacional de IoT", *Migalhas*, 10/07/2019, https：//www. migalhas. com. br/depeso/306003/iot – internet – das – coisas – o – decreto – 9854 – e – o – plano – nacional – de – iot.

的代表参加。执行秘书处由巴西科技创新通信部主管创新创业的副部长主持，该副部长可邀请行业协会代表以及企业和科研机构代表参加会议。"国家物联网会议"的职责是负责监督和评估物联网计划的实施，促进公共与私营实体的合作，讨论行动计划的主题，提出和支持相关项目的行动倡议等等。① 巴西将在每个优先发展的领域设立行业会议的机制。目前"工业4.0会议"和"农业4.0会议"已经成立，"城市"和"卫生"会议将在2020年成立。"工业4.0会议"由30多个政府、企业和科研机构的代表组成，重点讨论技术发展与创新、人力资源、供应链与供应商发展、法规、技术标准化和基础设施。2019年，巴西科技创新通信部委托巴西工业创新研究院（Embrapii）投资800万雷亚尔支持物联网和工业4.0的企业创新项目。②

（三）科学进校园计划

庞特斯计划在任期间拓展科技创新通信部的职能，将注重在年轻人中弘扬科技创新，希望能通过努力将科学知识转化为国家财富，并以此为促进巴西整体的科技发展做出贡献。由巴西科技创新通信部和教育部联合发起、国家科学技术发展理事会（CNPq）和高等教育人才促进会（CAPES）共同参与的"科学进校园计划"③（O Programa Ciência na Escola）于2019年4月正式发布。这也是巴西新政府200天执政的重点举措之一。

"科学进校园计划"的目标是：改善基础教育阶段的科学教育条件；倡导解决问题的教学方式；加强培训以提升基础教育教师的科学素养；激发学生对从事科学职业的兴趣；培养科技领域的青年人才；鼓励有助于改善科学

---

① Lucas Lima, "Governo lança Plano Nacional de Internet das Coisas e Câmara IoT", *Tecnoblog*, 16/6/2019, https：//tecnoblog. net/296395/governo – institui – plano – nacional – internet – coisas – iot/.

② ASCOM, "MCTIC libra R $ 8 milhões para Internet das Coisas e Manufatura 4.0", 01/08/2019, https：//www. mctic. gov. br/mctic/opencms/salaImprensa/noticias/arquivos/2019/08/MCTIC _ libera_ R_ 8_ milhoes_ para_ Internet_ das_ Coisas_ e_ Manufatura_ 40. html.

③ "Introdução do Programa Ciência na Escola", https：//www. ciencianaescola. gov. br/app/ciencianaescola/sobreoprograma.

教学的创新解决方案；鼓励使用新技术和新方法；加强小学、高等教育机构、科研机构与其他创新机构之间的互动，最终促进全社会的科学普及。为了实现上述目标，该计划设立了四项具体措施：一是公开征集"科学进校园计划"的实施机构网络；二是公开征集"科学进校园计划"的研究者；三是推动国家科学奥林匹克计划；四是推动远程科学教育计划。每个措施的具体内容分别为：机构网络征集拟投入 1 亿雷亚尔，支持联邦与地方科研、教育机构组建跨区域的"科技进校园"实施网络。研究者征集计划拟投入 1000 万雷亚尔，用于"科技进校园"项目的研究和评估。国家科学奥林匹克计划在 2019 年吸引 200 万名巴西学生参加，政府投入了 150 万雷亚尔。远程科学教育计划拟投资 300 万雷亚尔，上线 2000 门基础教育课程，鼓励 4000 名优质公立学校科学教师参与，拟每年使 5 万名学生从中受益。①

（四）国家创新政策

巴西政府意识到，当前的科技创新政策框架在促进创新方面作用依然有限。巴西需要改变创新生产力下降的趋势，否则将无法与其他国家竞争，也无法维持本国的经济增长与社会进步。因此，联邦政府努力制定一个长期的国家创新政策（Política Nacional de Inovação，PNI）。2019 年 11 月，巴西科技创新通信部与管理和战略研究中心（CGEE）共同发布了该政策的征求意见稿②。若能通过，该政策将由联邦政府进行统一部署和协调，中央政府将制定明确的量化目标和机制来敦促政策的落实。

国家创新政策的主要目标是指导国家的研发与创新活动形成中长期发展

---

① "Com chamada de R ＄ 100 milhões, MCTIC e Ministério da Educação lançam Ciência na Escola", https：//www.mctic.gov.br/mctic/opencms/salaImprensa/noticias/arquivos/2019/04/Com_chamada_de_R_100_milhoes_MCTIC_e_Ministerio_da_Educacao_lancam_programa_Ciencia_na_Escola.html.

② "MCTIC lança consulta pública sobre a Política Nacional de Inovação, por ASCOM", 08/11/2019, http：//www.mctic.gov.br/mctic/opencms/salaImprensa/noticias/arquivos/2019/11/MCTIC_lanca_consulta_publica_sobre_a_Politica_Nacional_de_Inovacao.html?searchRef=Pol%C3%ADtica%20nacional%20de%20inova%C3%A7%C3%A3o&tipoBusca=expressaoExata.

规划，对经济和社会发展产生预期的影响，促进知识生产并将其转化为社会财富；引导巴西的科学创新创业，将其转化为应对巴西社会主要挑战和需求的创新解决方案，从而为改善巴西人民的生活质量做出贡献，提升巴西经济的生产力和竞争力水平以及在全球范围内建立更加和谐的关系。该政策制定的具体目标是到 2030 年，巴西跻身世界最具创新性的前 20 个国家之列。国家创新政策有六大措施，包括：促进巴西科技进步；鼓励在全社会形成创新创业文化，在国际上树立创新型国家的形象；优化资源配置，多渠道支持对创新活动的投资；培育巴西创新人才；鼓励创新产品和服务市场的发展；完善创新的法治环境。

二 2019年重点领域科技发展动态

（一）航空领域

2019 年，巴西航空工业公司（Embraer S. A.，简称"巴航工业"）迎来成立 50 周年纪念日。作为发展中国家航空制造业卓越成就的标志，巴航工业是全球最大的喷气式支线飞机制造商。2019 年，巴航工业在诸多领域引领了世界航空技术的进步，连续两年位居《巴西创新排行榜》的第一名，被评为最具创新力的巴西企业。

巴航工业发布了首款电动垂直起降飞机概念机（eVTOL），这是以科技创新促进经济发展、提高人民生活质量的重要举措之一。该公司主要基于安全性、乘客体验、经济型以及降低负面影响等理念设计，旨在打造城市的飞行服务。巴航工业旗下的创新机构 EmbraerX 还于 2019 年发布了《飞行计划 2030 白皮书》①。白皮书中提出了空中交通管理概念能够为未来城市空间带来安全的方案，包括传统的直升机、固翼飞机和电动垂直起降机等均将从中

---

① EmbraerX, Atech and Harris Corporation, *Flight Plan 2030: An Air Traffic Management Concept for Urban Air Mobility*, 2019.

受益。该报告认为城市空中交通生态系统的发展将从根本上改变城市交通，改善全球数百万人的生活。为此，巴航工业也在推动全电力演示飞机的研发。2019年8月，巴航工业向公众展示了其正在研发的100%电力驱动演示飞机图片。这架原型机采用了特殊涂装，将很快安装操作系统和其他零部件。未来几个月，巴航工业团队将会在实验室中对飞机整装前的系统进行测试，并准备在真实环境下测试。该架原型机的首飞预计将在2020年内实现。①

（二）信息技术领域

2019年8月，位于里约热内卢的巴西物理研究中心（CBPF）图像处理和人工智能小组公布了一款专注于人工智能（AI）的超级计算机。这台超级计算机名叫SciMining，源于"数据挖掘"这个术语。数据挖掘采用复杂的统计工具、信息处理技术、人工智能和识别模式，其设计便于在不同的环境中使用。这台新机器将会很快被安装在巴西国家石油公司的 Leopoldo Américo Miguez 研究中心，用于该公司岩石物理领域的高级研究。SciMining 由 CBPF 的技术开发协调专家团队在10个月内完成研发。该项目负责人称，这个项目的目标就是用尽可能低的成本提供尽可能多的性能，从而为 AI 服务提供大型集成套件，重新定义传统的 HPC 工作流程以实现科技创新。②

三　2019年巴西国际科技创新合作的进展

新任科技创新通信部部长庞特斯本人在航天科技领域取得的成就本身就

---

① "Embraer Advances in the Development of the Demonstrator Aircraft with Electric Propulsion Technology", 16/08/2019, https：//embraer.com/global/en/news? slug = 1206637 - embraer - advances - in - the - development - of - the - demonstrator - aircraft - with - electric - propulsion - technology.

② "Supercomputador desenvolvido no CBPF será lançado nesta 5a, em curso de IA, na 'XII Escola'", 29/07/2019, http：//portal.cbpf.br/pt - br/ultimas - noticias/supercomputador - desenvolvido - no - cbpf - sera - lancado - nesta - 5a - em - curso - de - ia - na - xii - escola.

是国际科技创新合作的产物，他是由巴西航天局（AEB）与俄罗斯联邦航天局（Roscosmos）合作培养的宇航员，因此尤为重视国际科技创新合作。2019年，巴西在双边与多边合作中都取得了实质性进展。

（一）与中国的合作

2019年5月，巴西副总统莫朗（Hamilton Mourão）访问中国，其间应邀访问了中国空间技术研究院。2019年6月，第三届中巴高级别科技创新对话在巴西利亚举行。双方围绕生物技术、纳米技术、智慧城市、可再生能源、人工智能、大数据、空间技术、农业科技、半导体照明、气候变化、信息通信技术、电动汽车等领域的合作达成了广泛共识，拟制订工作计划推进务实合作，以丰富中巴全面战略伙伴关系的科技内涵。会后双方发布了联合声明。

2019年是中巴建交45周年，两国领导人在年内实现了互访。2019年10月，巴西总统博索纳罗对中国进行国事访问。中国国家主席习近平与博索纳罗进行会谈时强调，要打造合作新高地，把科技创新和数字经济打造成中巴合作新的增长点。博索纳罗表示，希望深化科学技术、航天、体育等重要领域的合作。2019年11月，习近平主席访问巴西并在出席金砖国家领导人峰会时与博索纳罗总统会谈，强调中方支持本国企业积极参与巴西基础设施建设，促进互联互通，推动数字经济、新一代通信、材料科学、生物技术等科技创新领域的合作。

2019年12月，巴西科技创新通信部部长庞特斯访问中国，与中国科技部部长王志刚会晤。双方围绕两国科技创新工作最新进展、加强未来科技合作等议题进行了深入交流。访华期间，庞特斯在现场观摩了中巴地球资源卫星04A星的成功发射。中巴地球资源卫星合作被誉为南南高科技合作的典范。两国元首为中巴联合研制的第六颗卫星的成功发射互致了贺电。

（二）与美国的合作

2019年，巴西在继续与中国开展航天科技合作的同时，与美国在该领域的科技合作也取得了引人注目的进展。2019 年 3 月 18 日，巴西总统博索纳罗访美期间，与美国签署了《阿尔坎塔拉保障协议》。该协议将阿尔坎塔拉发射中心用作商业基地，允许美国和其他国家在阿尔坎塔拉空间中心发射卫星。通过这项协议，巴西有望获得 15 亿雷亚尔的投入并扩建发射场地。[①] 巴西航天局和美国国家航空航天局还签署了一份谅解备忘录，未来两国将发射一颗立方星。[②] 美国和巴西多年来一直努力加深太空领域的科技合作，但由于巴西航天经费紧张，巴美太空合作停滞不前。2019 年，这一合作出现了实质性的进展。

（三）金砖国家合作机制下的多边合作

2019 年 11 月，金砖国家领导人第十一次会晤在巴西首都巴西利亚举行。作为轮值主席国，巴西将此次金砖峰会的主题设定在科技创新合作上，以 "经济增长打造创新未来" 为主题，此项提议得到了各方支持。本届峰会的具体议题包括加强科技创新合作、推动数字经济合作、打击有组织犯罪等。其中排在首位的优先议题便是 "加强科技创新合作"，这体现了五国领导人对于科技创新的重视，也赋予了金砖五国科技部门更大的责任。在当前全球贸易保护主义和单边主义升温的情况下，金砖国家有必要聚焦科技创新促进经济增长，通过科技创新合作更好地打造金砖合作第二个 "金色十年"。同年 9 月，在巴西圣保罗州坎皮纳斯市还举行了第七届金砖国家科技创新部长级会议。会议重点讨论了金砖国家科技创新政策、优先发展领域的进展、科技创新框架计划等议题，并发表了《坎皮纳斯宣言》和《金砖国家科技创新工作计划（2019～2022 年）》。巴西科技创新通信部部长庞特斯

---

① "Senado Federal aprova Acordo de Salvaguardas Tecnológicas Brasil – Estados Unidos", 12/11/2019, http：//www. mctic. gov. br/mctic/opencms/salaImprensa/noticias/arquivos/2019/11/Senado_ Federal_ aprova_ Acordo_ de_ Salvaguardas_ Tecnologicas_ Brasil_ _ Estados_ Unidos. html? searchRef = ast&tipoBusca = expressaoExata.

② "Brasil e Estados Unidos firmam acordo para desenvolver nanossatélite", 26/03/2019, http：// www. aeb. gov. br/brasil – e – estados – unidos – firmam – acordo – para – desenvolver – nanossatelite/.

在会议上说，此前金砖国家的科技创新合作进行了大量前期准备工作，现在进入了收获成果阶段。他表示，巴西计划大力推进科技创新，希望金砖国家未来的科技创新合作能更加广泛和深入。①

（四）巴西加入"全球生物多样性信息平台"

2019 年 10 月，巴西正式成为"全球生物多样性信息网络"（GBIF）成员。全球生物多样性信息平台由 60 个国家及地区组成，维护着一个开放的国际数据库，该数据库致力于共享地求生物多样性的信息，包括来自博物馆、植物标本室、生物馆藏以及从科研项目中获得的物种记录信息等。巴西是世界上生物种类最丰富的国家，拥有 4 万多种植物和 11 万多种动物。巴西参与该平台有助于巴西科研人员在获取和共享生物多样性信息方面受益，也有利于对巴西生物多样性的保护。②

四 2019年巴西科技创新发展的总体评析及未来展望

2019 年是博索纳罗新政府执政的第一年。巴西科技部门在与科技界人士的共同努力下，克服了科技预算下降、拨款被冻结和资源有限的困难，并制订了战略发展计划，旨在为巴西创造财富、为人民生活质量的提升做出贡献。总体来说，2019 年是巴西科技充满突破的一年，取得了一系列成就，包括：巴西为第五代通信技术（5G）上市铺平了道路；为国家物联网的发展绘制了蓝图，它将连接巴西的工业、农场和家庭；巴西重视科学普及，开展了"科学进校园计划"，将科学知识带进巴西青少年的日常生活；通过

---

① 《第七届金砖国家科技创新部长级会议在巴西举行》，21/09/2019，http：//www. xinhuanet. com/world/2019－09/21/c_ 1125023297. htm。

② "Brasil se torna membro pleno da Plataforma Global de Informações em Biodiversidade"，30/10/2019，https：//www. mctic. gov. br/mctic/opencms/salaImprensa/noticias/arquivos/2019/10/Brasil _ se _ torna_ membro_ pleno_ da_ Plataforma_ Global_ de_ Informacoes_ em_ Biodiversidade. html。

"巴西互联"（Conecta Brasil）为贫困边远地区的学校提供互联网接入服务；巴西建成了"天狼星同步加速器"（Sirius），这是该国最复杂的大型科学基础设施，也是世界上第一批第4代同步加速器之一，该加速器已开始运行，将极大地提升巴西的科学研究水平；中巴地球资源卫星04A星成功发射，将更好地满足两国在国土资源勘察、环保监测、气候变化研究、农作物分类与估产等领域的需求；巴西国会批准与美国签订的《阿尔坎塔拉保障协议》，该计划将阿尔坎塔拉发射中心用作商业基地，有助于促进巴西航天工业的发展。

在取得进展的同时，巴西科技的发展依然面临不少困难与挑战，其中最大的挑战就是经费不足。整体而言，巴西经济目前增长依然乏力，新政府自2019年1月执政以来，面临严峻的经济问题。2019年第一季度，受矿业发展受挫、农牧业不景气、国内投资低迷等因素的影响，巴西国内生产总值环比萎缩0.2%，这也是巴西经济自2016年第四季度以来首次出现季度萎缩。在此背景下，2019年3月29日，巴西政府宣布冻结科技创新通信部42%的预算，将国会批准拨款的51亿雷亚尔削减至29亿雷亚尔，这是2006年以来该部门的最低预算，包括在坎皮纳斯新建的"天狼星同步加速器"设施在内的科技基础设施建设受到影响。[①] 此外，政府还削减了教育部25%的预算，约58亿雷亚尔。[②] 5月，巴西民众聚集在各地，抗议政府削减教育和科学经费。巴西科学家因担心项目延误、研究努力浪费、竞争力丧失和人才流失而处于紧张状态。科研预算的削减还威胁着由国家科学技术发展理事会设立的8万多份科学奖学金，年轻研究人员的薪酬受到影响，甚至面临生存问题。许多科研人员为了个人发展不得不离开巴西，留下的科研人员也只能保

---

① "Corte orçamentário de 42% em ciência e tecnologia preocupa entidades", 03/04/2019, https：//www1. folha. uol. com. br/ciencia/2019/04/corte – orcamentario – de – 42 – em – ciencia – e – tecnologia – preocupa – entidades. shtml.

② "Orçamento da Educação sofre corte de R $ 5, 83 bilhões", 02/04/2019, https：//www. andes. org. br/conteudos/noticia/orcamento – da – educacao – sofre – corte – de – r – 5 – 83 – bilhoes1.

证实验室最基本的运转。① 8 月，总部设在圣保罗的巴西科学促进会
（SBPC）与该国其他97个研究和学术机构一起发起了在线请愿书，要求政
府帮助国家科学技术发展理事会履行其资助承诺。总之，预算冻结令导致的
结果与庞特斯的施政目标截然相悖。尽管庞特斯所领导的新一届巴西科技创
新通信部拥有雄心壮志，力图通过大力推进科技创新来促进巴西的经济社会
发展，但是在研究经费锐减的情况下，一系列战略和改革政策措施能否得以
落实、科技新政的宏伟蓝图未来能否实现、巴西究竟能否依靠科技创新实现
质的飞跃尚未可知。

---

① "Sem liberação de verba, pagamento das 80 mil bolsas do CNPq só chega ao 5° dia útil de
setembro", https：//oglobo. globo. com/sociedade/sem – liberacao – de – verba – pagamento – das –
80 – mil – bolsas – do – cnpq – so – chega – ao – 5 – dia – util – de – setembro – 23908326.

Y.11

历史性倒退：
2019年博索纳罗政府环境政策评析[*]

〔巴西〕Alexandre Pereira da Silva　程　晶[**]

摘　要： 2019年系博索纳罗执政首年。在总统博索纳罗和环境部长萨利斯的领导下，为了促进农业企业、矿业等行业的经济发展，博索纳罗政府在环境问题上采取了消极的态度，对内改革环境部并弱化其职能，架空环境监管机构，弱化环境监察力度，审查和调整自然保护区，姑息亚马逊地区的毁林和采矿，放宽农药使用许可，鼓励开发原住民保护区土地；对外放弃举办第25届联合国气候变化大会并试图退出《巴黎协定》，批评亚马逊基金，恶化了巴西与欧洲国家特别是与挪威和德国的关系。博索纳罗政府所采取的一系列环境政策呈现历史性倒退，一改巴西过去三十多年来积极主动的环保立场，严重损害了巴西的国际环境形象。面对国内外社会的严厉批评，博索纳罗政府的环境立场并未发生根本转变，未来巴西的环境状况令人担忧。

关键词： 巴西　环境政策　博索纳罗政府　亚马逊火灾

---

* 本文系国家社会科学基金冷门绝学国别史专项项目"巴西现代化进程中环境治理的历史考察（1930~2010）"（2018VJX093）阶段性成果。

** 〔巴西〕Alexandre Pereira da Silva，法学博士，武汉大学中国边界与海洋研究院研究员；程晶，历史学博士，湖北大学历史文化学院、巴西研究中心副教授，中华文化发展湖北省协同创新中心、国家领土主权与海洋权益协同创新中心、国务院侨务办公室侨务理论研究武汉基地副研究员。

一 引言

有"热带特朗普"之称的社会自由党候选人雅伊尔·博索纳罗（Jair Bolsonaro）于 2018 年 10 月 28 日当选巴西第 38 任总统；2019 年 1 月 1 日正式宣誓就职，任期 4 年。执政首年，博索纳罗新政府一改巴西过去三十多年来积极主动的环保立场，对环境问题采取了消极的态度，在环境政策方面呈现历史性倒退，引起了国内外社会的严厉批评。

早在竞选期间，作为总统候选人的博索纳罗对环境问题的消极态度便已公开化。例如，他曾提议取消环境部，将其并入农业部；弱化环境监管机构特别是巴西环境与可再生资源研究所（IBAMA）的监管职能；放宽农药使用许可；鼓励对原住民保护区特别是印第安人和基隆博拉人（quilombolas）（非裔奴隶后代）保护区土地进行经济开发；认为现有的环境许可规则阻碍了经济发展，希望放宽环境许可规则；流露出退出《巴黎协定》的意愿；等等。① 竞选期间，博索纳罗提出"巴西优先、上帝至上"（Brasil acima de tudo，Deus acima de todos）的竞选口号，积极向选民宣传其施政纲领。但是，其长达 80 多页的竞选方案中并没有直接涉及环境问题，环境问题不在其施政的重点议题之列。此外，竞选期间，作为总统候选人的博索纳罗获得了巴西农业企业的大力支持。众多周知，巴西农业企业经常违反环保法律，认为巴西的环境立法过于僵化且对违法行为的惩罚过于严厉，视环境立法为巴西农业企业发展的阻碍之一。

基于竞选期间博索纳罗本人对于环境问题的消极态度及其环境主张，我们不难理解博索纳罗执政首年在环境政策上的倒退。这一倒退并不令人惊讶，相反完全可以预见。2019 年巴西环境政策的出台主要是在博索纳罗总统以及

---

① Greenpeace Brasil，"Eleições 2018：presidenciáveis apresentam propostas contra o meio ambiente"，03/04/2020，https：//www. greenpeace. org/brasil/blog/saiba - quem - e - o - novo - ministro - do - meio - ambiente/.

环境部长萨利斯的领导下进行的，同时农业部和外交部参与其中。因此，下文将从对内和对外两个层面分析2019年博索纳罗新政府制定的环境政策及其影响，从中认识博索纳罗新政府对环境问题的消极态度和倒退表现。

二　2019年博索纳罗新政府的国内环境政策

（一）改革环境部并弱化其职能

上文提及，竞选总统期间，博索纳罗曾提议取消环境部，将其并入农业部。但是，2019年上台执政伊始，鉴于国内外的反对声音以及此举将会带来的负面影响，博索纳罗新政府并没有立即取消环境部，而是对其进行机构改革，弱化其职能。

在环境部长的人选上，博索纳罗最终选择了萨利斯担任环境部长。此前萨利斯曾担任圣保罗州环境秘书长。在担任秘书长仅一年的时间里，萨利斯被指控犯有行政不当行为，并被圣保罗法院裁定罪名成立，原因是他参与了非法更改铁特河瓦尔泽自然保护区（Área de Proteção Ambiental da Várzea do Rio Tietê）的管理区划，以便为某些公司谋取利益。作为博索纳罗总统核心团队的成员之一，萨利斯与其他许多成员一样，主张放松环境管理规定，使其灵活化，[①] 以便促进巴西农业企业的发展。

上任伊始，萨利斯根据博索纳罗的指示，对环境部进行了机构调整，弱化了其职能。一方面，撤销了气候变化和森林秘书处（Secretaria de Mudanças do Clima e Florestas，SMCF），认为关于全球变暖的讨论无关紧要。[②] 另一方面，将环境部的两个重要机构——国家水利局和巴西森林服务

---

① Greenpeace Brasil, "Saiba quem é o novo ministro do meio ambiente", 03/04/2020, https://www.greenpeace.org/brasil/blog/saiba-quem-e-o-novo-ministro-do-meio-ambiente/.

② Thais Bilenky, "Discussão sobre aquecimento global é secundária, diz futuro ministro do Meio Ambiente", 03/04/2020, https://www1.folha.uol.com.br/ambiente/2018/12/discussao-sobre-aquecimento-global-e-secundaria-diz-futuro-ministro-do-meio-ambiente.shtml.

局——划入其他部委。其中，国家水利局（Agência Nacional de Águas，ANA）被划入区域发展部（Ministério do Desenvolvimento Regional），巴西森林服务局（Serviço Florestal Brasileiro，SFB）则被划入农业部。农业部长特蕾莎·克里斯蒂娜（Tereza Cristina）是巴西国会中农业利益集团的代表人物；巴西森林服务局负责人瓦尔迪尔·科拉托（Valdir Colatto）是前联邦议员，倾向于保护农场主利益，经常批评农村土地中绿地保留面积过大。担任议员期间，他曾经负责原住民保护区土地改造项目。[①] 上述两个机构的撤销，使环境部遭受重创，力量缩减，职能弱化。

此外，环境部的主要咨询机构——国家环境委员会（Conselho Nacional do Meio Ambiente）被大幅调整。国家环境委员会由环境部长直接领导和管理，是巴西国家环境系统中的咨询和审议机构，采取集体决策的方式，其成员主要由联邦、州政府机构代表和民间社会代表组成，其职责主要包括：对潜在的污染活动制定许可标准，确定开展替代方案研究，对公共和私人项目可能产生的环境影响进行研究，评估环境政策和环境标准的实施和执行情况。在本次机构调整中，国家环境委员会的成员总数被大幅缩减，由 96 个减至 23 个；其成员构成也被调整，州政府机构代表和非政府组织代表被排除在外，同时奇科门德斯生物多样性保护研究所（Instituto Chico Mendes de Conservação da Biodiversidade）等一些联邦政府机构代表也被排除在外。[②] 需要强调的是，经过此次调整，民间力量在国家环境委员会中的参与大幅减少。

---

① André Trigueiro，"15 pontos para entender os rumos da desastrosa política ambienta do governo Bolsonaro"，03/04/2020，https：//g1. globo. com/natureza/blog/andre – trigueiro/post/2019/06/03/15 – pontos – para – entender – os – rumos – da – desastrosa – politica – ambiental – no – governo – bolsonaro. ghtml.

② Ingrid Soares，"Decreto de Bolsonaro reduz composição do Conama de 96 para 23 conselheiros"，03/04/2020，https：//www. correiobraziliense. com. br/app/noticia/politica/2019/05/29/interna _ politica，758531/decreto – de – bolsonaro – reduz – composicao – do – conama – de – 100 – conselheiros – pa. shtml.

（二）调整自然保护区

萨利斯担任环境部长之后采取的另一项令人惊讶的措施是提议对全国一共设立的 334 个联邦自然保护区进行审查，审查对象上至巴西最早建立的国家公园——伊塔蒂亚亚国家公园（Parque Nacional de Itatiaia）（建于 1937年），下至新近建立的蓝金刚鹦鹉野生动物保护区（Refúgio da Vida Silvestre da Ararinha Azul）（建于 2018 年）。萨利斯认为，自然保护区的建立"没有技术标准"，他可能会对其布局进行调整，甚至加以撤销。① 此项提议引发了环保人士的不满。

巴西国土上的自然保护区分为两大类型：可持续利用保护区和全面保护区。可持续利用保护区是指在保护区内使环境保护与自然资源的可持续利用相协调；全面保护区只允许间接利用保护区内的自然资源，农业、畜牧业、采矿业、渔业、资源开采等经济活动均被禁止，旨在更好地保护生态环境。然而，巴西许多农场主、牧场主、采矿者、伐木者等人对在全面保护区内推行经济活动抱有极大的兴趣。

萨利斯审查、调整自然保护区的提议与博索纳罗撤销塔莫奥斯生态站（Estação Ecológica de Tamoios）的想法一致。塔莫奥斯生态站建于 1990 年，属于管理最为严格的全面保护区，仅允许在生态站内进行科学研究，禁止开展潜水、航海、建筑、捕鱼等活动。该生态站占据里约热内卢大岛（Ilha Grande，Angra dos Reis，Rio de Janeiro）5.7% 的海湾面积，覆盖多个岛屿、小岛和岩石。目前，塔莫奥斯生态站所在区域至少有 10 种海洋物种濒临灭绝，② 同时该区域也是房地产市场的投机对象。2019 年 10 月，博索纳罗在访问沙特阿拉伯时提议沙特主权财富基金对这一地区进行投资，参照墨西哥

---

① Daniele Bragança, "Ricardo Salles quer rever todas as Unidades de Conservação federais do país e mudar SNUC", 03/04/2020, https：//www. oeco. org. br/noticias/ricardo – salles – quer – rever – todas – as – unidades – de – conservacao – federais – do – pais – e – mudar – snuc/.

② Icmbio, "Estação Ecológica de Tamoios", 03/04/2020, https：//www. icmbio. gov. br/ esectamoios/.

图1 巴西全国自然保护区分布

注：黑色为巴西自然保护区，白色为巴西行政区划。

资料来源："O Brasil acabou？" https：//www.ecoamazonia.org.br/2014/10/brasil – acabou/。

著名的旅游胜地——坎昆，将该地区打造为一个"新坎昆"（nova Cancún）。① 博索纳罗的这一提议在巴西国内遭到极大的批评。根据巴西法律，自然保护区的开发模式需要与其宗旨保持一致，即优先考虑生态环境的保护并尊重保护区内的传统社区；如要变更和撤销自然保护区，只能由国会通过立法方式进行。

尽管存在反对声音和法律障碍，萨利斯领导的环境部仍在2019年准备通过技术研究来减少自然保护区的数量，其首先瞄准的是在区域范围内拥有联邦公路、铁路、港口和机场的自然保护区。环境部的这一措施获得了公共服务特许经营者和基础设施部的支持。其认为，在基础设施建设过程中，环境研究的开展将会产生额外的成本并延误工程进度。然而，环保人士却担心，在基础设施建设过程中，如果不对其进行潜在的环境影响评估，那么其

---

① Ricardo Senra，"Bolsonaro quer revogar decreto ambiental e usar dinheiro saudita para criar 'Cancún brasileira' em Angra"，03/04/2020，https：//www.bbc.com/portuguese/geral – 50229887.

将会危及生态环境。①

　　除了审查、调整自然保护区外，博索纳罗新政府还试图取消法定的自然保护区。在巴西，自然保护区的建立要求在私有土地上保留固定比例的原生植被。根据要保护的生物群落，该比例为20%～80%。博·索纳罗执政后，2019年4月，博索纳罗的长子、担任参议员的弗拉维奥·博索纳罗（Flavio Bolsonaro）提出了一项提案（PL 2362/2019），建议取消农村地区法定的自然保护区，认为这些自然保护区阻碍了农业企业的扩张。该项提案旨在允许农业生产者尤其是亚马逊州的农业生产者扩大农业生产活动。② 专家称，如果该项提案获得批准，巴西遭受损毁的植被面积将达到1.67亿公顷左右，占巴西原生植被总面积的30%。③ 此项提案在巴西国内引发了极大的争议。2019年9月，一份发表在国际权威杂志上的论文阐释了建立和维持自然保护区的好处。该文强调，自然保护区的建立和维持为土地所有者和整个社会的发展带来了一系列好处，包括：有利于调节全球气候和水资源；进行授粉和生物控制；带来一定的经济效益，比如提供娱乐服务或者进行可持续的自然作物采摘活动等。④

①　André Borges, "ONGs criticam decisão de reduzir unidades de conservação ambiental", 03/04/2020, https：//exame. abril. com. br/brasil/ongs – criticam – decisao – de – reduzir – unidades – de – conservacao – ambiental/.

②　Rodrigo Baptista, "Projeto acaba com a reserva florestal obrigatória em propriedades rurais", 03/04/2020, https：//www12. senado. leg. br/noticias/materias/2019/04/23/projeto – acaba – com – a – reserva – florestal – obrigatoria – em – propriedades – rurais.

③　Danielle Brant, "Projeto de Flávio Bolsonaro quer fim da reserva legal em propriedades rurais", 03/04/2020, https：//www1. folha. uol. com. br/ambiente/2019/04/projeto – de – flavio – bolsonaro – quer – fim – de – reserva – legal – em – propriedades – rurais. shtml.

④　Jean Paul Metzger, Bustamante, Mercedes, Ferreira, Joice, Fernandes, Geraldo Wilson, Libran – Embid, Felipe, Pilar, Valério, Prist, Paula, Rodrigues, Ricardo Ribeiro, Vieira, Ima Célia, Overbeck, Gerhard, 407 scientist signatories (including 391 PhD researchers from 79 Brazilian research institutions), "Why Brazil Needs Its Legal Reserves", *Perspectives in Ecology and Conservation*, Vol. 17, No. 3, 2019, pp. 91 – 103.

（三）弱化环境监察力度

2019 年，环境部长萨利斯上任后推动的另一项环境举措是弱化巴西环境与可再生资源研究所等环境监管机构的职能，削弱环境监察，此举成为博索纳罗新政府所采取的最具争议的环境措施之一。该举措无疑助长了巴西国内的环境犯罪行为，给巴西的环保事业带来了极大的消极影响。

其中，巴西主要的环境监管机构巴西环境与可再生资源研究所来自各州的领导，几乎全部被萨利斯罢免，但是他没有任命新的继任者，导致该研究所环境监管行动无法正常开展，部门之间缺乏协调，效率低下。2019 年，巴西环境与可再生资源研究所开具的环境罚单数量比 2018 年减少了 34%，为过去 24 年来最低值。[①] 同时，该研究所执法人员的执法行为遭到联邦政府的干涉和阻挠，被勒令停止销毁违法分子非法伐木的设备，虽然该销毁程序符合法律规定。基于此，虽然法律仍然有效，但是研究所执法人员从这时起不再对违法分子非法伐木的设备进行销毁。[②] 另外，联邦政府规定，针对毁林犯罪行为，监察机关在执法前需要对外公布监察人员的执法地点。此举虽然可以起到警告毁林犯罪分子的作用，但是暴露了监察人员的行踪，不仅增大了其成为犯罪分子袭击目标的风险，也违背了对监察机关行动绝对保密的安全协议，不利于监察行动的开展，因为监察行动的成功在很大程度上取决于出其不意。[③]

此外，在萨利斯的领导下，巴西环境部于 2019 年 4 月颁布了 9.760 号法令，在此基础上创建了环境调解中心（Núcleo de Conciliação Ambiental），

① Bahia ba, "Índice de multas ambientais cai 34% e chega ao menor nível em 24 anos", 03/04/2020, https://bahia.ba/brasil/indice - de - multas - ambientais - cai - 34 - e - chega - a - menor - nivel - em - 24 - anos/.

② Fabiano Maiosonnave, "Bolsonaro desautoriza operação em andamento do Ibama contra madeireira ilegal em RO", 03/04/2020, https://www1.folha.uol.com.br/ambiente/2019/04/bolsonaro - desautoriza - operacao - em - andamento - do - ibama - contra - madeira - ilegal - em - ro.shtml.

③ Folha de S. Paulo, "Ibama avisa em seu site onde serão as ações de fiscalização", 03/04/20202, https://www1.folha.uol.com.br/ambiente/2019/05/ibama - avisa - em - seu - site - onde - serao - as - acoes - de - fiscalizacao.shtml.

负责审查、监管环境罚款。即使违法者没有提出上诉，该中心也有权变更或者撤销巴西各地监察人员所开具的环境罚单，在一定程度上姑息了环境犯罪行为。萨利斯认为，环境罚款已经成为"生产部门的负担"，而且巴西环境与可再生资源研究所监察人员行事主观。萨利斯与博索纳罗的观点一致。博索纳罗担任议员期间曾将巴西环境与可再生资源研究所讥讽为"罚款部门"①。他曾于2012年因在塔莫奥斯生态站违规捕鱼而被罚款，最终通过动用资源以及使用行政手段避免了此次罚款。2019年3月，环境与可再生资源研究所负责博索纳罗罚款事件的监察人员被萨利斯免去领导职务；6月，该研究所表示，博索纳罗的罚款规定已经作废，不可能再对其征收罚款。②

（四）助长亚马逊地区毁林

2019年，巴西亚马逊地区的大火和毁林问题严重，引发了国际社会的广泛关注和批评。根据巴西国家空间研究院（Instituto Nacional de Pesquisas Espaciais，INPE）公布的数据，2019年亚马逊地区的毁林数量比2018年增长了85.3%，9165.6平方公里的森林惨遭破坏，这是该地区过去5年来最严重的毁林表现。③

早在2019年7月国家空间研究院在一份研究报告中就指出，6月亚马逊地区的森林面积减少了920平方公里，比上年同期的毁林面积增加了88%。这一毁林数据的披露在总统博索纳罗、萨利斯领导的环境部和国家空间研究院之间引发了一场危机。博索纳罗总统对国家空间研究院公布的这些毁林数据进行攻击，称这些毁林数据"可疑""很奇怪"，指控国家空间研

---

① Felipe Betim, "Bolsonaro neutraliza o papel do Ibama na aplicação de multas ambientais", 03/04/2020, https：//brasil. elpais. com/brasil/2019/04/11/politica/1555009346_ 229285. html.

② G1, "Servidor do Ibama que multou Bolsonaro por pesca irregular é exonerado de cargo de chefia", 03/04/2020, https：//g1. globo. com/natureza/noticia/2019/03/29/ibama - exonera - servidor - que - multou - bolsonaro - por - pesca - irregular. ghtml.

③ Deutsche Welle, "Desmatamento na Amazônia cresce 85% em 2019", 03/04/2020, https：// www. dw. com/pt - br/desmatamento - na - amaz% C3% B4nia - cresce - 85 - em - 2019/a - 52006186.

究院可能操纵毁林数据，使他的政府看起来很糟糕；他说他将立即解雇任何提供他认为"可疑"的毁林数据的官员。[①] 环境部长萨利斯指出，国家空间研究院在数据收集中存在瑕疵。面对总统和环境部长的批评和攻击，国家空间研究院院长里卡多·加尔万（Ricardo Galvão）做出了回应和反击，坚称国家空间研究院监测的毁林数据没有问题。最后，加尔万被博索纳罗总统撤职。[②] 加尔万因敢于反对政府、捍卫科学而被《自然》杂志评选为 2019 年度十大科学人物之一。[③]

2019 年亚马逊地区毁林的增加一方面源于上文提及的博索纳罗新政府所采取的一系列环境政策，包括弱化环境部职能、架空环境监管机构、弱化环境监察力度、容忍环境犯罪行为等。这些举措极大地助长了环境破坏行为，包括导致亚马逊地区焚烧和毁林的增加。农牧民、伐木者、抢占公地者等群体与亚马逊地区的毁林息息相关，他们是博索纳罗竞选期间的支持者。在上述环境政策出台后，这些群体的毁林行动更加有恃无恐且未受到应有的处罚。另一方面源于亚马逊地区火灾数量的增加。亚马逊地区的火灾早已有之，并不是什么新鲜事。但是，2019 年 8 月在北部帕拉州（Pará）发生的一系列火灾则是一群农业生产者和抢占公地者蓄意策划的行动。8 月 10 日，他们在当地发起了"火烧日"（Dia do fogo）行动。当天，仅在帕拉州新进市（Novo Progresso）就发生了 124 起火灾，比前一天增加了 300%，附近的其他几个城市火灾也有类似增加。[④] 在"火烧日"到来的前两天，联邦检察院（Ministério Público Federal）已收到火灾行动警报，并发送给相关部门，要求加强对自然保护区的监督，但是最终不了了之。随后，环境部长萨利斯

① Mauricio Savarese, "Brazil president threatens officers over deforestation data", August 2, 2019, https：//apnews.com/28b907ed49e7439c918ec58ca527fc57.

② Herton Escobar, "Brazilian president attacks deforestation data", *Science*, vol. 365, no. 6452, 2 August 2019, p. 419.

③ Nature, "Nature's 10: Ten people who mattered this year", *Nature*, Vol. 576, 19 – 26 December 2019, pp. 361 – 372.

④ Leandro Machado, "O que se sabe sobre o 'Dia do Fogo', momento – chave das queimadas na Amazônia", 03/04/2020, https：//www.bbc.com/portuguese/brasil – 49453037.

承认，政府部门在"火烧日"行动之前就已收到火灾行动警报，但是没有采取措施加以阻止。[1] 亚马逊地区的火灾不断蔓延，其严重程度引发了国际社会的强烈反响。法国总统马克龙在社交网络上发文批评说："我们的家园正在被燃烧。亚马逊雨林是'地球之肺'，为全球提供20%的氧气，如今它却正被大火燃烧。这是一场国际危机。"对此，博索纳罗在推特上回复道："对于马克龙总统试图利用巴西及其他亚马逊国家的国内问题来寻求个人政治利益的做法，我表示遗憾。他提到亚马逊时耸人听闻的语气（甚至用虚假照片）对解决该问题毫无帮助。"考虑到火灾产生的重大国际影响和对巴西农业出口可能造成的消极影响，博索纳罗总统最终授权并派遣武装部队赴亚马逊地区开展灭火工作。[2]

（五）鼓励开发原住民土地

原住民土地问题是2019年博索纳罗新政府关注的重点问题之一。博索纳罗新政府从发展经济的目的出发，鼓励在原住民土地上进行采矿等经济活动。目前，在巴西原住民土地上分布着成千上万个矿区，特别是在帕拉州（Pará）、朗多尼亚州（Rondônia）和罗赖马州（Roraima）。受经济利益驱使，前往原住民土地进行非法采矿的人数众多。在亚马逊地区，最受关注的采矿区之一是国家铜矿保护区（Reserva Nacional do Cobre e Associados）。该保护区建于1984年，拥有约46000平方公里的保护林、8个自然保护区和2块原住民土地，其中一些自然保护区属于全面保护区，不允许在保护区内进行任何采掘行动。2017年，时任总统特梅尔为了发展经济试图取消国家铜矿保护区，最后因公共舆论的巨大压力只好放弃。2019年博索纳罗上台后表示，他打算发展亚马逊地区的经济，计划允许在

---

① Leandro Machado, "O que se sabe sobre o 'Dia do Fogo', momento – chave das queimadas na Amazônia", 03/04/2020, https：//www. bbc. com/portuguese/brasil – 49453037.

② Sabrina Rodrigues, "Retrospectiva：aumento do desmatamento fez Amazônia pegar fogo em 2019", 03/04/2020, https：//www. oeco. org. br/noticias/retrospectiva – aumento – do – desmatamento – fez – amazonia – pegar – fogo – em – 2019.

该地区进行矿物勘探。① 2019 年 9 月，联邦政府颁布了一项法案，涉及对在原住民土地上开展经济活动的相关法律进行修订，规范相关的经济活动，并对所涉及的原住民社区制定补偿方案。需要强调的是，这一方案的制定并未让原住民社区参与其中。② 此项法案于 2020 年 2 月提交给国会，引起了极大的争议。国会主席发表声明称该项提案不是优先事项，短期内不予受理。③

除了非法采矿者外，原住民土地还面临非法伐木者的入侵。由于博索纳罗政府对原住民土地上的毁林行为未采取处罚措施，2019 年原住民土地上的毁林数量急剧增加，其中伐木者负有主要责任。根据巴西国家空间研究院于 2019 年 11 月发布的数据，巴西原住民土地上的毁林数量比 2018 年同期增加了 65%，从 260 平方公里攀升至 430 平方公里，为过去 10 年来的最高值。④

原住民土地问题除了与采矿、伐木等经济活动相关外，还牵涉原住民社区保护问题，其中原住民土地划界行动备受关注。从 2011 年罗塞夫政府起，原住民土地划界行动一直进展缓慢，原住民保护区建设举步维艰。博索纳罗执政之初，原住民土地划界行动则完全停止。博索纳罗政府明确反对推进原住民土地划界行动，对于原住民保护区建设并不重视；博索纳罗总统本人毫不掩饰其对原住民的蔑视态度。竞选期间，博索纳罗将原住民比作动物园里的动物，他表示不会为印第安人和基隆博拉人划出"多 1 厘米"的保护区。

① Afonso Benites，"Bolsonaro estuda reeditar decreto de Temer que permite explorar minério em reserva da Amazônia"，03/04/2020，https：//brasil. elpais. com/brasil/2019 - 12 - 12/bolsonaro - estuda - reeditar - decreto - de - temer - que - permite - explorar - minerio - em - reserva - da - amazonia. html.

② Cristiane Prizibiszcki，"Mineração em terras indígenas：a proposta do governo Bolsonaro em 10 perguntas e respostas"，03/04/2020，https：//www. oeco. org. br/reportagens/mineracao - em - terras - indigenas - a - proposta - do - governo - bolsonaro - em - 10 - perguntas - e - respostas/.

③ Daniele Bragança，"Maia diz que momento não é adequado para discutir mineração em terras indígenas"，03/04/2020，https：//www. oeco. org. br/noticias/maia - diz - que - momento - nao - e - adequado - para - discutir - mineracao - em - terras - indigenas/.

④ Cristiane Prizibiszcki，"Desmatamento em terras indígenas sobe 65% e alcança maior cifra em 10 anos"，03/04/2020，https：//www. oeco. org. br/reportagens/desmatamento - em - terras - indigenas - sobe - 65 - e - alcanca - maior - cifra - em - 10 - anos/.

图2 巴西全国原住民土地分布

注：灰色为巴西原住民土地，白色为巴西行政区划。

资料来源："O Brasil acabou?" https：//www. ecoamazonia. org. br/2014/10/brasil – acabou/。

2019年9月，博索纳罗在第74届联合国大会一般性辩论的开幕式发言中重申了这一立场，并再次批评原住民保护组织。① 执政之初，博索纳罗为了取悦农业利益集团，曾试图收回全国印第安人基金会（Fundação Nacional do Índio）监督原住民土地划分的权力，最后由于联邦最高法院的裁决而被阻止。②

由于博索纳罗新政府对原住民权利的漠视和对原住民土地开发的鼓励，入侵原住民土地的事件不断增加，原住民生存状况受到威胁。2019年9月一共报告了153起入侵原住民土地的案件，比2018年增加了一倍。这些入侵基本上与非法采矿者和伐木者有关。同时，2019年被谋杀的原住民领袖

① Gustavo Faleiros, Nascimento, Fabio, "Sob Bolsonaro, invasões de terras indígenas superam 2018", 03/04/2020, https：//piaui. folha. uol. com. br/sob – bolsonaro – invasoes – de – terras – indigenas – superam – 2018/.

② Instituto Humanitas Unisinos, "Os 5 principais pontos de conflito entre governo Bolsonaro e indígenas", 03/04/2020, http：//www. ihu. unisinos. br/78 – noticias/595983 – os – 5 – principais – pontos – de – conflito – entre – governo – bolsonaro – e – indigenas.

和原住民数量均有所增加。其中，被谋杀的原住民领袖从 2018 年的 2 例增至 2019 年的 7 例，为过去 11 年来的最高纪录。[①]

（六）放宽农药使用许可

农业是巴西经济发展的支柱产业，而农业企业是连接农民、农业产业基地和市场的载体，直接关系农业产业的兴衰和农业经济的发展。农业企业是博索纳罗竞选期间的重要支持者，也是其执政的重要依靠力量。为了促进农业企业的发展，2019 年博索纳罗执政以后，不仅鼓励开发原住民土地、调整甚至取消自然保护区，而且放宽农药使用许可。

2005 年以来，巴西农业部批准使用的农药产品数量一直保持高速增长。2019 年，批准使用的农药产品数量一共为 474 种，为 15 年来的峰值（见图3），[②] 其中一些农药产品的使用不仅污染了生态环境，也极大地危害了人体健康，而这些农产品主要出口中国。巴西布坦塔研究所（Instituto Butantã）对巴西广泛使用的 10 种农药产品进行了分析，发现这些农药含有剧毒。2019 年 9 月，巴西批准使用的农药产品中含有 96 种有效成分，其中很多成分早已经被其他国家禁止使用。例如，在这 96 种成分中，欧盟禁止使用的有 28 种，澳大利亚禁止使用的有 36 种，印度有 30 种，加拿大有 18 种。[③] 此外，巴西卫生监管局（Agência Nacional de Vigilância Sanitária）调整了毒理学分类，只将致命的毒药视作"剧毒"，这是过去十

---

① Patrícia Figueiredo, "Número de mortes de lideranças indígenas em 2019 é o maior em pelo menos 11 anos, diz Pastoral da Terra", 03/04/2020, https：//g1. globo. com/natureza/noticia/2019/12/10/mortes – de – liderancas – indigenas – batem – recorde – em – 2019 – diz – pastoral – da – terra. ghtml.

② Matheus Moreira, "Número de agrotóxicos liberados no Brasil em 2019 é o maior dos últimos 14 anos", 28 de dezembro de 2019, https：//www1. folha. uol. com. br/ambiente/2019/12/numero – de – agrotoxicos – liberados – no – brasil – em – 2019 – e – o – maior – dos – ultimos – 14 – anos. shtml.

③ Matheus Moreira, "Número de agrotóxicos liberados no Brasil em 2019 é o maior dos últimos 14 anos", 28 de dezembro de 2019, https：//www1. folha. uol. com. br/ambiente/2019/12/numero – de – agrotoxicos – liberados – no – brasil – em – 2019 – e – o – maior – dos – ultimos – 14 – anos. shtml.

年来巴西农药使用许可中最为宽松的一次。① 巴西地理统计局（IBGE）于 2019 年 10 月发布的一项调查结果显示，过去 11 年中，巴西允许使用农药的农村土地数量增加了 20.4%。2017 年，约有 170 万（33%）个农场表示在农作物上使用农药，高于 2006 年的 140 万。②

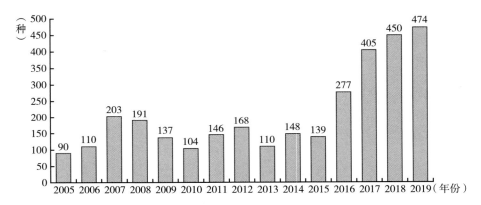

图 3　巴西每年批准使用的农药产品数量（2005～2019 年）

资料来源：Ministério da Agricultura, Pecuária e Abastecimento（MAPA），参见 https：// www1. folha. uol. com. br/ambiente/2019/12/numero – de – agrotoxicos – liberados – no – brasil – em – 2019 – e – o – maior – dos – ultimos – 14 – anos. shtml。

三　2019年博索纳罗新政府的国际环境政策

与国内环境政策一样，在国际环境政策方面，博索纳罗新政府同样采取消极的态度，表现不尽如人意，呈现一定的倒退，使巴西的国际环境形象一落千丈。

---

① Wanderley Preite Sobrinho, "Número de agrotóxicos liberados no Brasil é o maior dos últimos 10 anos", 03/04/2020, https：//noticias. uol. com. br/meio – ambiente/ultimas – noticias/redacao/ 2019/11/28/com – novas – aprovacoes – liberacao – de – agrotoxicos – ja – e – o – maior – da – historia. htm。

② Sabrina Rodrigues, "Governo libera 57 agrotóxicos. Dois são inéditos", 03/04/2020, https：// www. oeco. org. br/blogs/salada – verde/governo – libera – 57 – agrotoxicos – dois – sao – ineditos/.

（一）放弃举办联合国气候变化大会并试图退出《巴黎协定》

2019 年 1 月 1 日正式就任总统前，博索纳罗表示放弃举办第 25 届联合国气候变化大会（COP 25）。尽管在此之前，巴西政府已经向联合国申请并确认将承办此次会议。在新总统博索纳罗的指示下，巴西外交部对外宣布巴西因财政预算紧张，放弃举办此次大会。① 巴西自 1992 年举办联合国环境与发展大会以来，在国际环境舞台上扮演了积极主动的角色，于2012 年举办联合国环境大会等国际性环境会议，积极向国际社会宣传其环境政策，树立了良好的国际环境形象。然而，2019 年博索纳罗上台后，巴西政府在国际环境舞台上紧跟美国的步伐，对于国际环境事务采取消极的态度。

与总统博索纳罗的立场一致，巴西外交部长埃内斯托·阿劳若（Ernesto Araújo）发表声明否认气候变化是人为原因造成的，表示气候变化是"全球主义者"的策略，他们为了获取更多的权力而向人们灌输恐惧。② 正如萨利斯在环境部进行的机构改革一样，在阿劳若的命令下，巴西外交部撤销了环境、能源和科技总秘书处（Subsecretaria-Geral de Meio Ambiente, Energia, Ciência e Tecnologia）。该秘书处设有气候变化司，主要负责联合国层面的气候谈判问题。③

早在竞选总统期间，博索纳罗就流露出退出《巴黎协定》的意向。执

---

① Julia Braun, "Alegando falta de orçamento, Brasil desiste de sediar COP 25", 03/04/2020, https：//veja. abril. com. br/mundo/alegando – falta – de – orcamento – brasil – desiste – de – sediar – cop – 25/.

② João Pedro Caleiro, "As opiniões polêmicas do novo chanceler sobre raça, fake news e 8 temas", 03/04/ 2020, https：//exame. abril. com. br/brasil/as – opinioes – polemicas – do – novo – chanceler – sobre – raca – fake – news – e – 8 – temas/. Para Araújo, "globalismo é a globalização econômica que passou a ser pilotada pelo marxismo cultural", vide o blog pessoal de Araújo（https：// www. metapoliticabrasil. com/）

③ Estadão conteúdo, "Itamaraty deixa de ter uma divisão sobre mudança do clima", 03/04/2020, https：//exame. abril. com. br/brasil/itamaraty – tambem – deixa – de – ter – uma – divisao – sobre – mudanca – do – clima/.

政伊始，博索纳罗欲效仿美国总统特朗普退出《巴黎协定》，称《巴黎协定》会损害巴西对亚马逊地区的主权。[①]《巴黎协定》是 2015 年 12 月 12 日联合国 195 个成员国在第 21 届联合国气候变化大会上所达成的新的全球气候协定。2016 年 4 月 22 日世界地球日之际，171 个国家在联合国总部正式签署了《巴黎协定》。该协定明确了全球共同追求的"硬指标"，即"把全球平均气温升幅控制在工业化前水平以上低于 2℃之内，并努力将气温升幅限制在工业化前水平以上 1.5℃之内，同时认识到这将大大减少气候变化的风险和影响"。[②] 2016 年 9 月，巴西时任总统特梅尔代表巴西在《巴黎协定》上签字。同年，在第 22 届联合国气候变化大会上，巴西政府承诺将在 2030 年前将巴西温室气体的排放量在 2005 年的基础上减少 43%。为了实现该目标，巴西承诺到 2030 年在其能源结构中将可持续生物能源的比重提高到大约 18%，恢复和再造 1200 万公顷森林，并在 2030 年在其能源结构中将可再生能源的比重提高到 45%。[③]

2019 年博索纳罗上台后，新政府一改往届政府的积极态度，试图退出《巴黎协定》。此举不仅会极大地损害巴西的国际环境形象，也可能影响巴西农牧产品的出口。基于此，支持博索纳罗政府的农业企业等阻挠博索纳罗退出《巴黎协定》的举动。它们担心退出《巴黎协定》会影响巴西农牧产品的出口，导致其国际市场的丢失，请求总统在此问题上采取更加温和、务实的做法。[④] 最终，博索纳罗政府后退一步，没有在退出《巴黎协定》的问题上继续坚持，表示巴西将会继续遵守《巴黎协定》。

---

① Philip Martin Fearnside，"Bolsonaro e o Acordo de Paris：declarações contraditórias"，03/04/2020，https：//amazoniareal. com. br/bolsonaro – e – o – acordo – de – paris – 2 – declaracoes – contraditorias/.

② 《巴黎协定》第二条。

③ Brasil，"Pretendida Contribuição Nacionalmente Determinada para a Consecução do Objetivo da Convenção – Quadro das Nações Unidas sobre Mudança do Clima"，03/04/2020，http：//www. itamaraty. gov. br/images/ed_ desenvsust/BRASIL – iNDC – portugues. pdf.

④ Mariana Vick，"Ele representa o agronegócio. E é contra mudar regra ambiental"，03/04/2020，https：//www. nexojornal. com. br/entrevista/2019/05/05/Ele – representa – o – agroneg% C3% B3cio. – E – % C3% A9 – contra – mudar – regra – ambiental.

（二）批评亚马逊基金

2019 年 5 月，环境部长萨利斯在媒体采访中声称，经过初步分析，亚马逊基金部分项目存在违规行为，但是他并没有详细说明违规之处。萨利斯的发言给亚马逊基金的捐助国带来了极大的尴尬，恶化了巴西与欧洲特别是与挪威和德国的关系。[①] 亚马逊基金（Fundo da Amazônia）成立于2008 年，由国家经济与社会发展银行（Banco Nacional de Desenvolvimento Econômico e Social，BNDES）进行管理。该基金的主要捐助国是挪威和德国，每年捐款约 12 亿美元，主要用于公共森林的监测、管理和毁林地区的恢复。[②]

在批评亚马逊基金项目存在违规行为后不久，萨利斯又批评了亚马逊基金的管理模式，表示巴西联邦政府计划用亚马逊基金的捐款来补偿自然保护区里的土地所有者因保护环境而遭受的损失，但是根据亚马逊基金使用规定，不可能做出上述补偿。为此，巴西联邦政府正在研究修改亚马逊基金的使用规定，但是此举可能会遭到欧洲捐助国的抵制。[③] 由于巴西联邦政府消极的环境政策，再加上亚马逊森林大火和巴西政府对亚马逊基金的批评，挪威和德国从 2019 年 8 月起停止向亚马逊基金注入资金。2019 年，亚马逊基金仅收到 8700 万雷亚尔的资助，为过去 6 年来的最低值。[④]

[①] Ludmilla Souza，"Ministro diz que há indícios de irregularidades no Fundo Amazônia"，03/04/2020，https：//agenciabrasil. ebc. com. br/geral/noticia/2019 – 05/ministro – diz – que – ha – indicios – de – irregularidade – no – fundo – amazonia.

[②] André Trigueiro，"15 pontos para entender os rumos da desastrosa política ambienta do governo Bolsonaro"，03/04/2020，https：//g1. globo. com/natureza/blog/andre – trigueiro/post/2019/06/03/15 – pontos – para – entender – os – rumos – da – desastrosa – politica – ambiental – no – governo – bolsonaro. ghtml.

[③] Sabrina Rodrigues，"Governo anuncia que prepara um decreto para alterar regras do Fundo Amazônia"，03/04/2020，https：//www. oeco. org. br/noticias/governo – anuncia – que – prepara – um – decreto – para – alterar – regras – do – fundo – amazonia/.

[④] Sabrina Rodrigue，"Governo anuncia que prepara um decreto para alterar regras do Fundo Amazônia"，03/04/2020，https：//www. oeco. org. br/noticias/governo – anuncia – que – prepara – um – decreto – para – alterar – regras – do – fundo – amazonia/.

四　结语

巴西自1988年颁布新宪法、确定公民的环境权后，为了落实"人人都应享有一个生态平衡的环境，这是公民所需要的公共福利，也是健康生活必备的要素。政府和社区有责任为了当代及后代而维护和保护环境"[①]的规定，在环境保护之路上努力探索，成绩卓越，民众的环保意识不断提升，国际环境形象趋于良好，巴西被誉为发展中国家环境保护的领头羊。但是，2019年博索纳罗执政后，为了促进农业企业、矿业等行业的经济发展，新政府在环境问题上采取消极的态度，对内改革环境部并弱化其职能，架空环境监管机构，弱化环境监察力度，审查和调整自然保护区，姑息亚马逊地区的毁林和采矿，放宽农药使用许可，鼓励开发原住民土地；对外放弃举办第25届联合国气候变化大会并试图退出《巴黎协定》，批评亚马逊基金，恶化了巴西与欧洲国家特别是与挪威和德国的关系，其环境政策在国内和国际层面均呈现历史性的倒退，使巴西过去三十多年来的环保努力戛然而止，严重地损害了巴西的国际环境形象。

针对博索纳罗新政府制定的一系列环境政策和采取的行动，国内外批评之声不绝于耳。巴西8位前环境部长共同发表了一份声明，警告说："我们正在目睹一系列史无前例的行动，这些行动使得环境部丧失了制定和实施公共政策的能力""巴西的社会环境治理正在被削弱，这是对巴西宪法的侮辱"。[②] 在国际舞台上，为了应对亚马逊地区的毁林问题，非政府组织、跨国公司、多国政府等提倡抵制巴西农牧产品。例如，时任欧盟轮值主席国的

[①]　1988年巴西宪法第六章第225条。

[②]　Comunicado dos Ex - Ministros de Estado do Meio Ambiente, 8 de maio de 2019, 03/04/2020, http：//www. observatoriodoclima. eco. br/wp - content/uploads/2019/05/comunicado - ex - ministros - final - revisado - 0905. pdf.

芬兰呼吁暂停巴西牛肉进口;① 美国著名的跨国服饰集团威富公司（VF Corporation）宣布，将停止从巴西购买皮革，"直到巴西产品中所使用的材料不会对巴西的生态环境造成损害"。② 面对国内外社会的严厉批评，博索纳罗政府的环境立场和态度并未发生根本改变，未来巴西的环境状况令人担忧。

① BBC Brasil, "De #BoycottBrazil a Amazônia no G－7: reação internacional à política ambiental de Bolsonaro", 03/04/2020, https://www. bbc. com/portuguese/internacional－49450135.

② Oliveira, Luciana, Tooge, Rikardy, "Dona de Timberland e Vans diz que não vai comprar couro do Brasil até confirmar que não prejudica o meio ambiente", 03/04/2020, https://g1. globo. com/economia/agronegocios/noticia/2019/08/29/dona－de－timberland－e－vans－diz－que－nao－vai－comprar－couro－do－brasil－ate－confirmar－que－nao－prejudica－o－meio－ambiente. ghtml.

中巴关系报告

Sino-Brazilian Relations

Y.12

峰回路转：
2019年中国和巴西关系的发展及挑战

徐世澄*

摘　要： 有"巴西特朗普"和"热带特朗普"之称的博索纳罗于2018年10月28日当选总统，2019年1月1日正式就任。博索纳罗奉行右翼民粹主义，主张"巴西高于一切"。竞选总统期间，博索纳罗对中国不甚友好，他曾到访中国台湾地区，并发表过不少不利于中巴关系的言论，指责中国在巴西的投资是在"购买巴西"，而不是"在巴西购买"。在当选和就任总统后，他从实用主义和巴西的经济利益出发，逐渐改变了对华不友好的态度。2019年以来，中巴关系峰回路转，发展比

---

* 徐世澄，中国社会科学院荣誉学部委员，拉美研究所研究员，主要研究领域为拉美政治和国际关系。

较顺利，但是也面临一些挑战和问题。

关键词： 博索纳罗　中巴关系　中巴高委会　全面战略对话

2018 年 10 月 28 日，巴西社会自由党候选人雅伊尔·博索纳罗（Jair Bolsonaro）在巴西第二轮大选中以 55.54% 的得票率胜出，当选新一届（第 38 任）巴西总统。2019 年 1 月 1 日，博索纳罗宣誓就职，任期 4 年。博索纳罗十分崇拜特朗普，推崇特朗普的"推特治国"，主张巴西应该成为美国在南美地区的代言人，因此，博索纳罗有"巴西特朗普""热带特朗普"之称。博索纳罗的反共色彩浓厚、奉行右翼民粹主义，主张"巴西高于一切""上帝高于一切"，持天主教保守立场。博索纳罗政府执政以来，巴西的内外政策都做了较大幅度的调整。2019 年是博索纳罗执政首年，总体来说，中国和巴西关系的发展可以说是"峰回路转"，发展比较顺利，但是也面临一些挑战和问题。

一　博索纳罗竞选期间对中国不甚友好

竞选期间，博索纳罗曾发表过不少不利于中巴关系的言论，引起了人们的关注，也遭到了巴西各界的批评。他曾多次公开批评中国，反对中资企业在巴西能源和基础设施等领域的收购，指责中国在巴西的投资是在"购买巴西"，而不是"在巴西购买"。[①] 2018 年 2 月，博索纳罗在竞选期间携其三个儿子一同访问中国台湾地区，这是自 20 世纪 70 年代中巴建交以来，巴西历届总统候选人第一次访问中国台湾地区。

---

① Jake Spring, "Discurso anti – China de Bolsonaro causa apreensão sobre negócios com o país – Notícias – UOL Eleições 2018", https：//noticias. uol. com. br/politica/eleicoes/2018/noticias/reuters/2018/10/25/discurso – anti – china – de – bolsonaro – causa – apreensao – sobre – negocios – com – o – pais. htm, 25 de outubro de 2018.

博索纳罗竞选后期，与中国进行大量经贸合作的、支持博索纳罗当选总统的农、矿业利益集团迫使博索纳罗缓和了对华立场。但在支持博索纳罗的利益集团中，同样存在对华立场强硬的工业利益集团。因此，博索纳罗力图在自己的意识形态偏好与对华态度迥异的农矿、工业利益集团之间找到平衡点，来决定其对华政策的主基调。总的来说，博索纳罗于2018年10月28日当选总统后，逐渐改变了对华不友好的态度，趋于务实。2018年11月5日，当选总统的博索纳罗与时任中国驻巴大使李金章进行了友好的会面。博索纳罗强调，巴西新政府发展对外关系不以意识形态划线，将与包括中国在内的各国开展经贸合作，签署更多双边协定，推动巴西产品提升竞争力和附加值。博索纳罗还解释说，2018年年初访问中国台湾地区仅出于旅游目的。

二　博索纳罗就任总统后中巴关系发展比较顺利

2019年1月1日，博索纳罗在巴西利亚就任总统。一年多来，中巴战略伙伴关系发展比较顺利。

（一）习近平主席派特使参加博索纳罗总统的就职仪式

1月1日，中国国家主席习近平特使、全国人大常委会副委员长吉炳轩应邀出席了总统的就职典礼，并会见了博索纳罗总统。1月2日，博索纳罗在会见吉炳轩时表示，中巴两国都是伟大的国家，巴西新政府高度重视对华合作，愿全力推动巴中关系，两国合作的前景一定会越来越美好。吉炳轩向博索纳罗转交了习近平主席亲署函。习近平在亲署函中表示，中巴同为发展中大国和重要新兴市场国家，均肩负着振兴民族经济、维护世界和平、促进共同发展的重任。两国建交44年来，中巴关系在相互尊重、平等相待、互利共赢的原则基础之上，经受住了国际风云变幻考验，取得了全面深入发展，前景十分广阔。

（二）巴西副总统莫朗访华

2019年5月19~24日，巴西副总统莫朗应邀访问中国，这次访问对

恢复中巴友好合作关系起到了关键作用，可以说是中巴关系"峰回路转"的转折点。

莫朗是博索纳罗政府成立以来访华的第一位巴西领导人，莫朗的到访使两国重启中巴高层协调与合作委员会（COSBAN）会议。莫朗在出访前和访华期间一再表示，巴西愿加强两国对话与合作，推动"一带一路"倡议与巴西发展规划对接，希望扩大巴西对华产品出口，实现贸易多元化，并欢迎中方加大对巴西的投资。习近平主席打破常规，会见莫朗副总统，充分表示对发展与巴西新政府关系的重视。23 日，王岐山副主席与莫朗副总统举行会谈，并共同主持中巴高委会第五次会议，双方决定于 2020 年启动中巴高委会机制优化议程，更新《2015 年至 2021 年共同行动计划》及《2012 年至 2021 年十年合作规划》。王岐山指出，中方珍视巴西这样的好朋友、好伙伴，愿同巴方一道发挥好中巴高委会作用，规划和扩大合作，共同抵御外部环境的不确定性，为全球经济复苏做出更大贡献，开创更高层次、更宽领域、更有活力的中巴关系新时代。[1] 莫朗表示，中国是伟大的国家，巴中相互尊重，传统友谊深厚。巴西新政府高度重视与中国的全面战略伙伴关系，愿加强两国对话与合作，推动"一带一路"倡议与巴西发展规划对接，使巴中关系行稳致远。巴方希望扩大对华产品出口，实现贸易多元化，欢迎中方加大对巴投资。当前世界充满不确定性，巴方愿与中方同舟共济，加强多边领域合作，维护国际体系稳定，为促进世界和平与繁荣做出贡献。[2]

（三）国务委员兼外长王毅访问巴西

7 月 25 日，中国国务委员兼外交部部长王毅与巴西外长阿劳若在巴西利亚举行第三次两国外长级全面战略对话。王毅表示，中国和巴西分别是东

---

[1] 《王岐山与巴西副总统会谈并共同主持中巴高委会会议》，《人民日报》（海外版）2019 年 5 月 24 日，第 2 版。

[2] 《王岐山与巴西副总统莫朗举行会谈并共同主持中巴高委会第五次会议》，新华网，http://www.xinhuanet.com/world/2019-05/24/c_1124534571.htm，2019 年 5 月 24 日。

西半球最具代表性的新兴经济体和有世界影响的发展中大国，两国间没有历史恩怨和现实冲突，只有巨大的互补性和合作潜力，是天然的合作伙伴。中方始终将中巴关系置于外交重要位置，愿同巴方一道，以建交45周年为契机，推动中巴关系迈上新台阶，成为新兴经济体团结合作的典范和促进世界和平发展的稳定力量。①

阿劳若表示，巴西高度重视与中国的全面战略伙伴关系，积极评价建交45周年来双边关系发展给两国人民带来的巨大利益，将继续坚定奉行一个中国政策。巴西十分钦佩中国发展取得的伟大成就，看好巴中合作前景。巴西欢迎中国扩大对巴投资，愿积极研究将巴方"投资伙伴计划"与共建"一带一路"倡议相结合，加强双方在农业、经贸、数字经济、基础设施建设、反腐败等领域的合作，并密切在文化、教育、旅游等领域的交流。巴西致力于维护多边主义和自由贸易，构建开放型世界经济，推动地区一体化进程，希望与中国在联合国、二十国集团等框架下加强协作，共同推动拉中整体合作取得更大进展。②

（四）博索纳罗总统成功访华

应习近平主席邀请，博索纳罗总统于10月24日至26日对中国进行国事访问。随行高官包括外交部长、农业部长等5位部长和巴西出口投资促进局局长等，另外，还有一支由110家巴西企业的企业家组成的代表团，涉及食品加工、机械制造、能源、互联网科技、化工、汽车、造纸等各个行业。这次访问正值中巴建交45周年。

博索纳罗访华前，巴西外交部发言人曾透露，博索纳罗此访有三个重点目标：一是扩大和拓宽巴西对华出口，以期帮助巴西产品进一步打开中国的肉类和水果市场；二是拉动在基础设施和可再生能源等领域的中方投资；三

---

① 《王毅与巴西外长阿劳若举行第三次中巴外长级全面战略对话》，新华网，http://www.xinhuanet.com/2019－07/26/c_1124802506.htm，2019年7月26日。
② 《王毅与巴西外长阿劳若举行第三次中巴外长级全面战略对话》，新华网，http://www.xinhuanet.com/2019－07/26/c_1124802506.htm，2019年7月26日。

是加强与中国在科技方面的合作。博索纳罗在出访前和访华期间多次表示，巴西在很大程度上需要中国，而中国也需要巴西；巴西蕴含各种机遇，希望与中国共享这些机遇。

西班牙报刊评论说，博索纳罗这番话表明他在对华态度上发生了180度大转弯。自博索纳罗就任总统后，面对两国规模庞大的经贸往来，他开始推行务实主义策略。博索纳罗决定对中国发起一场魅力攻势。巴西希望增加对华出口，特别是在农产品领域，并试图吸引中国投资者在巴西国有企业私有化进程和基础设施领域中投资。

10月25日，习近平主席同博索纳罗总统举行会谈。习近平主席指出，中国和巴西分别是东西半球最有代表性的新兴市场国家和最大的发展中国家。中巴建交45年来，双方始终相互尊重、平等相待、互利共赢，成为发展中大国团结合作、共同发展的典范。当今世界正经历百年未有之大变局，但和平、发展、合作、共赢的时代潮流没有变，中国、巴西等新兴市场国家整体崛起的势头没有变，中方从战略高度和长远角度发展中巴关系的政策没有变。当前，中国和巴西都处在国家发展的关键时期，我们要总结过去、展望未来，开辟中巴全面战略伙伴关系新愿景，为维护世界和地区的和平、稳定与繁荣贡献正能量。①

博索纳罗总统表示，中国取得了巨大发展成就，令人钦佩。中国是巴西的伟大合作伙伴。巴中两国虽相距遥远，但理念相近。巴西高度重视中国的大国地位，将发展对华关系放在巴西外交优先方向。中国已成为巴西最大贸易伙伴。巴西愿同中国共同努力，密切和深化巴中全面战略伙伴关系，实现巴中关系质和量的提升，携手实现共同发展，更好造福两国人民。巴方将坚定奉行一个中国政策，也愿同中方一道，捍卫多边主义和自由贸易，加强在重大国际和地区问题上的沟通协调。②

---

① 《习近平同巴西总统博索纳罗会谈》，新华社，http：//www.xinhuanet.com/mrdx/2019－10/26/c_1210327767.htm，2019年10月26日。

② 《习近平同巴西总统博索纳罗会谈》，新华社，http：//www.xinhuanet.com/mrdx/2019－10/26/c_1210327767.htm，2019年10月26日。

会谈后，两国元首共同见证了政治、经贸、海关检验检疫、能源、科技、教育等领域合作文件的签署。访问期间，两国还发表了《中华人民共和国和巴西联邦共和国联合声明》，提出双方同意在符合各自利益和国家法律的基础上，积极促进双边投资，增强经济互补性，寻找新的经济机遇；双方注意到，中国的发展政策和"一带一路"倡议与巴西的发展政策和"投资伙伴计划"等投资规划可能实现对接。声明强调，双方重申坚持《联合国宪章》宗旨和原则，认为联合国在国际事务中发挥重要作用。重申支持对联合国进行全面改革，包括优先凸显发展中国家在联合国安理会的代表性。中方高度重视巴西在地区和国际事务中的影响和作用，理解并支持巴西在联合国发挥更大作用的愿望。双方亦一致同意促进两国科学家交流，推动联合研究，并加强在文化、教育、体育等领域合作，特别是足球合作及合拍电视片等。[1]

（五）习近平主席出席在巴西利亚举行的金砖国家领导人第十一次会晤，其间同博索纳罗总统举行单独会谈

11月12~15日，习近平主席出席在巴西巴西利亚举行的金砖国家领导人第十一次会晤。习近平主席在金砖峰会上发表了重要讲话。11月13日，习近平主席在巴西利亚同博索纳罗总统举行单独会谈。习近平指出，在刚刚结束的第二届中国国际进口博览会上，巴西参展方的成交额比上届增长3.6倍，成绩喜人。中巴作为东西半球最大的新兴市场国家，拥有广泛共同利益。我们看好巴西发展前景，对中巴合作充满信心，愿同巴西分享发展经验，共享发展成果，实现共同繁荣。博索纳罗表示，巴中经济具有很强互补性，合作领域日益拓展。巴方欢迎中国企业来巴投资，在基础设施建设和铁矿石、油气等能源领域加强合作。巴方重视中国开放市场带来的重要机遇，希望扩大双边贸易，推动更多巴西农产品进入中国，巴方也愿为中国企业和

---

[1] 《中华人民共和国和巴西联邦共和国联合声明》，新华网，http：//www. xinhuanet. com/world/2019-10/25/c_1125153602. htm，2019年10月25日。

产品进入巴西提供良好的条件。巴方愿采取便利化措施，促进双方人员交往和人文交流。①

三 巴西学术界和政界关注的巴中关系五大问题

近年来，巴西学术界和政界围绕巴中关系的五大问题展开了热烈讨论，这五大问题是：巴中双边伙伴关系；巴中"全球联盟"；中国和巴西制造业的竞争性；中国对巴西投资的进展；巴西初级产品对中国的出口。②

（一）关于巴中双边伙伴关系

中巴高层协调与合作委员会于 2006 年举行了第一次会议，在 2015 年举行第四次会议之后，由于巴西政局的变化，中巴高委会停止活动。人们对博索纳罗政府上台后，巴中双边关系能否进一步发展持怀疑态度。但是，2019年 5 月巴西副总统莫朗访华之际，激活了双边机制，中巴高委会在北京成功地举行了第五次会议，王岐山副主席和莫朗副总统主持了会议。中巴高委会第五次会议更新了中巴《2015 年至 2021 年共同行动计划》及《2012 年至2021 年十年合作规划》，这次会议的召开，使中巴双边关系得到继续发展。

（二）关于巴中"全球联盟"

1993 年，中巴两国建立了战略伙伴关系。2012 年，两国关系提升为全面战略伙伴关系。人们曾对博索纳罗上台后，中巴全面战略伙伴关系能否保持和发展持怀疑态度。但是，博索纳罗执政后，随着中巴高层往来的继续，这一怀疑也逐渐消除。2019 年 7 月，中国国务委员兼外长王毅访问巴西，

---

① 《习近平同巴西总统博索纳罗会谈》，新华社，http：//www. xinhuanet. com//2019 – 11/14/c_ 1125228964. htm，2019 年 11 月 14 日。

② "El Brasil de Jair Bolsonaro y China：un matrimonio de conveniencia", *Foreign Affairs Latinoamérica*, http：//revistafal. com/el – brasil – de – jair – bolsonaro – y – china – un – matrimonio – de – conveniencia/，25 Noviembre，2019.

与巴西外长阿劳若举行了中巴全球对话。博索纳罗总统10月访华时认为中国的立场是积极的、尊重巴西主权。在巴西争取成为联合国安理会常任理事国问题上，中方虽然没有明确支持巴西"入常"，但在两国联合声明中表示："（中方）重申支持对联合国进行全面改革，包括优先增加发展中国家在安理会的代表性。中方高度重视巴西在地区和国际事务中的影响和作用，理解并支持巴西在联合国发挥更大作用的愿望。"[①] 11月，习近平主席赴巴西参加金砖国家领导人第十一次会晤，表明中国支持博索纳罗政府组织召开金砖国家峰会的立场。

（三）关于中国和巴西制造业的竞争性

在巴西、拉美和国际市场上，中国的制成品与巴西的制成品是竞争对手。为保护本国制成品的生产和出口，巴西对中国出口到巴西的制成品征收反倾销税由来已久。巴西的制造业主常常是反对巴中关系改善的主力。博索纳罗执政后，2019年11月，巴西对中国制成品采取了103项反倾销措施。近年来，中巴两国在双边贸易、经济合作以及科技合作等领域取得了快速而富有成效的发展，但是双边经贸关系中依然存在一些值得关注的问题，尤其是巴西对中国工业制成品频繁采取反倾销措施。根据世界贸易组织的官方数据，巴西征收反倾销关税的中国产品主要是化学品、塑料、橡胶、纺织品和基本金属等。巴西一些人士认为，巴西的工业制成品与中国的制成品相比，缺乏竞争性；巴西的制造业也需要中国的投资和合作。

（四）关于中国对巴西投资的进展

据巴方统计，2007～2018年中国对巴西投资累计达1025亿美元，其中56%已经兑现。中国在巴西的投资已完成了145个项目。巴西是获得中国贷款第二多的拉美国家，仅次于委内瑞拉。博索纳罗政府需要外国投资来推动

---

① 《中华人民共和国和巴西联邦共和国联合声明》，新华网，http：//www.xinhuanet.com/world/2019 - 10/25/c_ 1125153602. htm，2019年10月25日。

国内的经济发展。

另据中方统计，中国对巴投资存量接近 800 亿美元，涉及能矿、制造业、基建、农业等广阔领域，中国是巴西主要的外资来源国。中方支持本国企业本着市场化和互利共赢的原则，积极参与巴西油气、能源、物流建设等项目招标，助力巴西实现在中长期内成为世界最大石油生产国之一的目标。双方还可在落实好基建、电力、能源等传统项目的基础上，拓展清洁能源、智能通信、现代农业、公共安全等新兴产业投资合作，带动技术转移、共同研发、人才培训等关联领域合作，释放更多投资红利。①

巴西学者认为，中国对巴西投资经历了四个阶段。第一阶段，中国主要投资巴西的石油业和矿业；第二阶段，主要投资巴西的制造业；第三阶段，主要投资巴西的第三产业，特别是银行业；2014 年之后的第四阶段，主要投资巴西的基础设施和电力行业。博索纳罗的"投资伙伴计划"和大规模私有化计划迫切需要中国的大量投资。2019 年 8 月 21 日，巴西驻华大使保罗·瓦莱对中国记者说："对于来自中国的投资，巴西十分欢迎。目前，巴西政府正在推行私有化、放松管制，进一步开放国内市场，吸引更多的外国投资者。中国在巴西投资存量不高，但近几年来增长十分迅速。也许正是由于中资短期内的大量增长，给人造成了'买下巴西'的错觉，但我认为，这与其说是某种对中国投资的反对，倒不如说是中国成功的证明。"②

（五）关于巴西初级产品对中国的出口

多年来，巴西与中国贸易一直有较大的顺差，巴西主要向中国出口初级产品，而中国主要向巴西出口工业制成品。2018 年巴西向中国出口的产品中，大豆占 42.6%，其次是石油、铁矿砂。巴西农业出口商尤其积极地支

① 中华人民共和国驻巴西联邦共和国大使馆：《把握时代机遇，共谋合作未来》，http：//br. china - embassy. org/chn/gdxw/t1722026. htm，2019 年 12 月 6 日。

② 《巴西新总统博索纳罗，会如何发展对华关系？》，搜狐网，https：//www. sohu. com/a/338467351_ 100116569，2019 年 9 月 3 日。

持博索纳罗上台。2018年，中国大豆进口达8803万吨，同比增加30%，其中从巴西进口达6610万吨，占当年中国大豆进口总量的75.1%，占巴西大豆出口总量的79.8%。

据中葡论坛统计，2019年中国与巴西双边贸易达1146.80亿美元，同比增长3.49%。其中，中国对巴西出口354.76亿美元，同比增长5.18%；中国从巴西进口792.03亿美元，同比增长2.76%。[①] 另据巴西经济部统计，2019年，巴西对中国出口576.2亿美元，同比下降10%；巴西从中国进口352.7亿美元，同比增长2%。[②] 尽管中、巴统计数字有差别，但是，多年来，巴西与中国贸易一直有较大的顺差。巴西驻华大使保罗·瓦莱认为："巴西与中国的贸易一直是盈利的。中国市场对巴西的农业和矿业至关重要。大豆、铁矿石和原油是两国贸易的重中之重。2017年，巴西实现对华贸易顺差200多亿美元，占到其当年贸易顺差总量的30.4%。特别是中美产生贸易争端后，中国许多大豆买家纷纷将目光转向巴西，对于经济正在复苏的巴西来说，与中国的贸易举足轻重。"[③]

中国已连续十年保持巴西第一大贸易伙伴和出口目的国地位。巴西是首个与中国双边贸易额突破千亿美元的拉美国家。然而，中巴贸易提质增量的空间仍然巨大，中巴贸易额仅占中国对外贸易总额的2.4%。中国拥有全球规模最大、增长最快的消费市场，将继续扩大进口巴西高质量的产品和服务，推动双边贸易朝着稳定、多元、均衡的方向发展。

2019年11月13日，巴西经济部长保罗·盖德斯（Paulo Guedes）表示，巴西政府有意与中国建立自由贸易区。他表示："我们正在与中国讨论建立自由贸易区的可能性，并试图寻求高水平的一体化发展。这是一个重要

---

① 《中国与葡语国家2019年贸易总额增长1.55%》，新浪网，http：//finance. sina. com. cn/roll/2020 – 03 – 03/doc – iimxyqvz7310989. shtml，2020年3月2日。

② 中华人民共和国商务部：《2019年巴西对外贸易》，http：//www. mofcom. gov. cn/article/i/dxfw/nbgz/202001/20200102929569. shtm，2020年1月11日。

③ 《巴西新总统博索纳罗，会如何发展对华关系？》，搜狐网，https：//www. sohu. com/a/338467351_ 100116569，2019年9月3日。

的决定。"① 中国驻巴西大使杨万明也表示，我们支持"推动包括商签中巴双边以及中国和南共市间自贸协定在内的贸易自由便利化安排，争取早日取得实质进展"②。

2019年，中巴在文化交流、科技合作方面也取得了进展。10月25日，中国河北中医学院、天津外国语大学和巴西戈亚斯联邦大学合作设立的戈亚斯联邦大学中医孔子学院举行揭牌仪式，这是在巴西开设的第11所孔子学院。除11所孔子学院外，在巴西还开设了5个孔子学堂。12月20日，中巴地球资源卫星04A星成功发射，这是中国和巴西两国合作研制的第6颗卫星，将接替中巴地球资源卫星04星，获取全球高、中、低分辨率光学遥感数据，为中巴两国资源系列卫星数据应用拓展至全球高分辨率业务领域奠定了基础，也为巴西政府实现对亚马逊热带雨林及全国环境变化监测等提供了高技术手段，对于丰富中巴全面战略伙伴关系内涵、造福两国人民、实现联合国可持续发展目标具有重要意义。

四　2019年中巴关系发展的原因、面临的挑战及前景分析

（一）2019年中巴关系取得发展的原因

2019年以来，中巴关系峰回路转，主要原因如下。首先，两国领导人和政府对发展双边关系予以高度重视，并采取务实的态度。中巴关系持续稳定健康发展，得到了两国历届政府和人民的支持，符合两国和两国人民的根本利益，已经步入成熟稳健的发展轨道，支持发展对华关系成为巴西朝野和社会各界的共识。中巴关系在相互尊重、平等互利的基础上将会不断向前

① 国际舆情与国际传播研究院：《巴西有意与中国建立自由贸易区》，http：//icgpo. xisu. edu. cn/info/1180/5521. htm，2019年11月16日。

② 中华人民共和国驻巴西联邦共和国大使馆：《把握时代机遇，共谋合作未来》，http：// br. china‑embassy. org/chn/gdxw/t1722026. htm，2019年12月6日。

发展。

　　其次，中国的外交政策不以意识形态划线。正如中国外交部前发言人耿爽所言，"以意识形态划线、制造两大阵营的对立是冷战时期的事情""每个国家都有权利选择自己的发展道路和社会制度。一个国家的发展道路和社会制度合不合适，这个国家的人民最有发言权"。① 尽管博索纳罗的外交政策更倾向于向意识形态和价值观一致的美国靠近，但是他仍继续保持与发展同中国的关系，因为他已经意识到中国的外交不是以意识形态划线，巴西没有选边站队的迫切性，其在巴美、巴中关系中寻找平衡点，保持与中国的良好关系符合巴西的国家利益需要；博索纳罗在访华前夕称，中国是巴西的伟大合作伙伴、最大贸易伙伴，巴西需要中国，中国也需要巴西。巴西是"机遇之海"，正在努力"重新获得世界的信任"，希望与中国分享发展机遇。访华期间，他对中国领导人表示，巴中经济高度互补。巴西正越来越开放，愿拉近与华关系，密切同中方合作，继续成为中国的重要合作伙伴。

　　最后，高度活跃的经贸往来是中巴关系的"稳定器"。② 阿根廷一位学者认为，"巴西在中国和美国两个大国之间跳探戈，在意识形态和政治方面，巴西与美国更合拍；但在贸易方面，与中国更合拍"，"从经济角度对巴西来说，中国是比美国更有吸引力的伙伴"。③

（二）中巴关系发展面临的挑战及前景分析

　　中巴关系的发展也面临一些挑战和问题。

　　第一，前文提及，博索纳罗政府对中国向巴西出口的诸多工业制成品征收反倾销税，两国工业制成品在巴西、整个拉美和国际市场上存在竞争。巴

---

① 《外交部：以意识形态划线是冷战时期的事情》，http：//www. crntt. com/doc/1051/9/9/4/105199423. html？coluid＝7&kindid＝0&docid＝105199423&mdate＝0926172626，2018 年 9 月 26 日。

② 《巴西新总统博索纳罗，会如何发展对华关系？》，搜狐网，https：//www. sohu. com/a/338467351_ 100116569，2019 年 9 月 3 日。

③ Nicolás Alesso，"Lambada para tres"，*Foreign Affairs Latinoamérica*，http：//revistafal. com/lambada－para－tres/，3 Febrero，2020.

西制造业主反对巴中关系的改善。

第二，尽管博索纳罗访华期间两国在共同发表的联合公报中说，中国的发展政策和"一带一路"等国际倡议与巴西的发展政策和"投资伙伴计划"等投资规划可能实现对接，但博索纳罗政府还是没有与中国政府签署"一带一路"国际合作备忘录。

第三，博索纳罗执政以来巴西向美国靠近，与美国关系密切，巴西在很多方面对美国作了不少让步，特朗普对博索纳罗也做出了一些承诺，但是对巴西来说，却是"口惠而实不至"。2020年3月，博索纳罗第四次访美时，当记者问特朗普，美国政府是否将取消2019年12月宣布的对巴西钢铝产品加征新关税措施时，特朗普表示，在这个问题上，他"不做任何承诺"。中美贸易争端给巴西与中国的关系带来一定的不确定性。

基于上述问题和挑战的存在，未来中巴关系的发展不会一帆风顺，但是总的来说，中巴关系有着广阔的前景。正如习近平主席2019年11月在巴西利亚会见博索纳罗时所说的，中巴作为东西半球最大的新兴市场国家，拥有广泛共同利益。中国看好巴西发展前景，对中巴合作充满信心，愿同巴西分享发展经验，共享发展成果，实现共同繁荣。①

---

① 《习近平同巴西总统博索纳罗会谈》，新华社，http：//www.xinhuanet.com//2019 – 11/14/c_1125228964.htm，2019年11月14日。

Y.13
稳步向前：
2019年中国与巴西经贸合作评析

李仁方*

摘　要： 中国与巴西都是地区大国，21世纪以来两国经贸合作日趋紧密。在经济全球化趋缓和经济增长乏力的背景下，2019年中巴经贸合作成效是令人满意的，进一步推动和加强中巴经贸合作对当前两国发展都具有重要而积极的作用。中国与巴西两国应以中巴高委会为基础，加强和完善双边及多边经贸合作机制建设。对现阶段中巴贸易结构问题和中国经济结构性变化带来的外溢性影响，巴西应以基本经济规律及全球化视野来看待和理解，从稳步增强自我发展能力的视角逐步加以应对并寻求新的改变，而不是简单地责备中国因素的影响。在中巴经贸合作进程中，中国应积极支持巴西长久以来实现工业化的梦想，努力帮助巴西加入全球化产业链，并把持续增强巴西自我发展能力作为未来两国经贸合作的重点方向之一。

关键词： 巴西　中国　经贸合作

一　引言

2019年可以说是巴西的一个重要转折之年。雅伊尔·博索纳罗（Jair

---

* 李仁方，西南科技大学经济管理学院副教授，西南科技大学拉美研究中心研究人员。

Bolsonaro) 总统上任平息了历时数年的政治、经济和社会多重危机，他承诺将"重振巴西经济"，并实现社会变革和更美好的未来。尽管 2019 年巴西经济增长率仅为 1.1%，① 是近 3 年以来的最低水平，但连续三年实现增长仍属不易之事。

巴西是拉丁美洲地区大国，也是中国全面战略伙伴，长期以来中巴双边经贸合作关系紧密。据巴西外贸秘书处统计，2019 年巴西与中国双边货物进出口额为 981.4 亿美元②，这是中国连续第 11 年保持巴西第一大贸易伙伴国地位。目前中国是巴西的第一大出口目的地和第一大进口来源国，巴西是中国的第十大贸易伙伴国和第七大进口来源国。此外，中国也是巴西外国直接投资（FDI）的重要来源国。

从长远发展来看，中巴保持紧密而稳定的友好合作关系，这对两国都具有重要意义。虽然博索纳罗总统上任后表现出强烈的亲美意愿，但总体上与中国在经济和贸易领域合作顺利。2019 年 5 月 19 日至 24 日，莫朗副总统成功访华，并重启中断多年的中国—巴西高层协调与合作委员会第五次会议，这为新时期中巴经贸合作关系发展营造了良好的氛围。2019 年下半年博索纳罗总统和习近平主席成功实现互访，这为中巴经贸关系进一步发展奠定了良好的基础。

着眼未来，立足当下，当前中巴经贸合作关系还有诸多问题需要深入研究。中国与巴西如何认识现有双边经贸合作机制？巴西应如何看待当前中巴经济与贸易合作同近几年巴西经济增长不稳定的关系？中国与巴西两国应如何理解现阶段双边贸易结构问题？中国在双边经贸合作中应如何看待巴西长久以来的工业化梦想？中国与巴西经贸合作关系未来发展的方向是什么？面对这些问题，中巴两国政府、民众和学者需要加强沟通，并深入思考和探索。

---

① 《巴西经济 2019 年增长 1.1%》，新华网，http：//www.xinhuanet.com/fortune/2020 - 03/05/c_ 1125665872. htm，2020 年 3 月 5 日。

② 中国商务部：《2019 年巴西货物贸易及中巴双边贸易概况》，https：//countryreport. mofcom. gov. cn/record/view110209. asp? news_ id=67247。根据中国海关总署数据，2019 年中巴双边进出口贸易额为 1153.29 亿美元，其中巴西对华出口 797.98 亿美元，对华进口 355.31 亿美元。

二　中国与巴西经贸合作机制

目前中国与巴西经贸合作机制较多，既有双边合作机制，如中国—巴西高层协调与合作委员会（中巴高委会，COSBAN）、巴西—中国扩大产能合作基金等，也有多边合作机制，如中国—拉共体论坛、"一带一路"合作倡议、金砖国家合作机制、亚洲基础设施投资银行（简称亚投行，AIIB）、中拉合作基金、中拉产能合作基金等。中巴经贸合作的层次、领域及参与者都相当广泛，从政府间合作到企业家合作，从贸易合作到投资合作、金融合作，从农业合作、能源合作到基础设施合作和其他产业合作，两国合作的共同利益不断增加，合作范围不断扩大。

（一）中国—巴西高层协调与合作委员会

20世纪末以前，中国与巴西双边贸易不多，两国对双边经贸合作关系都未予以高度重视。进入21世纪后，中巴双边贸易额快速增长（见图1），两国也着手建立机制化的经贸合作关系。2004年5月中巴高委会成立，这是两国政府间最高级别的对话与合作机制，主要任务是统筹协调两国间各领域的务实合作。2006年3月24日，中巴高委会第一次会议在北京举行，这是中巴双方实现多领域合作机制化的重要里程碑。在中巴高委会合作机制基础上，两国还设立12个分委会，涵盖政治、经贸、财经、科技、农业、能源矿产、航天、工业和信息化、检验检疫、文化、教育、卫生领域，为推动中巴各领域合作发挥了重要作用。①

迄今为止，中巴高委会已经举行五次会议。2015年6月26日，中国国务院副总理汪洋在巴西利亚与巴西副总统特梅尔共同主持召开了中巴高委会第四次会议，此后因巴西国内局势的影响，该委员会议程暂时停滞。2019

---

① 白舒婕：《中巴高委会第五次会议召开在即》，中国商务新闻网，2019年5月16日，http：//www. comnews. cn/article/ibdnews/201905/20190500004349. shtml。

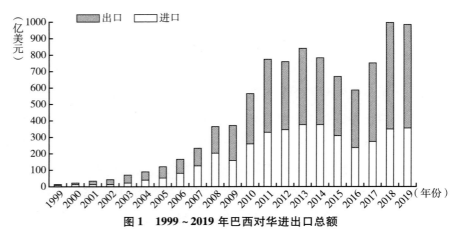

图1　1999～2019年巴西对华进出口总额

资料来源：1999～2018年数据来自联合国商品贸易统计数据库；2019年数据来自中国商务部。

年5月23日，中巴高委会第五次会议在北京举行，双方同意加强各领域交流合作，促进贸易便利化，优化贸易结构，推动双边贸易高质量增长，积极培育中巴经贸合作新的增长点。中巴高委会在中止之后重启，反映出中国和巴西之间不仅在当前具备坚实的合作基础，而且未来仍存在更广阔的合作前景。①

（二）中国—拉共体论坛

2014年7月17日，中国国家主席习近平出席在巴西利亚举行的中国—拉美和加勒比国家领导人会晤，提出"1+3+6"合作计划，通过《中国—拉美和加勒比国家领导人巴西利亚会晤联合声明》，宣布正式建立中拉论坛。2015年1月8日，中拉论坛首届部长级会议在北京举行，标志着论坛正式启动。在此基础上，中拉论坛还成立了中拉农业部长论坛、中拉科技创新论坛、中拉企业家高峰会、中拉智库交流论坛、中拉青年政治家论坛、中拉基础设施合作论坛、中国和拉美及加勒比地区民间友好论坛、中拉政党论

---

① 周志伟：《莫朗访华强化了巴西新政府与中国合作的政策信号》，人民网－国际频道，2019年5月27日，http：//world. people. com. cn/n1/2019/0527/c1002－31105042. html；伍岳：《王岐山与巴西副总统莫朗举行会谈并共同主持中巴高委会第五次会议》，新华网，2019年5月24日，http：//www. xinhuanet. com/world/2019－05/24/c_1124534571. htm。

坛 8 个分论坛。

中拉论坛是中国积极推进中拉整体合作的重要机制和平台，中巴双边合作也是实现中拉论坛多边合作的重要基础。2018 年 1 月 19 日中拉论坛第二届部长级会议在智利圣地亚哥举行，2019 年 9 月 26 日中国外长王毅在联合国总部主持中国—拉共体"四驾马车"外长第七次对话。不过，在以中拉论坛为基础的多边合作框架下，巴西政府总体上参与缺乏足够的热情。长期以来，巴西在拉美地区以大国自居，但巴西政府在推动拉美国家多边合作方面并不积极，对包括中国在内的域外国家倡导的拉美多边合作也是心情复杂。总体来说，巴西青年、企业家、政党、智库、民间人士等对参与中拉论坛及各分论坛的态度比巴西政府更加积极。

（三）金砖国家合作机制

从 2009 年第一次金砖国家领导人峰会以来，迄今为止金砖国家已经举行了 11 次峰会，金砖国家合作机制成为中国、印度、俄罗斯、巴西、南非五个发展中新兴国家之间重要的合作平台，合作领域涵盖贸易便利化、农业、企业、统计、公共卫生、合作社、科技以及市场竞争和司法等。

2019 年 11 月 13 日至 14 日，金砖国家领导人第十一次会晤在巴西利亚举行，中国国家主席习近平出席会议并就金砖国家经贸合作、坚持多边主义等议题发表讲话。[1] 11 月 13 日，习近平同巴西总统博索纳罗会谈，双方就相互开放市场、进一步加强基础设施及能源合作、深化科技合作、扩大双边贸易和投资等议题进行了深入讨论，双方还讨论了是否有建立中巴自由贸易区的可能以及如何使巴西融入全球生产链等话题，双方签署了涉及司法、信息共享、农产品贸易、投资、文化等领域的多项双边合作文件。[2]

---

[1] "11th BRICS Summit"，https：//sdg. iisd. org/events/11th–brics–summit/，2020 年 4 月 10 日。

[2] 陈威华、赵焱、陆佳飞：《抵达巴西利亚出席金砖国家领导人第十一次会晤——习近平同巴西总统会谈》，新华每日电讯 1 版，2019 年 11 月 14 日，http：//www. xinhuanet. com//mrdx/2019–11/14/c_ 138553730. htm；《习近平同波尔索纳罗会谈 达多项双边合作》，《巴西南美侨报》2019 年 11 月 14 日。

（四）双边及多边金融合作机制

目前中巴之间至少有五个共同倡导推动的双边或多边金融合作机制，包括中拉合作基金、中拉产能合作基金、巴西—中国扩大产能合作基金、亚洲基础设施投资银行（亚投行）和金砖国家新开发银行。

在习近平主席提出的"1＋3＋6"合作计划下，2014年7月中国注资50亿美元设立中拉合作基金，2015年4月扩大规模至100亿美元，由中国进出口银行具体筹建，2016年1月投入运营。2015年5月李克强总理在中巴工商峰会上提出中拉产能合作"3×3"新模式，并宣布由外汇储备和国家开发银行共同出资设立中拉产能合作专项基金，首期规模100亿美元，于2015年6月开始运行。2015年5月李克强总理访问巴西期间，双方达成设立巴中扩大产能合作基金的共识，在"2017巴西投资论坛"上，由中方出资150亿美元、巴方出资50亿美元共同设立的巴中扩大产能合作基金正式启动。

金砖国家新开发银行是由金砖五国建立的多边开发银行，2015年7月21日开业，迄今为止已批准约145亿美元共55个融资项目[1]。巴西拥有金砖国家新开发银行20%的股权，但原定2018年在巴西设立美洲分支机构的计划迄今仍未实现。

亚洲基础设施投资银行是政府间性质的亚洲区域多边开发机构，2015年12月25日成立。2015年3月巴西决定加入亚投行[2]，2017年5月巴西因国内经济衰退而将持有的亚投行股份大幅削减，从原计划的32000股减少到50股[3]。

---

[1] "List of All Projects"，https：//www. ndb. int/projects/list - of - all - projects/approved - projects/。

[2] 《巴西宣布将加入亚洲基础设施投资银行》，人民网，2015年3月28日，http：//world. people. com. cn/n/2015/0328/c1002 - 26764079. html。

[3] 巴西国家通讯社：《巴西减少亚洲基础设施投资银行股份》，2017年5月15日，https：//macauhub. com. mo/zh/2017/05/15/brasil - reduz - participacao - no - banco - asiatico - de - investimento - em - infra - estruturas/。

巴西对区域合作机制具有倾向性偏好，因此参与不同金融合作机制的程度各有差异。2015 年 12 月中拉产能合作专项基金出资 6 亿美元参与中国三峡集团巴西伊利亚和朱比亚两电站 30 年特许运营权项目，2019 年两电站又先后完成了部分发电机组升级改造项目①，发电能力进一步提升。2017 年中拉合作基金参与完成国家电力投资集团公司海外公司对巴西第九大水电站圣西芒水电站特许经营权投资，迄今为止项目运营顺利②。2020 年 1 月 15 日中拉合作基金与招商局港口、中葡基金共同参与的巴西 TCP 码头股权合作项目完成签约③。截至 2019 年底，巴西已获得金砖国家新开发银行批准的约 9 亿美元共 7 个融资项目，其中 2019 年获得了 3 个项目共 9 亿美元融资。不过，巴西至今尚未参与亚投行的融资项目。

（五）"一带一路"合作倡议

2013 年 9 月和 10 月中国国家主席习近平分别提出建设"丝绸之路经济带"和"21 世纪海上丝绸之路"的合作倡议。目前，已有 19 个拉丁美洲及加勒比国家与中国签署了"一带一路"合作协议，但是巴西尚未签署。巴西国内很希望与"一带一路"倡议对接。巴西智库瓦加斯基金会希望中国"一带一路"倡议与巴西国内项目形成良性对接，推动两国良好合作进一步加强；2019 年 5 月副总统莫朗访华期间也希望促进巴西"投资伙伴计划"

---

① 中国长江三峡集团有限公司：《巴西朱比亚、伊利亚水电站首批技改项目已近尾声》，2019 年 3 月 29 日，http：//www. sasac. gov. cn/n2588025/n2588124/c10839983/content. html；三峡国际：《巴西朱比亚、伊利亚水电站首批技改机组全部实现商业运营》，2019 年 6 月 4 日，http：//news. bjx. com. cn/html/20190604/984299. shtml。

② 国家电力投资集团公司：《国家电投完成巴西圣西芒水电站特许经营权交割》，2017 年 12 月 15 日，http：//www. sasac. gov. cn/n2588025/n2588124/c8297064/content. html；巴西华人网资讯：《"产业 + 金融"新模式，助力中巴清洁能源合作》，2019 年 6 月 21 日，https：//www. sogou. com/link? url = DSOYnZeCC_ oFmTickJ _ wj4y5wykKaLTOnoxr0mqL6sKmuY67ygZ55Q。

③ 中拉合作基金：《宁咏副行长出席巴西 TCP 码头股权合作项目签约暨交割仪式》，2020 年 1 月 15 日，http：//www. clacfund. com. cn/common/index. aspx? nodeid = 34&page = ContentPage& contentid = 329。

与中国"一带一路"倡议对接。①

实际上，在中巴经贸合作进程中，中国在与巴西的多层级合作上都以推进和落实"一带一路"倡议为导向，中国企业也始终坚持以服务"一带一路"建设为己任，国家电网、三峡集团等也都把对巴西投资作为践行"一带一路"倡议的实际行动②。不论是巴西"投资伙伴计划"，还是中国"一带一路"倡议，本质上都是以深化两国经济贸易合作为目的，以改善巴西营商环境和增强巴西自我发展能力为导向，共同推动两国经济繁荣发展。当然，巴西"投资伙伴计划"还需要更加开放和包容，中国也应更加积极主动地参与其中。

（六）简要评析

总体上来看，在与中国经济贸易合作过程中，巴西对中巴高委会、金砖国家新开发银行、中拉产能合作基金、中巴扩大产能合作基金等合作机制参与度深，近年来对推动巴西"投资伙伴计划"与中国"一带一路"倡议对接表现比较积极，而对基于中拉整体合作框架的中国—拉共体论坛表现比较冷淡，博索纳罗政府对金砖国家合作机制及亚洲基础设施投资银行也缺乏足够的参与热情。巴西希望维护其地区大国身份的自我定位，但又不愿为推动地区合作承担责任，这种矛盾心态使其对中拉整体合作机制缺乏参与积极性。

---

① 《巴西智库与中资企业等共商"一带一路"合作》，新华网，2019 年 5 月 8 日，http：//www.xinhuanet.com/world/2019－05/08/c_1124466439.htm；《巴西副总统：愿促进"投资伙伴计划"同"一带一路"倡议对接》，《环球时报》2019 年 5 月 25 日，https：//www.yidaiyilu.gov.cn/xwzx/roll/91757.htm；袁源：《巴西组团来华对接"投资伙伴计划"》，《国际金融报》2019 年 8 月 12 日，第 2 版。

② 《国家电网积极服务"一带一路"建设　促进中巴互利共赢》，人民网，2019 年 11 月 13 日，http：//energy.people.com.cn/n1/2019/1113/c71661－31453675.html；三峡集团：《积极投身"一带一路"建设　推动国际业务高质量发展》，2019 年 8 月 23 日，http：//www.cec.org.cn/zdlhuiyuandongtai/fadian/2019－08－23/193668.html；赵忆宁：《"一带一路"与拉美十国调研报告》，《21 世纪经济报道》2019 年 10 月 19 日，http：//www.21jingji.com/2019/10－19/2MMDEzNzlfMTUxMjk2MA.html。

三 2019年中国与巴西经贸合作现状

（一）巴西对华贸易概况[①]

从2009年以来，中国一直是巴西的最大贸易伙伴国。据巴西外贸秘书处统计，2019年巴西与中国双边货物进出口额为981.4亿美元，下降0.8%。其中，巴西对中国出口628.7亿美元，下降2.1%，占巴西出口总额的28.1%；巴西自中国进口352.7亿美元，增长1.6%，占巴西进口总额的19.9%（见图2）。巴西与中国贸易顺差276亿美元，下降6.4%。中国是巴西第一大出口目的地和第一大进口来源国。

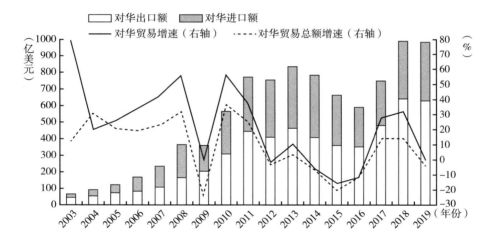

图2 2003~2019年巴西对华进出口额及贸易额增长速度

资料来源：2003~2005年巴西对华进出口贸易数据来自联合国商品贸易统计数据库；2006~2019年巴西对华进出口贸易数据来自巴西外贸秘书处、Wind数据库；2003~2019年巴西对外进出口贸易数据来自巴西工贸发展部、Wind数据库。

---

① 中国商务部：《2019年巴西货物贸易及中巴双边贸易概况》，https：//countryreport. mofcom. gov. cn/record/view110209. asp? news_ id = 67247。

从对外贸易总体变化来看，2019 年巴西对外贸易总体呈现下降趋势，但对华贸易各项指标变化趋势都好于巴西对外贸易总量的同类指标变化情况。与对外贸易总量各项指标相比，2019 年巴西对华贸易的出口额、进口额、贸易顺差和贸易总额分别高出 3.72 个百分点、3.69 个百分点、10.87 个百分点和 3.42 个百分点（见表 1）。2019 年巴西对华商品出口占其对外出口总额的 28.1%，而对华贸易顺差占到巴西对外贸易顺差总额的 57.46%。

表 1　2006～2019 年巴西对华贸易和对外贸易的增长率

单位：%

年份	对华贸易				对外贸易			
	出口额	进口额	贸易差额	贸易总额	出口额	进口额	贸易差额	贸易总额
2006	22.93	49.21	-72.10	34.47	16.02	24.13	2.85	19.12
2007	27.96	57.94	-554.74	42.58	16.57	32.11	-13.91	22.76
2008	52.60	58.82	-94.60	55.96	23.21	43.70	-38.42	31.99
2009	23.09	-20.60	217.68	-0.94	-22.69	-26.17	1.78	-24.31
2010	52.47	60.85	21.33	56.17	31.96	42.22	-20.26	36.63
2011	43.95	28.11	121.97	36.76	26.83	24.46	48.36	25.71
2012	-6.97	4.45	-39.45	-2.11	-5.34	-1.27	-36.31	-3.43
2013	11.64	8.92	24.99	10.40	-0.13	7.30	-87.91	3.44
2014	-11.75	0.12	-62.51	-6.44	-7.02	-4.40	-281.66	-5.72
2015	-12.33	-17.74	49.46	-14.92	-15.11	-25.17	569.78	-20.19
2016	-1.33	-23.94	140.74	-11.80	-3.01	-19.76	144.19	-10.93
2017	35.16	16.94	71.34	27.88	17.55	9.57	40.60	14.15
2018	35.20	27.12	46.16	32.25	9.89	20.22	-13.37	14.11
2019	-2.08	1.55	-6.36	-0.80	-5.80	-2.14	-17.23	-4.22

资料来源：2006～2019 年巴西对华进出口贸易数据来自巴西外贸秘书处、Wind 数据库；2006～2019 年巴西对外进出口贸易数据来自巴西工贸发展部、Wind 数据库。

（二）中巴双边贸易进出口商品结构分析

1. 巴西对全球及中国的出口产品结构分析

（1）巴西对全球出口的产品结构状况①。从巴西对全球出口的产品整体情况来看，矿产品、植物产品和食品饮料烟草是巴西的主要出口商品，2019年出口额分别为558.7亿美元、405.8亿美元和199亿美元，占巴西出口总额的24.9%、18.1%和8.9%。其中，矿产品出口增长3.4%，为巴西第一大出口产品。巴西矿产资源非常丰富，目前探明储量的矿产有50多种。许多重要矿产储量位居世界前列，其中铌、钽、滑石和叶蜡石储量居世界第一位，铁矿石和石墨储量居世界第二位，铝土矿、锰、镍、锡、锌储量居世界第三位。其他主要的矿产资源还有石油、天然气、煤、铀、金、铜、铬、铅、钛、锆、高岭土、石棉、磷矿石、萤石、石膏、蛭石、菱镁矿等。植物产品出口下降8%，食品饮料烟草出口下降9.8%。其余大类产品中，除动物产品出口增长11.3%外，其他产品的出口也大都下降。从五大类出口商品的国别和地区构成来看，前五个国家和地区中共同覆盖地只有中国；除动物类产品外，其余产品共同覆盖的还有美国（见表2）。

表2　2019年巴西五大类产品前五大出口目的国别/地区构成

单位：百万美元，%

HS25-27:矿产品			HS06-14:植物产品		
国家和地区	金额	占比	国家和地区	金额	占比
中国	29539	52.9	中国	20585	50.7
美国	5303	9.5	日本	1692	4.2
马来西亚	2038	3.7	伊朗	1544	3.8
新加坡	1802	3.2	西班牙	1514	3.7
荷兰	1582	2.8	美国	1175	2.9

---

① 朱慧琳：《2018年中国与巴西双边贸易全景图》，前瞻产业研究院，2019年6月20日，https：//www.qianzhan.com/analyst/detail/220/190620-bbe25b9e.html。

HS16－24:食品、饮料烟草			HS01－05:活动物、动物产品		
国家和地区	金额	占比	国家和地区	金额	占比
美国	2167	10.9	中国	4562	27.3
荷兰	1652	8.3	中国香港	1987	11.9
比利时	1435	7.2	沙特阿拉伯	946	5.7
中国	901	4.5	阿联酋	861	5.2
韩国	816	4.1	日本	853	5.1
HS72－83:贱金属及制品					
国家和地区	金额	占比			
美国	4768	29.1	五类产品中前五大出口国均覆盖:中国		
荷兰	1911	11.7			
中国	1543	9.4			
阿根廷	905	5.5			
日本	484	3.0			

资料来源:中国商务部《2019年巴西货物贸易及中巴双边贸易概况》, https://countryreport. mofcom. gov. cn/record/view110209. asp? news_ id =67247。

（2）巴西对中国出口产品的结构分析。2019年,巴西对中国的出口下降2.08%,但比巴西对外出口总额的降幅约低3.7个百分点。巴西对全球整体的出口产品结构与对中国的出口产品结构存在一定差异,巴西对中国的出口产品集中度较高,大豆、原油和铁矿石三种产品占巴西对中国出口的八成以上。其中,铁矿石出口增长21.0%,原油出口增长6.0%,但大豆对中国的出口下降25.0%。2019年巴西大豆对华出口减少,主要是受中国大豆进口被纳入下半年中美达成第一阶段贸易协议量化采购清单影响。

如表3所示,巴西对华出口前两位是矿产品和植物产品,这与巴西对全球出口产品结构一致。最近20年以来,矿产品始终是巴西对中国出口的主力产品。2019年巴西对华矿产品出口额为295.39亿美元,占巴西对华出口总额的47.0%。植物产品是巴西对中国出口的第二大类商品,2019年对华出口额为205.85亿美元,比上年下降了25.0%,占巴西对华出口总额的32.7%。总体来看,矿产品和植物产品对华出口额合计占比比上年下降了约3.9个百分点。与对全球出口的第三大产品为"食品饮料烟草"

不同，巴西对华出口的第三大产品为动物产品，2019年对华出口额为45.62亿美元，占巴西对中国出口总额的7.3%，比上年增长了74.2%。主要是因为受非洲猪瘟及生猪养殖环境监测标准提升的影响，中国国内猪肉供给收紧，以及中美贸易摩擦造成美国猪肉进口减少，所以大幅度增加了对巴西猪肉的进口。

表3　2019年巴西对外出口产品与对中国出口产品对比

海关分类		商品类别	2019年巴西对外出口		2019年巴西对中国出口	
类	章		金额（亿美元）	占比（%）	金额（亿美元）	占比（%）
第5类	25 – 27	矿产品	559	24.9	295.39	47.0
第2类	06 – 14	植物产品	406	18.1	205.85	32.7
第4类	16 – 24	食品饮料烟草	199	8.9	9.01	1.4
第1类	01 – 05	活动物；动物产品	167	7.5	45.62	7.3
第15类	72 – 83	贱金属及制品	164	7.3	15.43	2.5
第17类	86 – 89	运输设备	159	7.1	/	/
第16类	84 – 85	机电产品	159	7.1	2.75	0.4
第6类	28 – 38	化工产品	101	4.5	2.45	0.4
第10类	47 – 49	纤维素浆；纸张	95	4.3	33.54	5.3
第7类	39 – 40	塑料、橡胶	47	2.1	2.12	0.3
第14类	71	贵金属及制品	42	1.9	0.24	0
第11类	50 – 63	纺织品及原料	36	1.6	8.55	1.4
第9类	44 – 46	木及制品	29	1.3	1.78	0.3
第13类	68 – 70	陶瓷；玻璃	17	0.8	/	/
第8类	41 – 43	皮革制品；箱包	12	0.6	2.9	0.5
第3类	15	动植物油脂	/	/	2.49	0.4
第18类	90 – 92	光学、钟表、医疗设备	/	/	0.19	0
		其他	49	2.2	0.4	0.1
		总值	2241	100	628.71	100

注：因四舍五入，表中数据个别存在误差。

资料来源：中国商务部《2019年巴西货物贸易及中巴双边贸易概况》，https://countryreport.mofcom.gov.cn/record/view110209.asp? news_ id = 67247。

2. 巴西对全球及中国的进口产品结构分析

（1）巴西从全球进口的产品结构状况。巴西从全球进口产品整体情况方面，机电产品、化工产品和矿产品是巴西进口的前三大类商品。2019年巴西前三大类产品进口合计1070.4亿美元，约占进口总额的60.4%。其中，贱金属及制品、植物产品和机电产品等进口增幅居前，增幅分别为17.2%、7.9%和6.2%。从五大类进口商品来源国别构成来看，前五个国家和地区中共同覆盖地只有美国（见表4）。除矿产品外，其余产品共同覆盖的还有中国。

表4　2019年巴西五大类进口商品来源国别/地区构成①

单位：百万美元，%

HS84-85:机电产品			HS28-38:化工产品		
国家和地区	金额	占比	国家和地区	金额	占比
中国	15680	36.2	美国	6604	17.5
美国	4780	11.0	中国	5323	14.1
德国	3007	6.9	德国	3615	9.6
韩国	2515	5.8	俄罗斯	2221	5.9
越南	1799	4.2	印度	2074	5.5
HS25-27:矿产品			HS86-89:运输设备		
国家和地区	金额	占比	国家和地区	金额	占比
美国	11625	45	阿根廷	4552	24.8
沙特阿拉伯	1680	6.5	中国	3320	18.1
阿尔及利亚	1461	5.7	巴西	1725	9.4
玻利维亚	1314	5.1	墨西哥	1494	8.1
秘鲁	1004	3.9	美国	1252	6.8
HS72-83:贱金属及制品					
国家和地区	金额	占比			
巴西	3202	24.1	五类产品中前五大进口国均覆盖:美国		
中国	2349	17.6			
智利	1021	7.7			
美国	656	4.9			
德国	542	4.1			

资料来源：中国商务部《2019年巴西货物贸易及中巴双边贸易概况》，https：//countryreport. mofcom. gov. cn/record/view110209. asp？ news_ id = 67247。

---

① 在商务部数据和联合国商品贸易统计数据库中，关于2018～2019年连续2年巴西五大类进口商品来源国，都显示有"巴西对巴西的运输设备（HS86-89）和贱金属及制品（HS72-83）进口统计数据"，表述及数据方面存疑，特此说明。

（2）巴西从中国进口的产品结构分析

2019 年巴西自中国进口额比上年增长 1.55%，占巴西进口总额的 19.9%，提高了 0.7 个百分点。巴西自中国进口的主要商品为机电产品、化工产品和运输设备，2019 年上述三类产品合计进口 243.23 亿美元，占巴西自中国进口总额的 69%。如表 5 所示，巴西对华进口前两位是机电产品和化工产品，这与巴西对全球进口产品结构一致，2019 年巴西对华进口机电产品和化工产品分别占巴西对华进口总额的 44.5% 和 15.1%，两类产品对华进口额合计比上年增长了 18.3%。与对全球进口产品结构不一致的是，巴西对华进口第三大类产品为运输设备，2019 年进口额占对华进口总额的 9.4%，但对华进口额比上年减少了 30.5%。此外，纺织品及原料、贱金属及制品等也是巴西从中国进口的主要大类产品，占进口总额的比重均在 5% 以上。自中国进口主要大类产品除运输设备等少数产品外已大多恢复增长，但进口增幅大多不及 10%，大类商品中只有机电产品进口增幅略高于 10%。总体来看，在巴西进出口额双双持续下降的背景下，中巴双边进出口贸易也双双下降，但降幅显著低于其总体进出口降幅。

表 5　2019 年巴西从全球进口产品与从中国进口产品对比

海关分类	HS 编码	商品类别	2019 年巴西进口		2019 年巴西从中国进口	
类	章		金额（亿美元）	占比（%）	金额（亿美元）	占比（%）
第 16 类	84－85	机电产品	434	24.5	156.80	44.5
第 6 类	28－38	化工产品	378	21.3	53.23	15.1
第 5 类	25－27	矿产品	258	14.6	1.77	0.5
第 17 类	86－89	运输设备	184	10.4	33.20	9.4
第 15 类	72－83	贱金属及制品	133	7.5	23.49	6.7
第 7 类	39－40	塑料、橡胶	103	5.8	15.82	4.5
第 18 类	90－92	光学、钟表、医疗设备	56	3.1	9.76	2.8
第 11 类	50－63	纺织品及原料	54	3.1	29.55	8.4
第 2 类	06－14	植物产品	46	2.6	1.67	0.5
第 4 类	16－24	食品、饮料、烟草	32	1.8	/	/

续表

海关分类		商品类别	2019 年巴西进口		2019 年巴西从中国进口	
类	章		金额（亿美元）	占比（％）	金额（亿美元）	占比（％）
第 1 类	01 – 05	活动物；动物产品	23	1.3	1.96	0.6
第 20 类	94 – 96	家具、玩具、杂项制品	19	1.1	11.53	3.3
第 13 类	68 – 70	陶瓷；玻璃	13	0.7	4.32	1.2
第 10 类	47 – 49	纤维素浆；纸张	12	0.7	2.42	0.7
第 3 类	15	动植物油脂	9	0.5	/	/
第 8 类	41 – 43	皮革制品；箱包	/	/	3.32	0.9
第 12 类	64 – 67	鞋靴、伞等轻工产品	/	/	1.82	0.5
其他			20	1.1	2.03	0.6
总值			1773	100	352.7	100

注：因四舍五入，表中数据个别存在误差。

资料来源：中国商务部《2019 年巴西货物贸易及中巴双边贸易概况》，https：∥countryreport. mofcom. gov. cn/record/view110209. asp？news_ id = 67247。

从 2019 年巴西从中国进口的主要产品金额占该产品进口总额的比重来看，中国的家具、玩具杂项制品等产品占巴西进口市场的 60％，纺织品及原料等占巴西进口市场的 55％（见图 3）。除此之外，机电产品，陶瓷、玻璃等中国产品在巴西也极具竞争力。

（三）关于中巴贸易问题的几点评析

1. 中国需求波动对巴西经济增长的影响

2020 年在新冠肺炎疫情暴发后，高盛拉丁美洲研究主管阿尔贝托·拉莫斯（Alberto Ramos）表示，"影响最严重的经济体是智利、秘鲁，在某种程度上还包括巴西"，"拉美市场看跌风险的主要来源是贸易条件的恶化，这是中国经济放缓对商品价格产生的深远影响所致"。[①] 在中国经济增长逐步进入新常态以来，时常有人发出类似的忧虑之声，认为中国需求减弱会对

---

① 《新冠疫情对拉美经济增长产生影响》，南美新闻网，2020 年 3 月 11 日，http：∥www. ccpit. org/Contents/Channel_ 4214/2020/0311/1246152/content_ 1246152. htm。

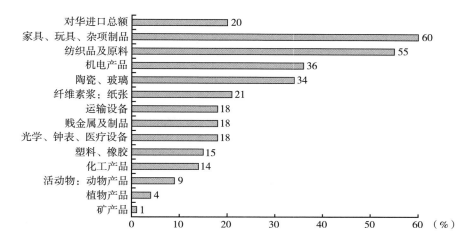

图3　2019年巴西主要对华进口产品占该产品进口总额比重

资料来源：中国商务部《2019 年巴西货物贸易及中巴双边贸易概况》，https：// countryreport. mofcom. gov. cn/record/view110209. asp? news_ id =67247。

拉美地区经济产生巨大的不利影响，尤其是对那些对中国市场依赖度较高的拉美国家影响特别大。

　　事实上，这种看法高估了中国经济增速减缓对拉美国家的影响，近期巴西经济波动可以对此予以解释。2009 年以来，巴西净出口对经济增长的拉动作用除了 2014～2016 年外都是负值（见图4），而同期巴西对第一大贸易伙伴中国的净出口额始终为正，对第二大贸易伙伴美国的净出口额则基本为负。2019 年巴西对中国净出口额为 276 亿美元，占巴西对外贸易顺差总额的 57.5%，中国进口需求对巴西经济增长的贡献不容忽视，而对美国净出口则为 -5.25 亿美元。2019 年巴西前七大贸易顺差国的顺差额全部下降，其中对荷兰、智利、新加坡等国贸易顺差分别减少了 30.1%、34.6% 和 24.3%（部分见图 5），而巴西对俄罗斯和德国的贸易逆差分别扩大了 20.6% 和 4.1%，对外净出口额大幅度减少，这是巴西商品和服务净出口对实际 GDP 增长的拉动率为 -0.52%[①]的重要原因。

——————————

① 数据来自 Wind 数据库。

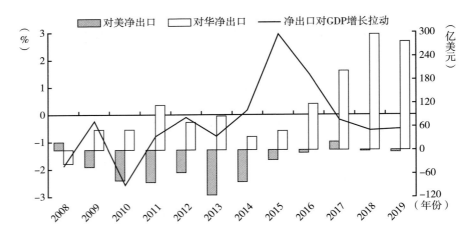

图4 2008~2019年巴西对美国和中国的净出口额及净出口对GDP增长拉动

资料来源：巴西对中美两国净出口额数据来自联合国商品贸易统计数据库；净出口对GDP增长的拉动率数据来自Wind数据库。

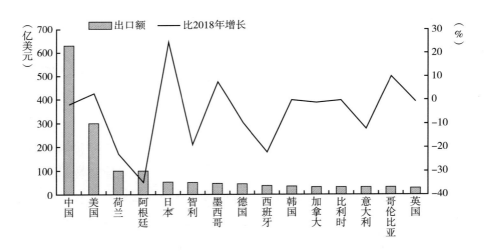

图5 2019年巴西货物出口额TOP15国家及其增长率

资料来源：中国商务部《2019年巴西货物贸易及中巴双边贸易概况》，https：//countryreport. mofcom. gov. cn/record/view110209. asp？ news_ id = 67247。

2019年巴西对外出口比上年减少了6.6%，其中对阿根廷、智利、荷兰、西班牙、意大利、德国等主要贸易伙伴货物出口分别减少35.0%、

19.5%、22.8%、22.3%、12.1%和9.6%，而对中国出口仅减少2.1%。显然，对中国以外其他国家和地区出口大幅度下降，进而引起净出口大幅度减少，这是导致巴西净出口对经济增长贡献率为负的关键所在。在中国经济持续增长形势下，中国进口需求未出现大幅度减少的趋势（见图6），因此中国经济增速趋缓不是巴西及拉美其他国家经济波动的决定性因素。

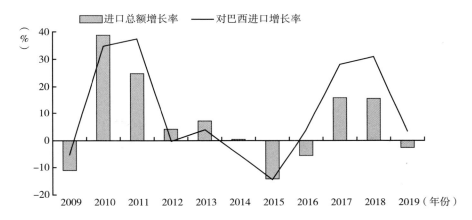

图6　中国货物进口总额增长率及对巴西进口增长率

资料来源：2009~2018年数据来自联合国商品贸易统计数据库；2019年数据来自中国海关总署。

2. 中国与巴西贸易结构"不平衡"问题

拉丁美洲对外贸易结构"不平衡"的问题由来已久，只是现在讨论的贸易对象从欧洲和北美转向了中国，一个备受争议的观点是初级产品的进口国"阻碍"了出口国的工业化进程。在中国与巴西贸易中，结构"不平衡"问题同样受到广泛关注①。究竟该如何认识这个由初级产品出口引发的贸易结构"不平衡"问题？

第一，贸易的本质是实现互补和互利。只要所有参与主体平等且自由，那么任何可能损害参与方利益的贸易都不会发生，因为面临利益损害的参与

---

① Luis Antonio Paulino：《金砖国家机制下巴中经贸合作：新特点与新趋势》，载《巴西发展报告（2017~2018）》，社会科学文献出版社，2018，第268~269页。

方可以退出贸易。中国与巴西之间绝不存在一方胁迫另一方进行贸易的任何可能，双方基于平等和自由开展贸易，任何一方在可能面临损害时都拥有退出贸易的权利。无论从理论还是实践来说，认为当前中巴贸易有损巴西利益的看法是毫无道理的。

第二，出口初级产品不是贫穷落后的原因，不少富裕国家的初级产品出口规模甚至更大。事实上，美国、法国、澳大利亚、加拿大、新西兰、荷兰等发达国家是全球重要的农产品或矿产品出口国，智利和乌拉圭这两个南美洲最富裕的国家也是世界上重要的农产品和矿产品出口国。[①] 可以相信，即使不出口具有全球竞争优势的农产品和矿产品，巴西经济状况也不会比现在更好。

第三，在当前工业化发展水平不高的阶段，巴西初级产品出口收入向工业资本转化率低。从历史角度看，不少现代工业化国家经历过漫长的农业社会或以初级产品出口积累工业资本的发展阶段。美国、法国、澳大利亚等在成为工业化国家前也经历过以出口农产品或矿产品为主的发展时期，初级产品出口为这些国家工业发展积累了最初的发展资本。巴西虽然经历了更长的初级产品出口时期，但其出口收入绝大多数没有转化成工业资本，而是被国民消费掉了。如图7所示，2008年以来巴西私人消费占GDP比例上升了5个百分点，而资本形成额占比下降了7个百分点。稳定的初级产品出口收入的资本化率不足，不能为工业发展积累足够资本，甚至出现工业资本过度依赖外国投资的现象，工业化发展进程缓慢或反复波动是很难避免的。巴西经济稍有不景气，国内投资即减少甚至出现资本外逃问题，新增投资不能对经济增长产生拉动作用。如图8所示，在过去19年里有9年的资本形成总额对经济增长拉动率（同比）为负。

此外，劳工、税收及营商环境等问题不利于工业投资（尤其是使用更多劳动力的产业部门），企业家及技术型劳动力向北美和欧洲移民的倾向过高，这些因素对巴西工业化发展的负面影响也不容忽视。面对巴西对所谓贸易结构不平衡问题的抱怨，中国也积极协调国内工业企业投资巴西工业，但

---

① 李仁方：《中国与巴西贸易结构新解：中国的视角》，《拉丁美洲研究》2014年第3期。

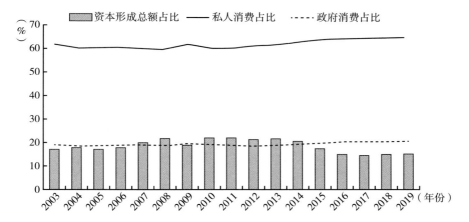

图7　2003～2019年巴西私人消费、政府消费、资本形成总额分别占GDP比例

资料来源：Wind数据库。

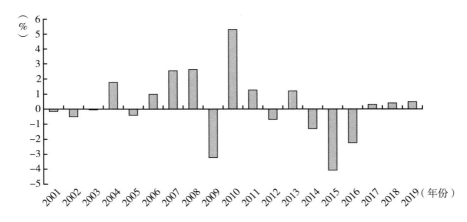

图8　2001～2019年巴西资本形成总额对GDP同比拉动率

资料来源：Wind数据库。

受劳工、税收、投资法律、营商环境等因素影响，不少中资企业在巴西出现水土不服，乃至发展步履艰难。

3. 中国与巴西贸易发展及其结构变化的前景分析

根据中国和巴西两国资源禀赋状况、中国经济发展及巴西工业投资增长的态势来看，短期内巴西对中国的农产品出口将继续保持高增长，矿产品出

口可能会保持相对稳定。中国大量的机电产品、化工产品具有极强的国际竞争力，也是现在和将来巴西从中国进口的主要产品，而巴西的大豆、猪肉、石油、铁矿石等在中国市场的需求将继续保持稳定增长。在中巴贸易中虽有部分产品相互竞争，但更多还是互利、互惠、互补。随着两国经济不断发展，中巴两国贸易互补程度将会进一步加深，双边贸易持续向好态势短期内不会改变。当然，中巴贸易结构"不平衡"短期内仍将是两国关注的问题之一，而中国对巴西的制成品出口因此引发的贸易纠纷问题也可能进一步增加。

巴西工业体系较完备，工业实力居拉美首位，民用支线飞机制造业和生物燃料产业在世界居于领先水平，工业发展潜力巨大。根据国际劳工组织数据，当前巴西制造业平均工资水平为 2486 雷亚尔①，但北部地区平均工资水平比东南部地区低 1000 雷亚尔以上②，北部地区有优势发展劳动密集型的制造业。如果巴西能够加快改善国内营商环境，工业设备和中间产品进口进一步扩大，并加大税收优惠力度，北部地区制造加工产业发展将会加快。东南部地区若能够发挥其人才和技术优势发展技术类产业，那么巴西将形成一个产业结构、技术层级和区域布局都较好的工业体系。在此基础上，如果中国与巴西能够实现两国产业链合作紧密化，即使短期内中巴贸易结构调整缓慢，巴西工业进程也会比过去更快。对于 2019 年巴西进口中国电动机、发电机和变压器等设备增长的现象，瓦加斯基金会国际财务管理研究中心主任夏华声的看法非常正确——"这是巴西经济企稳回升的信号之一"③。事实上，机械设备等中间产品进口增长是现阶段巴西工业发展的显示性指标。有理由相信，中巴产业间贸易和产业内贸易都将会随巴西工业化水平提升而增加，进而逐步改变当前的中巴贸易结构。

---

① 数据来自国际劳工组织，https：//ilostat. ilo. org/data/，检索日期：2020 年 4 月 15 日。
② 《巴西人平均月薪 2330 雷亚尔东南地区超均值》，2018 年 11 月 7 日，http：//www. chinanews. com/gj/2018/11－07/8670733. shtml。
③ 《中国巴西经贸合作进入新阶段》，《人民日报》2019 年 12 月 16 日，http：//www. chinaqw. com/ydylpc/2019/12－16/240000. shtml。

四 2019年中国对巴西直接投资现状

（一）中国对巴西直接投资

根据 2020 年 1 月 20 日联合国贸发会议发布的《投资趋势监测报告》，2019 年全球外国直接投资（FDI）略有下降，从 2018 年的 1.41 万亿美元降至 1.39 万亿美元。其中，2019 年中国吸纳 FDI 约 1400 亿美元，比上年增长 1%；同期巴西吸纳 FDI 约 750 亿美元，比上年增长 26%，这主要是巴西私有化计划带来的结果。该报告指出，2019 年巴西所获外国资本增加主要是因为推出了私有化项目，将巴西国有企业子公司和私营企业的国有股份对外出售。[①]

根据中国驻圣保罗总领馆经商处信息，截至 2019 年 9 月底，中国对巴投资存量为 805.47 亿美元（占比 31%），仅次于美国的 829.82 亿美元（占比 32%），继续巩固巴西第二大投资来源国地位。[②] 根据墨西哥经济学家彼得斯（Enrique Dussel Peters）团队研究，2019 年中国对巴西直接投资的 3 个项目共计 9.27 亿美元，创造就业岗位 17764 个（见图 9）。[③]

根据普华永道咨询公司调查，经过 2018 年沉寂之后，中国企业 2019 年在巴西投资活动再度活跃，全年投资额约达到 19 亿美元，而过去 10 年里中国企业在巴西投资 83 个项目约 550 亿美元，投资大部分集中在能源和基建领域。调查显示，2019 年第一大投资案是由"中国国家电网"控股的"巴西 CPFL"以 10 亿美元收购了"CPFL（巴西可再生能源领域的龙头企业）可再生能源"46.7% 的股权，第二大投资案是"中国广核集团"以

---

① UNCTAD，"Global Investment Flows Flat in 2019，Moderate Increase Expected in 2020"，2020 – 01 – 20，https：//unctad. org/en/pages/newsdetails. aspx? OriginalVersionID = 2274。

② 驻圣保罗总领馆经商处：《中国继续稳居巴西第二大投资来源国》，2019 年 12 月 27 日，http：//stpaul. mofcom. gov. cn/article/jmxw/201912/20191202926098. shtml。

③ Enrique Dussel Peters：《2020 年中国在拉丁美洲和加勒比地区直接投资报告》，2020 年 3 月 18 日，https：//www. redalc – china. org/monitor/。

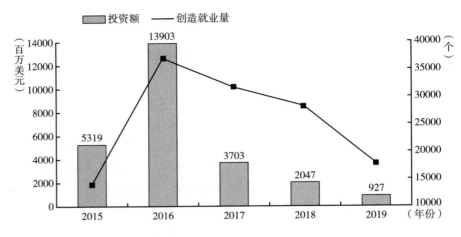

图 9　中国企业对巴西投资额及创造就业量

资料来源: Enrique Dussel Peters《2020 年中国在拉丁美洲和加勒比地区直接投资报告》, 2020 年 3 月 18 日, https: //www. redalc – china. org/monitor/。

7.83 亿美元收购意大利 Enel 集团在巴西的全部太阳能和风能发电资产——所涉电厂目前均已在运营中, 第三大投资案是中国三峡集团①以 1.01 亿美元从中国电力工程公司和巴西企业 Brafer 手上全资收购巴西南部海岸输电公司。②

随着巴西国内形势趋于稳定, 2019 年中国企业对巴西除了普华永道所述三大投资项目外, 在交通、能源、科技、制造等领域同样表现活跃。2019 年 2 月 13 日比亚迪与巴伊亚州政府正式签署云轨建设合同, 项目投资额 7 亿美元; 同年 12 月 10 日比亚迪获批一期工程开工许可证; 2020 年 1 月 3 日云轨整体设计方案获该州政府批准, 比亚迪与巴伊亚州政府签署云轨整体设计方案合约, 项目正式开工在即③。2019 年 5 月 13 日, 中寰集团与巴西巴伊亚州政府签署中巴钢铁综合一体化项目合作谅解备忘录, 计划在

① 持有"葡萄牙电力公司"(EDP) 23.27% 的股权。
② 《2019 年中国企业恢复在巴西投资》, 2019 年 12 月 31 日, http: //www. ipim. gov. mo/zh – hans/? p = 274966。
③ 《比亚迪巴西跨海云轨设计方案获批 开工在即》, 中国新闻网, 2020 年 1 月 6 日, http: // www. chinanews. com/cj/2020/01 – 06/9052197. shtml。

2018～2025 年投资 200 亿美元，输出 1500 万吨钢铁及配套附属设施、1000 万千瓦发电装机容量的优势产能。① 5 月 23 日，中国交建与淡水河谷公司签署谅解备忘录，双方同意在巴西帕拉纳州投资 150 亿雷亚尔合作建立一家钢厂。② 同年 12 月 13 日，中国交建与中铁二十局组成的联合体中标巴西萨尔瓦多—伊塔帕里卡跨海大桥 PPP 项目，总投资 22 亿美元。③

2019 年 5 月 27 日，巴西美丽山二期工程输电线路全线贯通，这是国家电网首个在海外独立投资、建设和运营维护的同电压等级全球最长的特高压直流输电项目。该项目总投资约 96 亿雷亚尔，创造就业岗位 1.6 万个，建设期贡献税收约 22 亿雷亚尔④。同年 11 月初在巴西政府举行的两轮盐下石油区块招标中，由巴西国油（占股 90%）、中国石油（占股 5%）和中国海油（占股 5%）组成的联合体成功中标 Buzios 大型在产项目，由巴西国油（占股 80%）和中国石油（占股 20%）组成的联合体中标 Aram 区块项目。⑤ 同年 11 月 13 日，中国国家电投、德国西门子股份公司和巴西 PRUMO 公司共同签署《关于投资、开发、建设和运营 GNA 燃气电站的合作意向协议》，中国国家电投将参与 GNA 项目股权投资，并与西门子股份公司、PRUMO 公司共同开展项目设计、建设和运营管理合作。⑥

2019 年 7 月山东碧海包装材料有限公司确认在巴西阿拉戈斯州投资

① 《又一中国企业与巴西合作!》，巴西华人网，2019 年 5 月 20 日，https：//www. sohu. com/a/315267774_ 292978。
② Economico Valor，"Vale e chinesa CCCC vão montar usina de aço de R $ 1, 5 bi no PA"，23/05/2019，https：//valor. globo. com/empresas/noticia/2019/05/23/vale－e－chinesa－cccc－vao－montar－usina－de－aco－de－r－15－bi－no－pa. ghtml.
③ 《中企联合体中标巴西跨海大桥项目，总投资 22 亿美元》，观察者网，2019 年 12 月 15 日，https：//www. guancha. cn/economy/2019_ 12_ 15_ 528455. shtml。
④ 《"中国速度"推进共建巴西南北"电力走廊"》，中央广电总台国际在线，2019 年 4 月 15 日，http：//www. chinanews. com/cj/2019/04－15/8809905. shtml。
⑤ 《中国两油企参股中标巴西盐下层石油区块》，新华网，2019 年 11 月 7 日，http：//m. xinhuanet. com/2019－11/07/c_ 1125203951. htm；《中国石油参股中标巴西深海盐下项目》，中国石油网，2019 年 11 月 11 日，http：//news. cnpc. com. cn/system/2019/11/11/001751128. shtml。
⑥ 国家电投：《国家电投巴西清洁能源建设情况》，2019 年 11 月 18 日，http：//news. bjx. com. cn/html/20191118/1021481. shtml。

4880 万美元建设一个包装工厂,将带来 400 个就业岗位。8 月,华为确认在圣保罗州投资 8 亿美元,将在 2020～2022 年实施投资以开展各类经营,包括专业培训和终端制造。① 徐工巴西银行也于 2019 年 10 月正式获得巴西央行批准筹建,预计 2020 年开业,并拟在圣保罗设立分行或代表处,这是中国制造业首家海外银行,将成为服务中巴企业的新金融平台。② 此外,集聚了格力电器、TCL、嘉陵摩托等中资企业的马瑙斯工业园区近些年来蓬勃发展,中国企业先进的技术经验和优秀的企业文化为巴西制造业注入了新动力,也为巴西消费者提供了优质产品,中巴企业合作极大地提升了巴西的工业水平。巴西国际关系研究中心主席若泽·博尔赫斯表示,中国企业在巴投资港口、电力和运输等项目,为巴西基础设施现代化做出积极贡献;中方投资目光长远,在巴西经历低谷时选择坚守,为巴西经济持续复苏注入动力。③

(二)关于中国对巴西投资新变化的简要评析

随着中国国内经济结构变化,以及中国企业对巴西市场越来越熟悉,中国对巴西投资出现了一些新的变化趋势,这些新的趋势可能会在一定程度上改变未来中国对巴西投资的方式与结构,也可能加速巴西工业化发展与经济结构转变。

1. 中国企业投资领域更加多元化

随着中国国内经济演变,更多依赖服务业和内需,中国对巴西的投资领域发生改变。最初中国企业对巴西投资的重点领域倾向于农业和采掘业,如今过

---

① 巴西经济部外贸委员会执行秘书处:《巴西 2019 年第三季度外国直接投资报告》,2020 年 1 月 20 日,http://br. mofcom. gov. cn/article/ztdy/202001/20200102932023. shtml。

② 《徐工巴西银行获批筹建将成为中国制造业首家海外银行》,中国新闻网,2020 年 1 月 7 日,http://www. chinanews. com/gj/2020/01 – 07/9052722. shtml;《徐工巴西银行将助力巴西基础设施建设》,新华网,2020 年 1 月 6 日,http://www. xinhuanet. com/fortune/2020 – 01/07/c_ 1125430639. htm。

③ 《中国在巴西亚马孙的投资跃居首位》,人民网,2008 年 9 月 5 日,http://world. people. com. cn/GB/41217/8101556. html;《中国在巴西马瑙斯的投资超过 7 亿美元》,人民网,2011 年 4 月 19 日,http://world. people. com. cn/GB/14420875. html;《中巴经贸合作不断走深走实》,《人民日报》2019 年 11 月 11 日,第 17 版,http://paper. people. com. cn/rmrb/html/2019 – 11/11/nw. D110000renmrb_ 20191111_ 1 – 17. htm。

半投资进入服务业，目前中国企业对巴西的交通、金融、发电和输电、信息和通信、制造业、新能源等领域的投资兴趣上升很快，尤其是电力领域。从目前中国企业在巴西的投资结果看，农业、矿业和石油开采的累计投资额分别占比3%、7%和25%，仅电力领域就占据总投资额的45%，投资领域的变化较为显著。[1]

2. 新增投资出现劳工问题规避倾向

由于中国企业过去缺乏应对拉美地区劳工纠纷的经验，劳工问题成为中国企业在巴西投资面临的问题之一。为了尽可能减少劳工问题对企业发展的影响，中国投资者出现了谨慎扩大就业的新倾向。2019年中国对拉美地区投资交易数量大幅度下滑，但直接投资额增长了16.5%，直接投资创造就业量却减少了42.9%，每笔交易对应的直接投资额与创造每个就业机会所需直接投资额之间的系数翻了一番以上。也就说，与往年相比，2019年中国在拉美地区直接投资的单笔交易额大，而创造就业的机会相对减少了，中国企业的这种投资倾向在巴西也同样存在。[2]

3. 中国企业投资长期化行为明显增加

一些中国企业早期进入拉美地区时有偏好工程建设的倾向——获得特许权，建造工程，然后撤离。如今，中国多数对拉美的新投资显示出更长期的兴趣和产权持有。中国国家电网、三峡集团都在工程建设之外，大大加大了在项目运营、技术升级和设施维护等领域的投资力度。华为、中广核、比亚迪、TCL等中国企业在巴西投资的项目都运用了最先进的技术和设备，中国交建、中寰集团对巴西投资项目也具有明显的长期化特点。此外，各类中资商业金融机构和投资咨询机构也纷纷进入拉美地区，积极参与私营企业投资交易活动，为更多中国企业在巴西乃至整个拉美地区投资长期化提供服务。[3]

---

[1] 巴西经济部外贸委员会执行秘书处：《巴西2019年第三季度外国直接投资报告》，2020年1月20日，http：//br. mofcom. gov. cn/article/ztdy/202001/20200102932023. shtml。

[2] Enrique Dussel Peters：《2020年中国在拉丁美洲和加勒比地区直接投资报告》，2020年3月18日，https：//www. redalc－china. org/monitor/。

[3] 《中国对拉美的投资正发生巨变》，中评网，2019年3月14日，http：//www. crntt. com/doc/1053/6/6/8/105366879. html? coluid＝59&kindid＝0&docid＝105366879&mdate＝0314101904。

4. 民营企业和制造加工企业投资意愿增强

从 2019 年投资巴西的企业来看，华为、比亚迪、TCL、山东碧海等大型民营企业积极性高，项目投资规模大，项目技术水平高。从 2019 年投资产业领域来看，TCL、山东碧海、华为等投资项目都属于制造业，中国交建和中寰集团投资项目将会使巴西钢铁工业再上一个新的台阶，中国国家电网和三峡集团对所投项目完成技术升级改造将大大改善巴西电力供应状况，国家电投和中广核对新能源的投资也将显著提升巴西新能源技术水平及生产能力。

5. 构建中巴产业链紧密化合作关系越来越重要

随着中国高科技企业和制造加工企业对巴西投资越来越多，跨国产业链合作重要性将会日益凸显，技术引进、机械设备及中间产品进口、制成品出口贸易、物流效率提升等都需要巴西经济更加开放和高效。目前巴西复杂的税收体制和难以让企业满意的海关运行效率，都可能成为影响中巴两国产业链深化合作的关键因素，中国企业对巴西营商环境改善的期待越来越大。

五 2020年中国与巴西经贸合作展望

进入 2020 年之际，世界对巴西经济增长充满了期待，不少分析人士认为巴西将成为今年拉美地区经济复苏的希望。[①] 但是，突如其来的新冠肺炎疫情让中国和巴西都陷入危机之中，中巴双边贸易和相互投资都出现了衰退。

根据中国海关总署数据，2020 年第一季度中国对巴西进出口总额比上年同期下降了 2.2%，其中对巴西出口下降了 1.3%，进口下降了 2.6%。但是，中国与巴西进出口贸易的衰退主要发生在 1～2 月，3 月出现了强劲复苏势头。3 月中巴进出口总额增长了 4.04%，其中对巴西出口增长 3.73%，

---

① 《这个国家成拉美明年经济复苏希望》，参考消息网，2019 年 12 月 31 日，http://www.cankaoxiaoxi.com/finance/20191231/2399078.shtml。

进口增长 4.18%。尤其值得注意的是，中国对巴西的贸易逆差上升了4.59%，这对深受疫情影响的巴西经济来说无疑会在一定程度上增强其承受能力。

当然，疫情对全球经济影响广泛而深远，2020 年中巴两国贸易也会受到疫情影响，但影响程度将主要取决于两国在控制疫情情况下复工复产的能力。现阶段中国复工复产状况良好，已出台的应对疫情危机的宏观政策措施会加大对矿产品和农产品的需求。对巴西而言，其农牧业生产受疫情影响相对较小，对华主要出口产业可以得到保障，但矿业受影响程度短期内还难以准确预测。巴西工业和商业复工复产可能需要更长时间，因此巴西对华进口需求可能有所下降。综合来看，中巴贸易保持上年水平，甚至略有增长都是可以期待的。

从中国企业对巴西的投资来看，由于受疫情影响而实施人员流动和社交距离管控，2020 年即将进入实施阶段的投资项目可能会被疫情延误。不过，在疫情得到控制之后，中国与巴西也可能会出现一波新的投资合作机会，比如在医疗卫生领域。随着巴西"投资伙伴计划"与中国"一带一路"倡议成功对接，以增强巴西自我发展能力为导向的中巴双边经贸合作必将取得更大成就，巴西经济也将再现持续繁荣。我们完全有理由相信，疫情终将过去，中国对巴西的贸易需求和直接投资都将逐渐恢复增长态势，两国经济贸易关系及双边产业链合作体系都将更加趋于紧密。

Y.14
开始回升：2019年中国对
巴西直接投资现状分析

〔巴西〕Luís Antonio Paulino *

摘　要： 2018年以来面对巴西政治生态的调整和对外政策的变化，中巴关系经历了短暂的降温，给中国在巴西的直接投资带来了一定的风险，使得2018年中国对巴西的直接投资大幅下降。2019年5月以后，博索纳罗新政府意识到中国对于巴西经济发展的重要性，开始向中国靠近，两国关系逐渐升温，同时巴西国内正在进行的经济改革以及特许经营和私有化项目，为中国企业提供了良好的投资机会。在上述因素的影响下，2019年中国对巴西的直接投资开始回暖。展望未来，基于巴西国内的三大驱动因素——丰富的自然资源、较大规模的消费市场以及特许经营和私有化项目，中国对巴西的直接投资前景良好。

关键词： 中国　巴西　直接投资　博索纳罗政府　中资企业

一　引言

巴西长期以来高度依赖外国投资来维持国际收支平衡，促进本国的经济

---

* Luís Antonio Paulino，经济学博士，巴西圣保罗州立大学玛利亚校区哲学与科学学院副教授，巴西圣保罗州立大学孔子学院巴方院长。

发展。20世纪50年代中期以来，外国投资一直是巴西经济发展的重要推动因素，巴西国内汽车、机械设备、化学、制药、电子、发电、运输等部门的发展从一开始就高度依赖外资。目前，巴西一共有51家汽车组装公司，皆为外资企业。

在东亚等一些发展中国家和地区，外国直接投资通常与以出口为导向的发展模式相关。但是，在巴西，外国直接投资主要是为了满足巴西国内市场的需要。一方面，源于二战后巴西所采取的进口替代工业化发展模式，实行高关税以保护本国工业。虽然20世纪90年代以来巴西开始实行新自由主义改革、开放国内市场，但是其制成品的进口关税仍然高于世界平均水平。例如，在巴西，进口汽车的关税为35%，再加上其他税目，一辆进口汽车的价格包含了约79%的税收。另一方面，巴西国土面积和人口总数均居世界第五位，拥有广阔的国内消费市场，一直以来备受大型跨国公司的青睐。对于外国企业而言，充分发挥巴西国内市场潜力的最好做法是在巴西当地设立工业区以便规避高关税。因此，外国企业纷纷到巴西开展投资，抢占巴西国内广阔的消费市场。在这一过程中，外国企业通常以巴西货币雷亚尔来结算商品和服务，并以美元汇出其所得利润和其他款项。

2009年以来，中国成为巴西最大的贸易伙伴，双边贸易增长迅速。2018年，中国与巴西的双边贸易额突破1000亿美元大关，其中巴西对中国的出口额较上一年增长了32%，中国继续成为巴西最大的贸易伙伴。2010年以来，中国企业投资巴西的兴趣不断增加，中国成为巴西重要的外国投资来源国。其中，2010年，中国在巴西的直接投资额超过130亿美元，达到历史峰值。但是，2018年，基于巴西国内因素的影响，中巴关系经历了短暂的降温，中国在巴西的直接投资大幅下降，仅有30亿美元。[①] 2019年随着中巴关系的逐渐密切，中国对巴西的直接投资现状如何？取得了哪些发展？呈现什么样的特征？面临哪些机遇和挑战？本报告将围绕上述问题展开论述。

---

① CEBC, http：//cebc. org. br/.

二 2019年中国在巴西的直接投资开始回升

要了解 2019 年中国在巴西的直接投资状况，有必要对此前阶段中国在巴西直接投资的演变轨迹加以了解。21 世纪以来，中国在巴西直接投资的发展以 2010 年为分界点。2000~2010 年，中国在巴西的直接投资很少，主要是由于中国企业对巴西市场不熟悉以及中国企业国际化程度有限。2004年 6 月，笔者①访华期间同中国政府一些官员讨论中国对巴西投资的可能性时发现，中国企业对投资巴西很感兴趣，但是对巴西的投资情况与投资机会知之甚少。21 世纪最初十年，对中巴两国企业而言，是一个相互学习、相互了解、相互靠近的过程。随着两国企业对彼此思维方式、商业文化、法律法规和运作模式等方面认识和了解的增加，中国企业对投资巴西的信心与日俱增。需要强调的是，在此阶段，两国政府之间良好的政治关系特别是政治互信是中国对巴西投资增长的决定性因素。

2010 年以后，中国在巴西的直接投资急剧增加，但是发展不稳，经历了大起大落的曲折过程。下文我们将用统计数据进行说明。需要指出的是，由于数据来源的不同，有关中国在巴西直接投资的统计数据存在一定的差异。其中，主要的官方统计数据来源是巴西中央银行和中国国家统计局。但是，这两大官方机构的统计方式不同：巴西中央银行按最终投资目的国进行统计，而中国国家统计局按首个投资目的国进行统计。事实证明，许多企业利用在第三国（通常是"避税天堂"）的持股作为海外投资的中介。因此，在巴西中央银行或中国国家统计局的统计数据中，一些中国企业在巴西的投资指向开曼群岛或其他国家，此并未在统计数据之列。因此，上述两大官方的统计数据并不足以让我们全面了解中国在巴西的直接投资情况。

借助非官方的统计数据是了解中国在巴西直接投资情况的较好方式。但是，非官方的统计数据也存在一定的问题，它通常统计的是中国在巴西的主

---

① 笔者时任卢拉政府执政时期总统府政治协调和机构事务秘书处执行秘书。

要投资项目，而一些价值较低的投资项目却被忽视了。其中，由美国企业研究所和美国传统基金会联合发布的《中国全球投资追踪》（China Global Investment Tracker，CGIT）① 是了解中国海外投资情况且被广泛使用的一种非官方统计数据来源，但是它仅记录中国企业在海外超过 1 亿美元的投资项目。在巴西，认识中国在巴西投资情况的最可靠信息来源是巴中企业家委员会（CEBC）每年发布的中国在巴西投资情况的年度报告。巴中企业家委员会除了收集媒体上发布的投资公告外，还直接与巴西的中资企业联系，确认投资额，并获取相关信息。此外，里约热内卢联邦大学经济学院工业和竞争力研究组（GIC – IE/ UFRJ）的研究人员创建了一个名为 Base GIC 的数据库，发布了 2010～2016 年中国在巴西的投资数据和相关信息。基于上述多种统计数据来源，本报告对 2005～2019 年中国在巴西的直接投资额进行了整理，见表 1 和图 1。

表 1 中国在巴西的直接投资额（2005～2019 年）

单位：十亿美元

年份	《中国全球投资追踪》（CGIT）发布的统计数据	巴中企业家委员会（CEBC）发布的统计数据	普华永道（PwC）发布的统计数据	里约热内卢联邦大学经济学院工业和竞争力研究组（GIC – IE/ UFRJ）发布的统计数据
2005	0.67	/	/	/
2006	1.63	/	/	/
2007	0		/	/
2008	0	0.5	/	/
2009	1		/	/
2010	13.49	13.1	13.7	13.3
2011	8.25	8.0	8.3	6.9
2012	2.60	3.4	0.5	2.5
2013	3.02	3.4	3.7	3.1

---

① American Enterprises Institute, "China Global Investment Tracker", https：// www. aei. org/china – global – investment – tracker/.

续表

年份	《中国全球投资追踪》（CGIT）发布的统计数据	巴中企业家委员会（CEBC）发布的统计数据	普华永道（PwC）发布的统计数据	里约热内卢联邦大学经济学院工业和竞争力研究组（GIC－IE/UFRJ）发布的统计数据
2014	3.37	1.7	2.8	1.8
2015	5.52	7.4	4.8	7.6
2016	14.08	8.4	5.1	8.7
2017	8.62	8.8	13	/
2018	1.79	3.0	0.2	/
2019	4.61	/	1.9	/

资料来源：CGIT, https：//www.aei.org/china－global－investment－tracker/；CEBC, http：//cebc.org.br/；PWC, https：//www.pwc.com/；GIC, https：//www.ie.ufrj.br/。

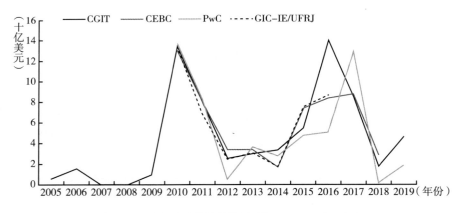

图1 中国在巴西的直接投资额（2005~2019年）

资料来源：CGIT, https：//www.aei.org/china－global－investment－tracker/；CEBC, http：//cebc.org.br/；PWC, https：//www.pwc.com/；GIC, https：//www.ie.ufrj.br/。

尽管上述不同来源的统计数据存在一定的差异，但是通过图1可以看到2005~2019年中国在巴西直接投资的演变轨迹：2005~2009年，中国在巴西的直接投资微乎其微，这五年的直接投资总额未超过40亿美元；然而，到了2010年，中国在巴西的直接投资急剧增加，超过了130亿美元，达到历史峰值；2011年开始有所回落，但是保持在80亿美元左右；2012~2014

年急剧下降，每年投资额不超过40亿美元；2015～2017年，又开始增长；2018年，再次大幅下跌；2019年开始复苏，有所回升。

其中，2012～2014年和2018年是中国在巴西直接投资下降的两个历史时期，但是其下降的原因有所不同。2012～2014年，正值2008年金融危机对欧洲和发展中国家的影响最为明显的时期，世界经济增长大幅放缓，大宗商品价格普遍下跌。中国由于转变发展模式、支持国内消费，其经济一直以每年约9%的速度增长，但是2012年降至7.8%。2012年，巴西经济仅增长了0.9%，陷入政治和经济双重危机，直到2016年总统罗塞夫被弹劾，危机才告结束。2018年，中国在巴西的直接投资大幅下滑，《中国全球投资追踪》的统计数据显示，下滑幅度达到79%；巴中企业家委员会的统计数据显示，下滑幅度为66%。下滑的主要原因是2018年巴西总统选举带来的不确定性。鉴于巴西政治局势的不稳定性和经济政策重大变化的预期，在巴西的外国投资包括中国投资明显回流。

经历2018年大幅下滑后，2019年中国在巴西的直接投资开始回升，再次出现增长趋势。2019年，中国在巴西的直接投资总额达到46亿美元，[①]集中于能源和石油领域，在采矿业、制造业等其他领域也有所投资（见表2）。需要强调的是，2018～2019年，中巴关系的变化是影响中国在巴西直接投资的决定性因素，如博索纳罗在2018年竞选期间及2019年执政之初对中国持不友好的态度。例如，2018年2月竞选期间，作为总统候选人的博索纳罗赴中国台湾地区进行"访问"，并发表了不当言论；同年8月，博索纳罗在一次电视采访中指责中国在巴西的投资是在"购买巴西"，而不是"在巴西购买"，[②]并在与巴西企业家的会面中多次强调此观点。2019年执政之初，博索纳罗继续针对中国发表了一些负面言论。基于此，2018年，

---

① CGIT，https：//www. aei. org/china - global - investment - tracker/.

② Jake Spring，"Discurso anti - China de Bolsonaro causa apreensão sobre negócios com o país - Notícias - UOL Eleições 2018"，https：//noticias. uol. com. br/politica/eleicoes/2018/noticias/reuters/2018/10/25/discurso - anti - china - de - bolsonaro - causa - apreensao - sobre - negocios - com - o - pais. htm，25 de outubro de 2018.

中巴关系出现了短暂的降温，中国企业家等群体对博索纳罗执政后两国关系的发展充满了疑虑，这影响了中国企业对巴西的投资信心，导致2018年中国在巴西的直接投资出现大幅下降。直到2019年5月巴西副总统莫朗（Hamilton Mourão）访华，两国关系的发展形势才发生转变，逐渐升温。莫朗此次访华的目的是重启中国—巴西高层协调与合作委员会（COSBAN，简称"中巴高委会"）。中巴高委会于2004年成立，2015年后由于巴西政局的变化而中止。副总统莫朗访华后不久，2019年10月，博索纳罗总统访华。访华期间，双方一共签署了8项合作协议。2019年11月，习近平主席出席在巴西利亚举行的金砖国家领导人第十一次会晤，其间同博索纳罗总统举行了双边会谈。会议期间，双方一共签署了8项协议和谅解备忘录，同时中国向巴西提供1000亿美元的资金，用于巴西的基础设施建设。伴随中巴重新靠近以及巴西国内正在进行的特许经营和私有化项目，巴西开始重回中国投资者的视野，中国企业对巴西的投资信心和兴趣增强。在此情况下，2019年中国在巴西的部分直接投资开始回升。

表2　2019年中国企业在巴西的部分直接投资情况

企业名称	投资额 （单位：百万美元）	投资领域
中石油、中海油	1900	石油
国家电网	1030	可替代能源
中广核	780	可替代能源
中国交通建设	220	采矿
杭州华盈光电有限公司	207	电工材料
山东碧海机械有限公司	48.8	包装
总计	4185.8	

资料来源：《中国全球投资追踪》（CGIT）；巴西经济部外贸委员会（CAMEX）*。

　*Ministério da Economia. *Boletim de Investimentos Estrangeiros - Países Selecionados*. N° 3, Jul. - Set. 2019. Brasília: Ministério da Economia, http://www.camex.gov.br/investimentos/boletim - de - investimentos - estrangeiros - paises - selecionados. Ministério da Economia. *Boletim de Investimentos Estrangeiros - Países Selecionados*. N° 2, Abr. - Jun. 2019. Brasília: Ministério da Economia, http://www.camex.gov.br/investimentos/boletim - de - investimentos - estrangeiros - paises - selecionados. Ministério da Economia. *Boletim de Investimentos Estrangeiros - Países Selecionados*. N° 1, Jan. - Mar. 2019. Brasília: Ministério da Economia, http://www.camex.gov.br/investimentos/boletim - de - investimentos - estrangeiros - paises - selecionados.

三　2019年中国在巴西的直接投资较为集中

　　2019 年中国在巴西的直接投资除了投资总额开始回升外，在投资企业、投资领域方面呈现较为集中的特点。关于中国在巴西直接投资的领域、模式等情况，我们可参考学者们的研究成果。大多数学者以阶段划分法来研究中国在巴西直接投资的发展演变。学者卡里埃洛（Cariello）分四个阶段来研究中国在巴西直接投资的领域演变。第一个阶段为 2010 年前，中国在巴西的直接投资集中于大宗商品领域，主要是为了满足中国对石油、铁矿石和大豆的大量需求；第二个阶段是 2010～2013 年，中国在巴西的直接投资集中于工业领域，以开拓巴西国内消费市场为重点；第三个阶段是 2013～2014 年，中国在巴西的直接投资集中于服务领域，以中资银行在巴西的直接投资为主；第四个阶段为 2014 年至今，中国在巴西的直接投资集中于电力和基础设施领域，并在石油、天然气、农贸、新技术等具有较大潜力的领域进行了投资。① 学者维齐亚克（Wiziack）分三个阶段来研究中国在巴西直接投资的模式演变。第一个阶段是 2007～2011 年，中国在巴西进行绿地投资（greenfield），开始在巴西建造工厂；第二个阶段是 2012～2016 年，中国在巴西的直接投资偏好转向购买巴西公司的股权，即所谓的棕地投资（brownfield）；第三个阶段为 2017 年至今，中国在巴西的直接投资集中于巴西特许经营和私有化项目。② 学者盛（Sheng）分三个阶段来研究中国在巴西直接投资的领域演变。第一个阶段是 2002～2010 年，中国在巴西的直接投资集中于大宗商品领域；第二个阶段是 2011～2013 年，中国利用良好的经济时机和巴西国内消费市场的潜力，将投资集中于制造业，特别是机械、设备、汽车和电子领域；第

---

① T. Cariello, *Investimentos Chineses no Brasil 2018. O quadro brasileiro em perspectiva global*, Rio de Janeiro：Conselho Empresarial Brasil – China（CEBC），2019.

② J. Wiziack, "China pôs US \$ 100 bilhões de fundos à disposição do Brasil", *Folha de S. Paulo*, 19/11/2019, https：//www1. folha. uol. com. br/mercado/2019/11/china – poe – us – 100 – bilhoes – de – fundos – a – disposicao – do – brasil. shtml.

三个阶段为 2013 年至今，中国在巴西的直接投资集中于服务业。①

上述学者对中国在巴西直接投资的阶段划分和发展演变研究显示，21世纪初中国在巴西直接投资的领域发展遵循大宗商品—制造业—服务业的演变过程。最后一个阶段集中于服务业，主要是向巴西消费者提供城市交通、电子商务等服务，向巴西企业提供银行等服务以及向巴西公共事业提供工业服务尤其是电力的生产和分配。

关于中国在巴西直接投资的具体企业、领域等信息，参见表3。2009～2019 年十余年间，中国在巴西的直接投资总额为 607.6 亿美元。这一数据可能被低估，因为该数据来源于《中国全球投资追踪》，其仅记录超过 1亿美元的投资项目。实际上，在巴西进行投资、运营的中资企业数量可观。上文已指出，关于中国在巴西的直接投资额，虽然不同的数据来源在统计结果方面存在一些差异（见表 1 和图 1），但是从总体上看，这些统计数据较为接近且反映的发展趋势相同。本报告在此选择《中国全球投资追踪》的统计数据来分析中国企业在巴西的直接投资领域等情况，因为该数据库的统计结果覆盖的年份较为全面且在国际上具有广泛的影响力，囊括了 2009～2019 年每年中国企业在巴西的直接投资额、投资领域等信息。在 2019 年巴西中资企业协会（Associação Brasileira de Empresas Chinesas, ABEC）的会员名录中，一共有 116 家中国企业在巴西进行投资、开展业务。中国驻巴西大使杨万明在 2019 年 10 月接受巴西媒体采访时表示："如今有 300 多家中国企业在巴西投资，其中 25 家跻身世界 500 强。"② 虽然许多中资企业在巴西的直接投资少于 1 亿美元，但是其投资于制造业、信息技术业、物流运输业等重要领域。

---

① H. H. Sheng, "Investimentos Chineses no Brasil e Reformas Econômicas na China", *Diário do Povo On Line*, 15/01/2019, http://portuguese.people.com.cn/n3/2019/0115/c309814 – 9537687.html.

② L. Motta, "Hoje o estoque de investimento chinês no Brasil é de cerca de U$ 80 bilhões" (Entrevista com o embaixador da China no Brasil, Yang Wanming), *Isto é Dinheiro*, Edição 1143 de 21/10/2019, https://www.istoedinheiro.com.br/hoje – o – estoque – do – investimento – chines – no – brasil – e – de – cerca – de – us – 80 – bilhoes/.

表3　2009～2019年中国企业在巴西的直接投资情况*

年份	企业名称	投资额 （单位：百万美元）	投资领域	分领域
2019	中石油、中海油	1900	能源	石油
2019	国家电网**	1030	能源	可替代能源
2019	中广核	780	能源	可替代能源
2019	中国交通建设	220	金属	采矿
2018	滴滴出行	600	交通	城市交通
2018	三峡集团	190	能源	能源生产
2018	中国能源工程有限公司	190	公用事业	卫生
2018	腾讯	180	金融	金融
2018	阿里巴巴	100	金融	金融
2017	国家电网	3440	能源	能源分配
2017	国家电投	2660	能源	能源生产
2017	中信基金	1100	农业	农业
2017	中国招商	920	交通运输	航运
2017	中国交通建设	280	交通运输	航运
2017	上海鹏欣	250	农业	农业
2017	中石油	120	能源	石油
2017	中国交通建设	100	建设	建设
2016	国家电网	4910	能源	能源分配
2016	三峡集团	3660	能源	能源生产
2016	洛钼集团	1500	化工	有色金属
2016	三峡集团、国家开发银行	1200	能源	能源生产
2016	中投公司	1090	能源	炼油
2016	中投公司	410	能源	炼油
2016	上海鹏欣	290	农业	农业
2016	国家电网	110	能源	能源分配
2016	徐工集团	100	建设	建设
2016	滴滴出行	100	交通运输	城市交通
2015	中国工商银行	2000	能源	石油
2015	三峡集团	490	能源	能源生产
2015	海航集团	460	交通运输	空运
2015	中国交通银行	170	金融	金融
2015	比亚迪	100	能源	可替代能源
2014	中粮、厚朴投资	750	农业	农业

续表

年份	企业名称	投资额 （单位：百万美元）	投资领域	分领域
2014	中国建设银行	720	金融	金融
2014	三峡集团	390	能源	能源生产
2014	三一重工	300	建设	建设
2014	三峡集团	140	能源	能源生产
2014	中兴通讯	100	科技	科技
2013	中石油、中海油	1400	能源	石油
2013	中国建设银行	720	金融	金融
2013	中粮集团	320	农业	农业
2013	三峡集团	250	能源	能源生产
2013	徐工集团	200	建设	建设
2013	三峡集团	130	能源	能源生产
2012	国家电网	940	能源	能源分配
2012	中投公司	460	物流	物流
2012	北汽集团	300	交通运输	汽车
2012	中国建设银行	200	金融	金融
2012	联想	150	技术	技术
2011	中石化	4800	能源	石油
2011	太原钢铁、中信集团、宝钢集团	1950	金属	冶金
2011	重庆粮食集团	570	农业	农业
2011	奇瑞汽车	530	交通运输	汽车
2011	中兴通讯	200	技术	技术
2011	中国工商银行	100	金融	金融
2011	江淮汽车	100	交通运输	汽车
2010	中石化	7100	能源	石油
2010	中化集团	3070	能源	石油
2010	国家电网	1720	能源	能源分配
2010	有色金属华东地勘局	1200	金属	采矿业
2010	中投公司	200	金融	金融
2010	三一重工	200	建设	建设
2009	中投公司	500	金属	采矿业
2009	武钢集团	400	金属	采矿业
	总计	60760		

　* 此表仅统计在巴西直接投资额超过1亿美元的中资企业情况。

　** 在CGIT数据库中记录的是"中广核"（CGN），但是笔者核实后发现此处应该是"国家电网"。

资料来源：《中国全球投资追踪》（CGIT），https：//www.aei.org/china - global - investment - tracker/。

　　总的来说，中国在巴西的直接投资较为集中。一方面，大部分直接投资来源于少数几家中国企业。如表4所示，2009~2019年，5家石油和能源领域的中国企业在巴西的直接投资额达到369.9亿美元，占这一时期中国企业在巴西直接投资总额的60.88%。另一方面，大部分直接投资集中于能源和石油两大领域。如表5所示，能源和石油两大领域的投资占2009~2019年中国在巴西直接投资总额的66.49%，这主要源于中国对石油的大量消耗。中国每天消耗石油1350万桶，相当于全球每日石油消耗的13.5%，但是中国每天仅开采石油397.8万桶，仅占世界石油产量的4%。[①] 此外，巴西水电能源产自国内偏远地区，需要长距离运输才能将其配送到主要的能源消费中心。中国企业在此方面具备专业知识，同时巴西政府正在进行电力行业私有化，因此巴西电力行业成为吸引中国企业投资的领域之一。

表4　2009~2019年五大中国企业在巴西的投资情况

投资公司	投资总额 （百万美元）	投资领域
国家电网	12150	能源
中石化	11900	石油
三峡集团	6450	能源
中石油、中海油	3420	石油
中化集团	3070	石油
总计	36990	

资料来源：《中国全球投资追踪》（CGIT），https：//www. aei. org/china - global - investment - tracker/。

---

① ANP - Agência Nacional do Petróleo, Gás Natural e Biocombustíveis. *Anuário Estatístico Brasileiro de Petróleo*, *Gás Natural e Biocombustíveis*, Disponível em, http：//www. anp. gov. br/arquivos/central - conteudos/anuario - estatistico/2019/2019 - anuario - versao - impressao. pdf.

表 5　2009 ~ 2019 年中国在巴西直接投资超过 1 亿美元的投资领域

投资领域	投资额 （百万美元）	占比 （％）
能源	21740	36.02
石油	18390	30.47
金融	6850	11.35
冶金	5050	8.37
农业	3280	5.43
交通运输	2080	3.45
汽车	930	1.54
设备	800	1.33
建筑	600	0.99
技术	450	0.75
卫生	190	0.31
总计	60360	100.00

注：本表数据与表 3 相比略存在误差。
资料来源：《中国全球投资追踪》（CGIT），https：//www. aei. org/china – global – investment –
tracker/。

　　2019 年，中国企业在巴西的直接投资集中于能源和石油两大领域外，在通信技术、电信、农贸等其他领域也有许多小型投资。根据巴西中资企业协会的会员名单，在制造业领域有 34 家中国企业在巴西进行直接投资、开展业务，能源领域有 23 家，贸易和投资领域有 20 家，基础设施领域有 19 家，物流运输领域有 13 家，金融领域有 11 家，信息技术领域有 11 家，农贸领域有 7 家，钢铁和采矿领域有 4 家，电信领域有 2 家（见表 6）。2019 年 10 月中国驻巴西大使杨万明在接受巴西媒体采访时指出："目前中国在巴西的投资存量接近 800 亿美元，中国成为巴西主要的外国投资来源国之一。"[1]

　　需要强调的是，中国企业在巴西进行直接投资的同时，还参与到巴西基础设施建设、能源开发、通信技术等领域的公开招标中。例如，2019 年 11

---

[1]　L. Motta, " Hoje o estoque de investimento chinês no Brasil é de cerca de U $ 80 bilhões（Entrevista com o embaixador da China no Brasil, Yang Wanming）", *Isto é Dinheiro*, Edição 1143 de 21/10/2019, https：//www. istoedinheiro. com. br/hoje – o – estoque – do – investimento – chines – no – brasil – e – de – cerca – de – us – 80 – bilhoes/.

月6日，在巴西举行的盐下油田拍卖会中，由中国石油天然气勘探开发公司（CNODC）和中国海洋石油（CNOOC）组成的联盟购买了其中一个区块（Buzios）10%的股权，出资金额共计68亿雷亚尔；2019年12月13日，由中铁二十局集团有限公司和中国交建集团有限公司组成的联合体中标巴西萨尔瓦多—伊塔帕里卡跨海大桥项目（Salvador – Itaparica）。该项目包括12.3公里海上桥梁和31公里陆路交通系统，投资总额约54亿雷亚尔，其中巴伊亚州（Bahia）政府出资15亿雷亚尔。中标的联合体将对桥梁进行为期30年的运行管理。①

表6　2019年在巴西进行投资的中资企业数量和投资领域

投资领域	中资企业数量（家）
制造业	34
能源	23
贸易和投资	20
基础设施	19
物流运输	13
金融	11
信息技术	11
农贸	7
钢铁和采矿	4
电信	2

注：部分企业投资领域不止1个。

资料来源：Associação Brasileira de Empresas Chinesas，http：// abecbrasil. com. br/site/associe – se/。

四　结语

2018年以来面对巴西政治生态的调整和对外政策的变化，中巴关系经

---

① Correio，"Licitação para construção de ponte Salvador – Itaparica é concluída"，*Jornal Correio*，24/ 01/2020，https：//www. correio24horas. com. br/noticia/nid/licitacao – para – construcao – da – ponte – salvador – itaparica – e – concluida/.

历了短暂的降温，给中国在巴西的直接投资带来了一定的风险，使 2018 年中国在巴西的直接投资大幅下降。2019 年 5 月以后，博索纳罗新政府意识到中国对于巴西经济发展的重要性，开始向中国靠近，两国关系逐渐升温。对于巴西经济发展而言，中国无论是作为巴西最大的出口市场、重要的工业供应商，还是作为重要的资本和技术来源都是不可或缺的。2019 年 7 月 26 日在巴西利亚举行的中巴全面战略对话第三次会议上，巴西外长阿劳若在与中国外长王毅会晤时表示："我们期望，中国不仅能够通过双边投资还能通过金砖国家新开发银行资助项目参与到巴西正在进行的基础设施竞标中。"①当前，巴西国内正在进行的经济改革以及特许经营和私有化项目，为中国企业投资巴西提供了机会。在上述因素影响下，2019 年中国在巴西的直接投资开始回暖，有所提升。展望未来，基于巴西国内的三大驱动因素——丰富的自然资源、较大规模的消费市场以及特许经营和私有化项目，中国对巴西的投资前景良好。2019 年 10 月中国驻巴西大使杨万明在接受巴西媒体采访时表示："巴西政府专注于社会保障和税制改革，中国企业对巴西的投资环境保持乐观。从长远来看，中国对巴西的投资有机会进一步增长。"②

---

① UOL, 26/7/2019.
② Motta, L., "Hoje o estoque de investimento chinês no Brasil é de cerca de U $ 80 bilhões (Entrevista com o embaixador da China no Brasil, Yang Wanming)", *Isto é Dinheiro*, Edição 1143 de 21/10/2019, https：//www.istoedinheiro.com.br/hoje－o－estoque－do－investimento－chines－no－brasil－e－de－cerca－de－us－80－bilhoes/.

Y.15
中巴人文交流的重要平台：
巴西孔子学院发展现状评析

程 晶　〔巴西〕Luís Antonio Paulino *

摘　要： 孔子学院自 2008 年落户巴西以来，将汉语教学、中国文化推广和中巴人文交流相结合，辛勤耕耘十余载，总体呈现稳步发展态势。截至 2019 年 12 月，巴西一共设立了 11 所孔子学院和 5 个孔子课堂，数量位居拉美国家之首，发展重点从规模扩张转向质量提升。为了满足巴西民众日益增长的汉语学习需求，孔子学院积极走进当地学校和社区，在巴西多地开设汉语教学点，地域分布和受众面广泛；招生人数增长迅速，社会影响力不断扩大，成为中巴人文交流的重要平台。巴西孔子学院的运行不仅极大地扩大了巴西汉语教学的规模，增进了巴西民众对中国语言、文化的了解，而且培养了一批熟悉两国语言、文化和国情的高层次人才，为巴西青年提供了发展机会，助力中巴人文交流与合作的发展，架起两国民众交往、认知和友谊的桥梁，其作用获得了两国政府和民众的认可。未来，进一步加强师资队伍建设、提升教学质量、改善教材，是巴西孔子学院需要努力的地方。

* 程晶，历史学博士，湖北大学历史文化学院、巴西研究中心副教授，中华文化发展湖北省协同创新中心、国家领土主权与海洋权益协同创新中心、国务院侨务办公室侨务理论研究武汉基地副研究员；Luís Antonio Paulino，经济学博士，巴西圣保罗州立大学玛利亚校区哲学与科学学院副教授，巴西圣保罗州立大学孔子学院巴方院长。本文是广东省哲学社会科学项目（GD16TW08－16）、中国侨联项目（17BZQK219）和国家社会科学基金项目（14CGJ017）阶段性成果。

关键词： 巴西 孔子学院 人文交流 中巴关系

一 引言

作为东西半球最大的发展中国家，中国与巴西友好关系源远流长。但是，长期以来，由于相距遥远、语言不通、文化迥异，两国民众交往有限，相互认知不足，制约了两国关系的深入和长远发展。国之交在于民相亲。跨越两国语言、文化障碍，增进两国民众之间的相互认识、了解和友谊，成为深化中巴全面战略伙伴关系的现实需要。为此，中国与巴西不断加强在文化、教育、体育、青年、旅游、媒体等领域的人文交流，并搭建了一系列高级别、宽领域的人文交流平台，孔子学院便是其中的亮点，是中巴人文交流的硕果之一，受到了两国政府的重视。两国政府高层在共同发表的"联合声明""联合公报"等文件中宣布，"积极推动（中巴）文化、教育、体育、旅游等领域的交流合作，密切人文交流，深化传统友谊"，[①] "一致认为应进一步推动汉语教学"，"对在巴西开设孔子学院表示欢迎"，[②] 对"在巴西推广汉语教学予以重视"。[③] 同时，两国教育管理部门先后签署了《中国孔子学院总部与巴西圣保罗州立大学关于合作设立圣保罗州立大学孔子学院的协议》（2008 年 7 月 24 日）、《中国孔子学院总部与巴西联邦共和国教育部关于巴西汉语教学的谅解备忘录》（2014 年 7 月 17 日）、《中国孔子学院总部与巴西联邦共和国教育部关于在巴西联邦大学增设孔子学院的谅解备忘录》（2014 年 7 月 17 日）、《关于合作设立巴西戈亚斯联邦大学中医孔子学

---

① 外交部：《中华人民共和国和巴西联邦共和国关于进一步深化中巴全面战略伙伴关系的联合声明》，《人民日报》2014 年 7 月 19 日，第 3 版。

② 外交部：《中华人民共和国和巴西联邦共和国关于进一步加强中巴战略伙伴关系联合公报（2009 年 5 月 19 日）》，载中华人民共和国条约法律司编《中华人民共和国条约集·第 56集》，世界知识出版社，2012，第 522 页。

③ 外交部：《中华人民共和国和巴西联邦共和国联合公报》，《人民日报》2011 年 4 月 13 日，第 2 版。

院的协议》（2019 年 10 月 25 日）等多个合作文件。

在中巴政府的推动下，伴随中巴关系的快速发展以及巴西社会对于中国兴趣的日益增加，为了满足巴西民众的汉语学习需求、加强中巴人文交流、增进中巴友谊，2008 年孔子学院开始走进巴西，积极投身两国文化、教育、体育、青年等领域的人文交流，将汉语教学、中国文化推广和中巴人文交流相结合，辛勤耕耘十余载，规模和影响力不断扩大，总体呈现稳步发展态势。截至 2019 年，巴西一共开设了 11 所孔子学院和 5 个孔子课堂，数量位居拉美国家之首，在增进两国民众交往、认知和友谊方面发挥了积极作用，成为中巴人文交流的重要平台。2019 年，中巴建交 45 周年，孔子学院在巴西亦走过 11 个春秋。本文以巴西孔子学院中设立最早、规模最大、办学条件最佳、社会影响广泛的圣保罗州立大学孔子学院（Instituto Confúcio na UNESP）为例，探讨巴西孔子学院的发展现状与特点，分析其作用、存在的主要问题，并给予对策建议，以期为进一步推动巴西孔子学院的发展、助力中巴人文交流提供参考。

二 巴西孔子学院的发展现状和特点

（一）数量位居拉美国家之首、近年增速放缓

自 2004 年 11 月全球首家孔子学院在韩国成立以来，孔子学院在海外的发展十分迅速。截至 2019 年 12 月，全球已有 162 个国家（地区）一共设立了541 所孔子学院和 1170 个孔子课堂。其中，亚洲 39 国（地区），孔子学院 135 所，孔子课堂 115 个；非洲 46 国，孔子学院 61 所，孔子课堂 48 个；欧洲 43 国（地区），孔子学院 187 所，孔子课堂 346 个；美洲 27 国，孔子学院 138 所，孔子课堂 560 个；大洋洲 7 国，孔子学院 20 所，孔子课堂101 个。①

----

① 孔子学院总部：《孔子学院/课堂》，孔子学院总部官网，http：//www.hanban.org/confuciousinstitutes/node_ 10961. htm，检索日期：2020 年 1 月 10 日。

孔子学院于 2008 年落户巴西，虽然起步较晚，但是发展稳定。截至 2019 年 12 月，巴西一共设立了 11 所孔子学院和 5 个孔子课堂①（见表 1），数量位居拉美国家之首。其中，2008～2014 年，巴西一共开设了 10 所孔子学院和 2 个孔子课堂，增长迅速。尤为引人注目的是，2014 年中巴建交 40 周年之际，在习近平主席访问巴西期间，中巴两国元首见证了 3 所新设孔子学院协议的签署和 2 个相关谅解备忘录的达成。② 经过 2014 年的增长高峰后，2015～2019 年巴西孔子学院的增速明显放缓，5 年时间里仅新设了 1 所孔子学院和 3 个孔子课堂，其发展重点已从规模扩张转向质量提升，注重提升教学质量、培养师资、打造特色、扩大影响。

表 1　巴西孔子学院和孔子课堂一览（截至 2019 年 12 月）

孔子学院名称	所在城市	承办机构	合作机构	设立时间
圣保罗州立大学孔子学院	圣保罗	圣保罗州立大学	湖北大学	2008 年 7 月 24 日
巴西利亚大学孔子学院	巴西利亚	巴西利亚大学	大连外国语大学	2008 年 9 月 26 日
里约热内卢天主教大学孔子学院	里约热内卢	里约热内卢天主教大学	河北大学	2010 年 10 月 20 日
南大河州联邦大学孔子学院	愉港	南大河州联邦大学	中国传媒大学	2011 年 4 月 12 日
FAAP 商务孔子学院	圣保罗	FAAP 高等教育中心	对外经济贸易大学	2012 年 7 月 19 日
米纳斯吉拉斯联邦大学孔子学院	贝洛奥里藏特	米纳斯吉拉斯联邦大学	华中科技大学	2013 年 1 月 14 日

① 孔子学院总部：《孔子学院/课堂》，孔子学院总部官网，http：//www.hanban.org/confuciousinstitutes/node_ 10961.htm，检索日期：2020 年 1 月 10 日。

② 所签署的关于 3 所新设孔子学院的协议分别是：《中国孔子学院总部与巴西坎皮纳斯大学关于合作设立坎皮纳斯大学孔子学院的协议》、《中国孔子学院总部与巴西帕拉州立大学关于合作设立帕拉州立大学孔子学院的协议》和《中国孔子学院总部与巴西塞阿拉联邦大学关于合作设立塞阿拉联邦大学孔子学院的协议》。2 个相关谅解备忘录分别是：《中国孔子学院总部与巴西联邦共和国教育部关于在巴西联邦大学增设孔子学院的谅解备忘录》和《中国孔子学院总部与巴西联邦共和国教育部关于巴西汉语教学的谅解备忘录》。

孔子学院名称	所在城市	承办机构	合作机构	设立时间
伯南布哥大学孔子学院	累西腓	伯南布哥大学	中央财经大学	2013 年 6 月 15 日
坎皮纳斯州立大学孔子学院	坎皮纳斯	坎皮纳斯州立大学	北京交通大学	2014 年 7 月 17 日
塞阿拉联邦大学孔子学院	福塔莱萨	塞阿拉联邦大学	南开大学	2014 年 7 月 17 日
帕拉州立大学孔子学院	贝伦	帕拉州立大学	山东师范大学	2014 年 7 月 17 日
戈亚斯联邦大学中医孔子学院	戈亚尼亚	戈亚斯联邦大学	河北中医学院、天津外国语大学	2019 年 10 月 25 日
圣保罗亚洲文化中心孔子课堂	圣保罗	圣保罗亚洲文化中心	国侨办	2008 年 6 月 3 日
华光语言文化中心孔子课堂	圣保罗	华光语言文化中心		2011 年 11 月 1 日
伯南布哥天主教大学孔子课堂	累西腓	伯南布哥天主教大学	中央财经大学	2015 年 6 月 2 日
圣玛利亚学校孔子课堂	累西腓	圣玛利亚学校	中央财经大学	2015 年 6 月 3 日
弗鲁米嫩塞联邦大学孔子课堂	尼特罗伊	弗鲁米嫩塞联邦大学	河北师范大学	2017 年 12 月 22 日

资料来源：根据孔子学院总部官网信息绘制。参见孔子学院总部《孔子学院/课堂》，http：//www. hanban. org/confuciousinstitutes/node_ 10961. htm，检索日期：2020 年 1 月 10 日。

（二）地域分布广泛、满足巴西多地民众的汉语学习需求

巴西幅员辽阔，人口众多，在其 851 万余平方公里的广袤国土上居住着 2 亿多人口，国土面积和人口数量均居于世界第五位。随着中巴关系的快速发展，巴西民众对中国的关注和兴趣不断增加。为了满足巴西民众日

益增长的汉语学习需求，巴西孔子学院在数量日益增加的同时，不断扩大汉语教学点，并向巴西不同地区扩散，从经济较为发达、人文活动相对密集的东南部沿海地区一直延伸到东北部地区、北部亚马逊地区、中西部地区以及最南部的南大河州，地域分布广泛，囊括了巴西五大经济区。孔子学院以这五大经济区的州首府或核心城市为中心点，不断向周边城市、地区辐射，点多面广，构建了地域分布广泛的教学网络。在该网络内，巴西各地孔子学院之间相互交流信息、分享经验、开展合作，先后共同举办了巴西孔子学院联席会议、巴西汉语教师志愿者岗中培训、巴西"汉语桥"中文比赛、拉美及加勒比地区原创微课大赛等活动，合力推动巴西汉语教学的发展，满足巴西多地民众的汉语学习需求。

就巴西单个孔子学院而言，随着自身力量的不断壮大，其发展不再局限于巴方合作大学所在的城市或州，而是采取与巴西其他大学、中学、教育机构、文化机构等单位合作的方式不断增设汉语教学点，将汉语教学点扩展至巴西其他城市或州，影响和分布范围不断扩大。例如，作为巴西首家孔子学院，圣保罗州立大学孔子学院成立之初主要在圣保罗市开设汉语教学点，随着自身力量的发展壮大，该孔子学院以圣保罗市为中心，将汉语教学点扩展至圣保罗州立大学在其他城市的校区，一共覆盖圣保罗州 13 个城市。同时，该孔子学院还与巴西北部地区的马拉尼昂联邦大学（Universidade Federal do Maranhão，UFMA）和亚马逊联邦大学（Universidade Federal do Amazonas，UFAM）合作设立汉语教学点。截至 2019 年 12 月，圣保罗州立大学孔子学院一共在巴西 15 个城市开设了 16 个汉语教学点，[①] 分布范围广泛，为当地民众学习汉语提供了重要平台。

（三）受众面广、主要服务当地社会民众

巴西孔子学院由中方大学和巴方大学合作建设，共同管理。它是一个开放的平台，不仅面向巴方合作大学的在校生，也面向所有对中国语言、文化

---

① 数据由巴西圣保罗州立大学孔子学院提供。

感兴趣的当地民众，是他们了解和学习中国语言、文化的重要渠道。巴西孔子学院在给当地在校大学生、中学生开设汉语课程的同时，积极走进当地社区，面向当地公务员、警察、外交官、企业家、自由职业者等不同社会群体，开设了类型多样、水平不一的汉语课程，受众面广，以当地社会民众为主要服务对象。如图 1 所示，圣保罗州立大学孔子学院是巴西规模最大的孔子学院，面向巴西大学生、中学生和社会民众开设了多个类型、水平层级的汉语课程，其生源中几乎一半的学员（49%）是当地社会民众，其次是巴方合作大学圣保罗州立大学的在校生（43%），剩下的学员（8%）是巴西公立中学的在校生。

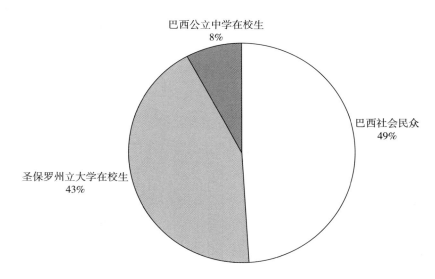

图 1　圣保罗州立大学孔子学院生源情况（2019 年）

资料来源：根据巴西圣保罗州立大学孔子学院提供的信息绘制。

（四）学生人数增长迅速、社会影响力不断扩大

随着中国综合国力的持续上升和中巴关系的快速发展，巴西民众对于中国语言、文化的兴趣不断增加，孔子学院的开设为当地民众提供了一个良好的汉语学习平台。经过十余年的建设，巴西孔子学院在师资力量、教学质

量、学生管理、基础设施建设等方面水平不断提升，招生人数增长迅速，社会影响力不断扩大。包括巴西在内的南美洲孔子学院的注册学员人数于2011年超过14000名，比2010年增长了54.7%，是全球孔子学院中增长最快的地区之一。① 目前，巴西孔子学院的注册学员已超过2000人。作为巴西首家孔子学院，圣保罗州立大学孔子学院于2008年揭牌成立，从2009年开始对外招生，当年仅有31名注册新学员。然而，第二年即2010年，该孔子学院新注册学员人数便超过了300名；2011年超过了600人；2012年高达1600人，增长迅速；2019年增至1786人，在圣保罗州、马拉尼昂州和亚马逊州一共开设了16个汉语教学点（见图2）。2009～2019年，该孔子学院累计招收了13359名注册学员（见图3），成为巴西规模最大的孔子学院，社会影响力大，先后三次被孔子学院总部授予全球"先进孔子学院"称号，并被遴选为全球13所试点文化孔子学院之一，被刘延东副总理赞誉为"世界上最好的孔院"。

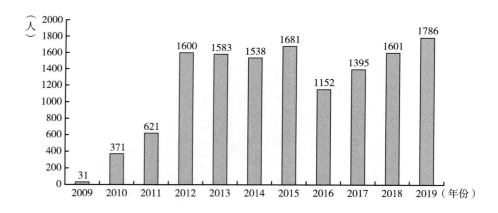

图2　圣保罗州立大学孔子学院每年注册的新学员人数（2009～2019年）

资料来源：根据巴西圣保罗州立大学孔子学院提供的数据绘制。

---

① 《孔子学院总干事许琳：最终目标是自负盈亏》，中国网，http：//www.china.com.cn/guoqing/2012－07/23/content_ 25985947.htm，2012年7月23日。

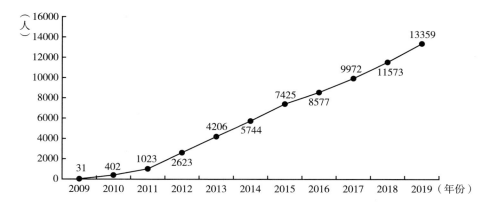

图3　圣保罗州立大学孔子学院每年累计注册的学员人数（2009～2019年）

资料来源：根据巴西圣保罗州立大学孔子学院提供的数据绘制。

三　巴西孔子学院发挥的作用评析

（一）极大地扩大了巴西汉语教学的规模和影响

巴西的汉语教学起步较晚，基础薄弱。孔子学院自落户巴西以来，在汉语教学和中国文化推广方面努力探索，为巴西汉语教学注入了新鲜血液和动力。在开展汉语教学的过程中，巴西孔子学院注重以文载道、由文而道，不仅开设了不同水平、不同类别、不同时段的汉语课程，满足当地不同人群的汉语学习需求，还先后举办了"汉语桥"中文比赛、汉语水平考试、汉字展、中国书法作品展等丰富多彩的汉语学习交流活动以及中国文化推广活动，将汉语学习与中国文化认识相结合，将课堂学习与课外体验相结合。经过十余年的努力和发展，孔子学院已经成长为巴西汉语教学的主力军，为巴西民众学习汉语、了解中国文化提供了一个高质量、稳定的学习平台，极大地扩大了巴西汉语教学的规模，提高了质量，增进了巴西民众对中国语言、文化的了解。越来越多的巴西民众选择去孔子学院学习汉语，巴西孔子学院

学员人数增长迅速。"汉语在巴西的吸引力和影响力持续上升，越来越多的巴西各界人士对中国及中国文化产生兴趣，'汉语热'和'中国热'在桑巴国度不断升温。"① 两国政府在共同发表的"联合声明"中公开肯定"孔子学院为巴西汉语教学做出的贡献"，② "鼓励孔子学院在巴汉语教学……活动"。③

（二）培养了一批熟悉两国语言、文化和国情的高层次人才

长期以来，无论是在中国还是在巴西，都十分缺乏熟练掌握两国语言，熟悉两国文化、国情的高层次人才。随着中巴经贸、科技、人文等领域交流与合作的快速发展，人才缺口更是不断扩大。孔子学院的开设和运行，给予了当地学员近距离、系统地学习中国语言和文化的机会，并且通过孔子学院奖学金项目、夏令营、冬令营等活动，许多巴西学员得以走进中国交流学习或留学深造，极大地提升了自身的语言与综合能力，增进了对中国的认识和了解。学有所成之后，大多数巴西学员活跃在中巴经贸、科技、文化、教育、政治等领域，为两国交流与合作的发展添砖加瓦。例如，圣保罗州立大学孔子学院在2009～2019年累计招收了13359名注册学员，在给学员们提供常规的汉语课程、中国文化课程以及举办中国文化活动以外，还为他们提供赴中国高校交流学习的机会。该孔子学院在招生的第二年即2010年便开始安排巴西学员赴中国交流学习。2010～2019年一共安排了456名巴西学员赴华进行短期或长期学习，其中280名学员参加了在华举行的为期一个月左右的孔子学院夏令营或冬令营活动，176名学员获得了孔子学院奖学金赴华留学深造（见表2）。

---

① 颜欢：《中国驻巴西大使李金章就温家宝总理出访答记者问》，人民网，http：//world. people. com. cn/GB/18230933. html，2012年6月19日。

② 外交部：《中华人民共和国和巴西联邦共和国联合声明》，《人民日报》2015年5月20日，第2版。

③ 外交部：《中华人民共和国和巴西联邦共和国关于进一步深化中巴全面战略伙伴关系的联合声明》，《人民日报》2014年7月19日，第3版。

表2 圣保罗州立大学孔子学院赴华学习的学员人数（2010～2019年）

单位：人

年份	2010	2011	2012	2013	2014	2015	2016	2017	2018	2019	合计
获得赴华留学奖学金的人数*	6	12	37	43	6	20	11	23	10	8	176
赴华参加夏令营或冬令营的学员人数**	32	33	23	16	20	14	20	82	20	20	280
合计	38	45	60	59	26	34	31	105	30	28	456

* 为期6个月至2年。

** 为期4周左右。

资料来源：根据巴西圣保罗州立大学孔子学院提供的数据绘制。

通过孔子学院这一平台，不仅巴西学员获得了学习和锻炼的机会，成长为掌握两国语言、熟悉两国文化和国情的高层次人才，助力中巴交流与合作的发展，而且中方派遣至巴西工作的教师、志愿者们也从中提升了自我，成长为两国人文交流的"摆渡者"。巴西孔子学院的汉语教学主要由中方合作大学负责。为了满足当地民众学习汉语和了解中国文化的需求，每年中方大学都会派遣教师、志愿者们远赴巴西孔子学院从事汉语教学和中国文化推广工作。其中，圣保罗州立大学孔子学院的中方合作方湖北大学于2009～2019年先后派遣了中方院长、汉语教师、汉语志愿者共计107人赴该学院工作。[①] 在当地工作、生活期间，这些中国教师和志愿者不仅向巴西民众介绍了中国语言和文化，成为巴西民众近距离认识中国的"一面镜子"，而且利用这一难得的实地机会，努力学习葡语，深入巴西社会了解当地情况。服务期限结束以后，很多曾经在孔子学院工作的中国教师和志愿者利用自己所学，继续为中巴友谊牵线搭桥。

---

① 《巴西圣保罗州立大学孔子学院》，湖北大学国际交流与合作处网站，http：//io. hubu. edu. cn/info/1415/4375. htm，2019年11月20日。

（三）为巴西青年提供了发展机会

在巴西，汉语被当地民众誉为"未来的语言"①，意思是通过汉语学习可以为自己未来的发展提供更多的机会。随着中巴经贸、科技、人文等领域交流与合作的快速发展，相关的职位需求日益增加；尤其是两国经贸合作快速增加，目前中国是巴西第一大投资国和第一大出口目的地国，越来越多的中国企业走进巴西投资设厂，为当地民众创造了许多就业机会。通过孔子学院这一平台，许多巴西学员在熟练掌握汉语、熟悉中国文化和国情以后，凭借自身的语言优势、专业基础和综合能力成功被聘用到中巴经贸、科技等相关企业、部门工作，为自己未来的发展创造了机会。例如，圣保罗州立大学孔子学院的学员凯乐来自圣保罗农村，他最大的梦想是能在大城市找到一份工作。汉语学习帮助他实现了自己的梦想。在孔子学院学习期间，他曾获得机会赴中国交流学习。毕业后，他成功进入中央电视台拉美中心总站工作，② 成为中巴文化交流的"民间大使"。

需要强调的是，巴西孔子学院在给当地学员提供系统的汉语课程的同时，注意将汉语学习与实践体验相结合，积极与相关企业、部门联系，为当地学员提供了许多实习或就业机会，让他们从中加强锻炼，学以致用。例如，2016 年以来，圣保罗州立大学孔子学院每年都与圣保罗州的中资企业合作举行招聘会，应聘者人数远超职位空缺数量，这为当地学员提供了难得的就业机会，深受学员好评（见图 4）。该孔子学院巴方院长保利诺（Luís Antonio Paulo）教授评价道："孔子学院让巴西中文教学质量得到了巨大提升"，"为巴中文化学术融合提供了高层次的平台，为巴西青年一代提供了更好的起步平台"。③

---

① Maria Carolina Nomura, "Mandarim ainda é visto como idioma para o futuro", *Folha de São Paulo*, 2007 – 10 – 14.

② 《刘延东副总理到访巴西圣保罗孔子学院》，国际在线，http：//news. cri. cn/uc – eco/ 20160804/23c9348d – b0bb – 523d – 9cc4 – 869f7ad9a4f6. html，2016 年 8 月 4 日。

③ 〔巴西〕路易斯·安东尼奥·保利诺：《让巴西青年人更了解中国》，《人民日报》2014 年 7 月 16 日，第 2 版。

图4　圣保罗州立大学孔子学院和圣保罗州中资企业
合作举行的招聘会情况（2016～2019年）

资料来源：根据巴西圣保罗州立大学孔子学院提供的数据绘制。

（四）增进两国民众交往、认知和友谊

孔子学院是一个非营利性的教育机构，以开展汉语教学、推广中国文化为主要内容，但是并非局限于此。根据孔子学院总部①制定的《孔子学院章程》，孔子学院的主要业务范围有：（一）开展汉语教学；（二）培训汉语教师，提供汉语教学资源；（三）开展汉语考试和汉语教师资格认证；（四）提供中国教育、文化等信息咨询；（五）开展中外语言文化交流活动。同时，该章程在总则中指出，孔子学院致力于满足世界各国（地区）人民对汉语学习的需要，增进世界各国（地区）人民对中国语言文化的了解，加强中国与世界各国教育文化交流与合作，发展中国与外国的友好关系，促进世界多元文化发展，构建和谐世界。孔子学院本着相互尊重、友好协商、平等互利的原则，在海外开展汉语教学和中外教育、文化等方面的交流与合作。②

---

① 2020年6月教育部发文将孔子学院总部更名为"教育部中外语言交流合作中心"。——编者注

② 孔子学院总部：《孔子学院章程》，孔子学院总部官网，http：//www. hanban. org/confuciousinstitutes/node_ 7537. htm，检索日期：2020年1月10日。

从该章程可见，孔子学院在从事汉语教学、中国文化推广活动、增进世界人民对中国了解的同时，还致力于加强中外教育、文化等方面的人文交流，增进中外友谊、构建和谐世界。

巴西孔子学院积极践行《孔子学院章程》的相关规定，遵守当地法律、尊重当地风土人情，在开展汉语教学、举办中国文化推广活动、增进巴西民众对中国认识的同时，积极投身两国人文交流与合作，先后主办或与其他机构一起合办了中国文化周、中国书法展、圣保罗华语电影节、中国高等教育展、中国—拉美学术高层论坛、巴西学生夏令营、巴西中学生足球夏令营，组织中国经典文学作品翻译出版、巴西学术著作翻译出版等内容丰富、形式多样的中巴人文交流活动，涵盖文化、教育、体育、出版、青年、学术等人文领域，将汉语教学、中国文化推广与中巴人文交流相结合，将"人"与"文"相结合，以人为本、以文化人，增进两国民众之间的交往、认知和友谊，夯实中巴关系的社会基础。尤为引人注目的是，在此过程中，一方面，巴西孔子学院注重增进两国青年交流。巴西孔子学院以年轻学员、教师为主体，他们的成长决定了两国关系的未来。通过孔子学院这一平台，许多巴西青年得以走近中国、认识中国，并投身中巴交流与合作，成为两国友谊的见证人和推动者。另一方面，注重交流的双向性和互动性。在相互尊重、平等相待、互学互鉴的基础上，巴西孔子学院将"走出去"与"请进来"相结合，不仅向巴西民众介绍中国，也向中国民众介绍巴西，架起两国民众交往、认知和友谊的桥梁。孔子学院在巴西传播中国语言和文化、促进两国友谊方面的贡献获得了中巴政府及民众的认可。中国外文局等机构进行的2014年中国国家形象全球调查显示，78%的巴西受访者认可孔子学院在巴西的设立，居于受访国家之首（见图5）。

四　巴西孔子学院发展面临的主要问题

经过十余年的辛勤耕耘，巴西孔子学院在汉语教学、中国文化推广和中巴人文交流方面取得了有目共睹的成绩，受到两国政府和民众的肯定。当

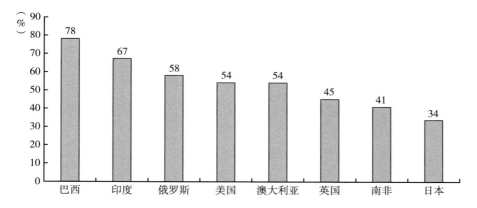

图5　海外孔子学院受访者对孔子学院和中国文化中心认可的情况（2014 年）

资料来源：中国外文局对外传播研究中心课题组《中国国家形象全球调查报告 2014》，2015，第 17 页。

前，巴西孔子学院的发展重点已从规模扩张转向质量提升。进一步加强师资队伍建设、提升教学质量、改善教材，是巴西孔子学院需要努力的地方。

（一）师资力量有待提高

稳定且高质量的师资是孔子学院健康、持续发展的关键，直接关系教学质量的提升、生源的增加和社会影响力的扩大。巴西孔子学院长期以来面临师资不稳、高质量师资不足的问题，有待加强师资队伍建设、提高师资力量。

巴西孔子学院的汉语教师主要分为国家汉办公派教师、国家汉办汉语教师志愿者和巴西本土汉语教师三种。其中，国家汉办公派教师和志愿者主要由巴西孔子学院中方合作大学的教师和学生担任，而巴西本土汉语教师主要由当地华侨华人或者当地人担任。由于巴西本土汉语教师极少，同时国家汉办公派教师数量有限，因此国家汉办公派的汉语教师志愿者构成了巴西孔子学院的教师主体。这些志愿者虽然具有年轻活力足、创造力丰富、适应能力强等优势，但是大多数缺乏汉语教学方面的经验且不懂葡语，从而限制了自身与当地学生的交流和教学质量的提升。虽然国家汉办公派教师和志愿者们任职前通常会接受葡语和专业知识的培训，且任职一段时间后经过个人努力，无论是在葡语交流还是在汉语教学方面均有了很大的提高，但令人遗憾

的是，此时往往距他们的任期结束为时不远。巴西孔子学院国家汉办公派教师和志愿者的任期通常为一年或两年，任期结束后大多数人选择回国，教师流动性较大，不利于师资力量和教学质量的提高。

相对于中方公派教师和志愿者，巴西本土汉语教师的任期更为稳定，而且他们熟练掌握当地语言，了解当地学生的特点，教学更具针对性。基于此，培养、聘用本土汉语教师是解决巴西孔子学院师资不稳且质量不高问题的重要举措之一，受到孔子学院总部的重视和推动。孔子学院总部先后开展了"本土汉语教师来华培训项目""本土汉语教师来华研修项目"等，资助本土汉语教师来华培训、交流或深造，鼓励本土汉语教师的培养。然而，巴西孔子学院聘用的本土汉语教师却屈指可数，一方面是因为很多熟练掌握汉语、熟悉中国文化和国情的当地人员出于待遇、个人发展、兴趣等方面的考量，更多选择进入企业或政府机构工作，愿意从教的人数甚少；另一方面是受制于巴西公立大学紧张的财政现状。根据巴西现行规定，当地教师的聘用必须在用人单位提供新的空缺岗位后通过公开招聘的方式进行。近年来巴西经济增长低迷，税收减少，为此政府紧缩财政支出，缩减对公立大学的财政预算和投入，这使得巴西公立大学面临严重的财政问题，不仅影响其日常运作，也影响包括孔子学院在内的相关国际合作项目的实施和运行。为了减少财政支出，巴西公立大学大幅减少包括师资招聘在内的空缺职位数量，此举直接影响与巴西公立大学合作建设的孔子学院在本土教师方面的聘用工作，使孔子学院本土汉语教师的招聘雪上加霜。

（二）教学质量有待提升

巴西的汉语教学起步较晚、基础薄弱，缺乏教授巴西人汉语的传统和经验，同时中巴两国语言迥异、文化差别大，给巴西的汉语教学带来了一定的挑战。寻求适合巴西学生特点的教学方法、提升汉语教学质量一直是巴西孔子学院努力的方向，并为此做了许多努力和尝试，诸如举办汉语教学方法研讨会、加强师资培训、邀请中国专家前来指导、开展教学技能比赛等，但是由于孔子学院中方教师流动性较大、本土汉语教师人数有限、高质量师资不足等问题一直未能很好地解决，孔子学院汉语教学质量的提升困难重重，短期内难以取得明显的成效。

（三）教材有待改善

教材是开展对外汉语教学的基础，对教师的教学和学生的学习都会产生重要影响。当前，中国方面组织专家编写、出版的对外汉语教材以英语注释为主，葡语注释的对外汉语教材不仅数量较少，而且质量参差不齐，缺乏系统性。大多数葡语注释的对外汉语教材主要适用于初级或中级阶段的汉语学习者，对其他阶段鲜有涉及；在内容上，以精读教材为主，口语、听力、写作、阅读等其他方面的教材很少开发；在注释语言上，以葡萄牙葡语（简称"葡葡"）而非巴西葡语（简称"巴葡"）为主。虽然葡葡与巴葡十分相似，但是两者在口语交际、表达方式等方面存在诸多差异，从而给巴西学生的汉语学习尤其是重要的口语交际带来一定的困扰。因此，使用巴西葡语、结合当地学生特点和风土人情编写高质量、系统性的汉语教材，对巴西孔子学院的长远发展而言十分必要且迫切。

五　巴西孔子学院发展的建议及展望

巴西孔子学院当前发展面临的上述问题与挑战，解决起来难度不一。其中，对外汉语教材的改善相对来说容易些。编写高质量、系统性的巴西本土汉语教材，一方面需要负责汉语教学的中方大学与资源丰富的孔子学院总部加大对此问题的重视力度，并加强人力、物力的投入；另一方面需要孔子学院的合作方——孔子学院总部、中方大学与巴方大学三方——之间进行良好的沟通与协作。

与汉语教材的改善相比，师资力量和教学质量的提高解决起来难度更大，且难以在短期内获得立竿见影的效果，需要巴西孔子学院的多方合作者和参与者长期摸索，坚持不懈，并在此过程中注意经验的积累。需要强调的是，师资力量和教学质量两者紧密相连，而师资力量尤为关键，直接关系到

教学质量。要提升教学质量、促进孔子学院的持续发展，需要建立一支稳定、高质量的师资队伍。但是，如何让那些熟练掌握葡语、具有教授巴西人汉语经验的教师长期、稳定地耕耘在孔子学院的三尺讲台上呢？一方面，如前文所述，推动本土汉语教师的培养和聘用是一个较好的举措，孔子学院总部在此方面做了许多努力，但是基于巴西公立大学财政困难的现状，本土汉语教师的聘用问题将难以在短期内有所突破。即便如此，从长远来说，无论是中方还是巴方合作方都需要在此问题上继续努力。另一方面，中方大学和孔子学院总部需要进一步加强对国家汉办公派教师和志愿者的遴选、考核、培训和日常管理，尤其是在葡语、汉语教学方面加强师资培训和考核，并做好优秀师资的储备工作，同时在孔子学院的日常教学工作中建立规范标准，加强教学管理。

当前，中巴关系的发展虽然面临诸多挑战，但是相互尊重、平等相待、互利共赢一直是中巴关系发展的基本原则，也是两国关系前进的不竭动力。作为中巴人文交流的重要平台，孔子学院的运行不仅为巴西民众学习汉语、了解中国、提升自我提供了一个良好的渠道，而且为中巴交流与合作培养了一批高层次人才，增进了两国民众的交往、认知和友谊，助力两国友好关系的发展。未来，巴西孔子学院需要在孔子学院总部、中方大学和巴方大学三方的协作下，克服困难和挑战，加强师资队伍建设，提升教学质量，改善教材，在此基础上提升自我、扩大社会影响，更好地服务当地民众的社会需求，促进中巴人文交流的发展，夯实中巴关系的社会基础。

Y.16
关注升温：
2019年巴西主流媒体涉华报道分析

唐 筱*

摘 要： 巴西主流媒体受众群体广，民众信任度高；其关于中国的报道，潜移默化地塑造着中国在巴西民众心中的形象，对中巴关系进程有着不容忽视的影响力。考虑到不同媒介各自的形态特点、数据获取难度及代表性，本文选取《圣保罗页报》（*Folha de São Paulo*）、《圣保罗州报》（*O Estado de São Paulo*）、《环球报》（*O Globo*）和《时代报》（*O Tempo*）四家主流媒体在推特上开设的官方账号作为数据来源，搭建"巴西主流媒体官方推特涉华报道数据库"，借助语料库软件AntConc3.3.5b，从报道频度、主题分布、热点分布、语言组织四个角度出发，分析2019年巴西媒体涉华报道的主要特点，及其相对于2018年的主要变化。在此基础上，结合当前世界形势及中巴关系现状，为进一步推进中巴两国媒体的友好交流与务实合作提出以下建议：依托日渐成熟的金砖机制，筹建金砖通讯社；丰富、改进中巴媒体公共外交行为，将新媒体、自媒体等"草根"创作者纳入中巴媒体交流互动框架；鼓励中巴两国主要媒体集团在更大范围、更宽领域、更深层次上缔结合作关系、开展合作活动。

---

* 唐筱，湖北大学外国语学院葡萄牙语系讲师，主要研究领域为巴西对外政策与中巴关系。

关键词： 主流媒体　社交网络　中巴关系

一　巴西当前媒介生态

国之交在于民相亲，民相亲在于心相通。巴西主流媒体受众群体广，民众信任度高，其关于中国的报道，潜移默化地塑造着中国在巴西民众心中的形象，是实现中巴两国民心相通、推动中巴两国关系发展重要的"助力器"。

当前，以电视、广播、报纸为代表的传统媒体在巴西依旧拥有庞大的受众群体；巴西人在通过报纸等传统媒体获取信息的同时，也对其呈现的信息内容有着较高的信任度。根据巴西总统府新闻部（Secretaria de Comunicação da Presidência da República）的调查，尽管大多数巴西人已经不再保有每日读报的习惯，报纸仍然是巴西人最为信任的资讯来源。[①] 位于智利的非政府研究机构"拉美晴雨表"历年（2003～2018 年）的统计结果，可为该判断提供佐证：巴西公众对政府的平均信任率仅为 33.4%，在 2018 年当年对政府的信任度更是只有 7.1%。相比之下，巴西人民对于传统媒体的平均信任率则在 50% 左右，2018 年当年的信任度为 47.1%，远高于同期对政府的信任度。[②] 在此背景下，相比于政府通过官方渠道发布的信息，巴西公众更容易接收到也倾向于相信大众媒介所传达的内容。因此，研究巴西媒体，特别

---

① Agência Brasil, "Apesar de menos lidos, jornais têm mais confiança do leitor", Dezembro 14, 2019, http://www.ebc.com.br/noticias/brasil/2014/12/apesar–de–menos–lidos–jornais–tem–mais–confianca–do–leitor.

② 根据拉美晴雨表在线数据库（http://www.latinobarometro.org/latOnline.jsp）中"Confianza en el Gobierno"（对政府信任程度）、"Confianza en Televisión"（对电视信任程度）、"Confianza en Radio"（对广播信任程度）、"Confianza en Diarios"（对报纸信任程度）和"Por favor, mire esta tarjeta y dígame, para cada uno de los grupos, instituciones o personas de la lista ¿Cuánta confianza tiene usted en que ellas operan para mejorar nuestra calidad de vida"（请告知，以下机构、组织和个人中，你在多大程度上相信其行为可改善我们的生活质量）等问题下历年统计数据计算得出。

是巴西主流媒体通过其报道呈现的中国形象，可以更好地理解巴西民众对华认知现状，从而助力调整顶层设计、丰富交往交流手段、增进双方了解，推进中巴全面战略伙伴关系不断向前发展。

近年来，随着巴西互联网覆盖率的提高和移动设备持有量的增加，依托互联网的新媒体也愈发呈现蓬勃发展的态势。巴西媒体集团发布的《巴西2019年媒体数据报告》（以下简称《媒体数据报告》）显示，截至2018年，巴西拥有世界上第四大互联网用户群体，互联网用户相对于总人口的覆盖率达到70.7%。其中，宽带用户约3000万，活跃使用移动4G网络的约1.3亿。[1] 智能手机是所有年龄段的巴西人最主要的上网工具，在近30天内有过接入互联网行为的人群中，94.2%使用智能手机作为联网工具，远远超过排名第二的使用笔记本电脑上网的比例（26.6%）。在大多受访者看来，互联网最主要的功能，是提供学习新事物、认识新地点的机会；此外，76.1%的巴西网民视互联网为最主要的信息来源，因此对信息源的可信度有较高要求。[2] 这一点也和巴西总统府新闻部的统计结果相吻合：绝大多数巴西人接入网络的主要目的是获得信息或新闻资讯[3]。

网络和智能手机在巴西的普及，以及巴西人对通过互联网获取资讯的巨大需求，为社交媒体提供了发展壮大的理想舞台。社交媒体具备即时性强、交互性强、设计和内容轻量化等特点，同移动终端有极佳的亲和性，更加顺应当今时代新闻生产大众化、信息碎片化的趋势，渗透性强、受众面广，在内容发布、传播分享和议程设置上逐渐展现出独特的优越性。巴西拥有庞大且活跃的社交媒体用户群，约92%的巴西互联网使用者拥有自己的社交网

① Grupo de Mídia de São Paulo, "Mídia Dados Brasil 2019", Julho 29, 2019, http://159.89.80.182/midia – dados – sp/public/Midia%20Dados%202019.pdf, p. 212.
② Grupo de Mídia de São Paulo, "Mídia Dados Brasil 2019", Julho 29, 2019, http://159.89.80.182/midia – dados – sp/public/Midia%20Dados%202019.pdf, pp. 214 – 219.
③ Agência Brasil, "Mais de 40% dos brasileiros usam a internet como meio de comunicação", Dezembro 14, 2019, http://www.ebc.com.br/noticias/brasil/2014/12/mais – de – 40 – dos – brasileiros – usam – a – internet – como – meio – de – comunicacao.

络账号①。《媒体数据报告》显示，在巴西互联网用户最近 7 日内进行过的在线活动中，69.8% 有浏览其社交网络账号的经历，这一比重在所有在线活动中排名第三，仅次于收发即时消息和收发邮件②。面对以脸书（Facebook）、推特（Twitter）等社交网络为代表的新媒体的冲击，巴西各大传统媒体也在不断调整自身经营策略，通过在主流社交网络平台上开设官方账号等方式，立足于自身既往积累的公信力、影响力，不断探索在数字时代增强用户黏性、拓展用户群体的可能性。

尽管在巴西最为普及的社交网络网站是脸书③，但是该网站更多被视为与亲朋好友保持日常联系、展示日常生活的工具，而不是新闻资讯的获取渠道。此外，经过多次调整和改版后，脸书非线性的信息流展现策略、严格的隐私策略，加上高度依托现实社交圈子的信息发布和查看方式，一方面使在该平台上运营新闻媒体愈发艰难，另一方面也使通过非官方渠道收集、分析数据变得极为困难。巴西发行量最大的报纸《圣保罗页报》（*Folha de São Paulo*）就因脸书对信息流排序方式的调整（优先显示个人互动而非新闻），在 2018 年 2 月宣布停止于该社交媒体上发布内容④。

相较而言，推特的功能设计，特别是该平台提供的线性、开放的信息流呈现方式，使其更多被视作发现、分享和学习的信息平台，承担更多与传统媒体近似的信息传播功能，也为大数据的收集工作提供了更多便利⑤。此外，推特通过发布、评论、转发、收藏和内容长度限制等机制，构建出高

① ComScore，"Brazil Digital Future 2014"，Maio 22，2014，http：//www. slideshare. net/jacquelinee/2014 – brazil – digitalfutureinfocuspt，p. 17.

② Grupo de Mídia de São Paulo，"Mídia Dados Brasil 2019"，Julho 29，2019，http：//159. 89. 80. 182/midia – dados – sp/public/Midia%20Dados%202019. pdf，p. 218.

③ Grupo de Mídia de São Paulo，"Mídia Dados Brasil 2019"，Julho 29，2019，http：//159. 89. 80. 182/midia – dados – sp/public/Midia%20Dados%202019. pdf，p. 255.

④ 《巴西最大报纸停止在 Facebook 发布内容》，《华尔街日报》，https：//cn. wsj. com/articles/CN – BIZ – 20180209091627，2018 年 2 月 9 日。

⑤ Kantar Millward Brown：《如何利用社交媒体数据？》，Novembro 21，2012，http：//www. millwardbrown. com/docs/default – source/china – downloads/newsletter/3 – millward – brown – pov – social – measurement – depends – on – data – quantity – and – quality. pdf？sfvrsn = 2，p. 3.

效、丰富的交互层次与信息架构关系，一方面，使内容发布者可以根据自己的传播目的和立场倾向，对新闻进行有选择性的发布、推送和描述，以更加隐蔽、灵活的方式实现议程设置；另一方面，推特强大的交互性，也使得即时观测报道发布后的受众反应、及时调整传播策略成为可能。

因此，在综合考虑媒体形态特点、数据获取及分析难度及媒体代表性后，本文根据《媒体数据报告》中公布的发行量①相关数据，从巴西发行量前十的报纸中选出四家作为研究对象：《圣保罗页报》（Folha de São Paulo）、《圣保罗州报》（O Estado de São Paulo）、《环球报》（O Globo）和《时代报》（O Tempo）。研究方法以定量为主，通过收集四家媒体官方推特账号2019年推送的中国相关报道，搭建"巴西主流媒体官方推特涉华报道数据库"；再基于该数据库，从报道频度、主题分布、热点分布、语言组织四个角度出发，借助语料库软件②分析研究时段内巴西媒体涉华报道的特点及变化趋势，并在以上分析的基础上提出具有针对性的政策建议。

二　2019年巴西主流媒体涉华报道分析

（一）报道频度

同2018年相比，2019年，从涉华报道发布总量上来看，四家主流媒体对中国的关注度有较为明显的提升。2019年，四家媒体共推送涉华报道1301条，相比2018年的1026条增加了26.8%。研究所涉的四家媒体涉华报道数量相比2018年同期皆有显著增加，相对而言，2017～2018年度涉华报道数量大幅下跌的《环球报》在2018～2019年度增量最为明显，而在此前皆对中国展现出相当兴趣的其他三家媒体增幅相对较为平缓（见图1）。

尽管四家媒体涉华报道总量在2019年都有明显增长，中国相关议题

① Grupo de Mídia de São Paulo, "Mídia Dados Brasil 2019", Julho 29, 2019, http://159.89.80.182/midia – dados – sp/public/Midia%20Dados%202019.pdf, p.304.

② 本文使用的软件为AntConc3.3.5b。

在各家媒体全年整体报道议程中的优先级则各有不同。从涉华报道占各媒体当年发布的新闻总量的比重来看，2019 年，四大媒体涉华报道占报道总数的平均比例约为 0.555%，相比 2018 年的 0.5575% 甚至略有回落。四家媒体中，《时代报》对中国的关注与上一年持平，《环球报》则在 2019 年给予中国相关议题更大展示空间，中国相关报道占报道总数的比例呈现明显的上升态势。相反，《圣保罗页报》《圣保罗州报》尽管相比 2018 年发布了更多数量的涉华报道，由于两家报社 2019 年在其他议题上的报道更为活跃，反而在一定程度上削弱了中国相关议题在其报道中的重要性，故涉华报道数量占据发布报道总数的比重有所下降（见图 2）。

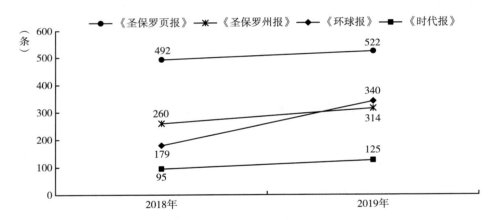

图 1　2018～2019 年巴西媒体发布涉华报道总数变化趋势

资料来源：根据《环球报》《圣保罗页报》《圣保罗州报》《时代报》官方推特数据整理。

总的来讲，从报道频度的角度看，巴西主流媒体在 2019 年对于中国的关注度较 2018 年明显提升。在新总统博索纳罗就职和中美两国贸易争端不断升级的背景下，作为中、美双方重要的合作伙伴，中巴关系呈现诸多新的不确定性，引发了巴西主流媒体的广泛关注。一方面，尽管增长幅度略有不同，四家主流媒体涉华报道总数均有显著增长；另一方面，新总统博索纳罗在国内外引发的各种争议与讨论、亚马逊森林大火、委内瑞拉局势等与巴西

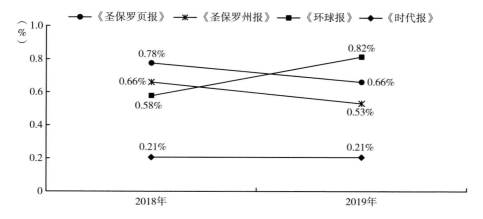

图2　2018～2019年巴西媒体发布涉华报道总体占比变化趋势

资料来源：根据《环球报》《圣保罗页报》《圣保罗州报》《时代报》官方推特数据整理。

人日常生活息息相关的"身边事"，在一定程度上影响涉华议题在部分巴西主流媒体中的议程优先级别，导致2019年涉华报道占报道总数的比例在《圣保罗页报》《圣保罗州报》两家媒体中相对略有下滑。

（二）主题分布

2019年，经济①仍然是巴西主流媒体最为关注的主题。统计期间，四家媒体共发布539篇经济相关报道，占比相对于2018年略有下降。中国和美国之间不断升级的贸易争端，是巴西媒体在该年度经济主题报道中最为关注的议题。一方面，中美贸易争端在2019年不断扩大升级，从关税逐渐扩大到金融、外汇、知识产权、市场准入等领域，影响逐渐波及全球，也无可避免地冲击到同时作为两国重要伙伴的巴西。受此影响，巴西的货币汇率、贸易环境和投资市场多次出现波动，频频引发巴西媒体的关注、思考和忧虑；具有亲美倾向的博索纳罗政府上台后，为巴西在中美之间微妙的处境增添了更多不确定性，新政府有关中美贸易冲突的表态也成为巴西媒体关注的热点话题。

----

① 因同一篇报道可能涉及多个主题，故各主题下数量统计有所重合。下同。

此外，受非洲猪瘟影响，中国对巴西农产品（特别是大豆和肉类）进口进一步扩大，也吸引了巴西媒体的目光，甚至有时会成为巴西媒体吸引眼球的工具。例如，《圣保罗页报》在 2019 年 8 月 29 日的一篇报道①中称，中国对于巴西大豆、肉类的需求，是导致巴西亚马逊雨林退化速度加快的"元凶"。该报道一经推送，在社交网络上引发巨大争议，一部分巴西网友在报道的引导下批评、指责中国，也有部分巴西网友在回复中表示怀疑和谴责，认为外国不应为巴西政府的过失承担责任，中国人民更不应当单纯因为吃肉的需求而受到谴责。通过发布这篇具有争议性的涉华报道，《圣保罗页报》获得 14 次回复、31 次转发、212 次收藏，既收获了热度，又通过文章在社交网络上的扩散和讨论，完成了一次有关中国的议程设置。中国资本在巴西国有资产私有化过程中愈发广泛、深入的参与，以及进入巴西市场的中国公司的运营状况，也是巴西媒体 2019 年在经济领域持续关注的热点话题。

相比 2018 年，巴西主流媒体对中国社会、文化、政治主题的报道均有增多，政治相关报道的增幅尤为显著。2018 年，四家巴西媒体涉政报道仅有 214 篇，接近同年经济相关报道数量的 1/2。而在中巴迎来建交 45 周年的 2019 年，四家媒体共发布 402 篇政治相关报道，相比上一年几乎翻了一番，在四个主题中排名第二。巴西媒体在该年度发表的政治主题涉华报道中，绝大多数着眼于中美贸易争端在国际政治乃至军事等领域的延伸，以及中巴双方领导人在 2019 年的高层互访。巴西主流媒体在关涉中国核心利益的议题上采取相对审慎、客观的报道立场。

虽然相对上一年重要性略有下降，文化主题在 2019 年依然受到巴西主流媒体的广泛关注。月球探索、人脸识别、基因编辑和智能手机，是巴西媒体 2019 年涉华文化主题报道的关注重点；"华为"和"5G"，更是在中美贸易冲突的背景下，成为贯穿全年的"关键词"。巴西媒体的报道中，既显示出对中国科技进展的钦佩，也时常暗含对中国科技伦理状况和隐私权的担

---

① Luiza Duarte, "O silêncio da China sobre a Amazônia: A demanda chinesa por soja e carne tem acelerado o desmatamento no Brasil", Agosto 29, 2019, https://www1.folha.uol.com.br/colunas/luiza - duarte/2019/08/o - silencio - da - china - sobre - a - amazonia. shtml.

忧。相对而言，社会新闻在 2019 年依然是巴西媒体较不重视的领域（见图3）；尽管如此，相比 2018 年，巴西主流媒体在社会主题方面的涉华报道不仅数量有所增多，内容也进一步丰富和深化。往年巴西媒体推送的中国相关社会新闻，大多涉及台风登陆、工厂爆炸、无差别伤害行为等公共安全事件，或者是单纯旨在吸引眼球的社会"八卦"；2019 年，尽管公共安全事件和"八卦"新闻依然在巴西媒体的报道中占据一席之地，但也出现了许多有关中国在脱贫攻坚、环境治理、推进社会公平等事业上成功经验的报道。

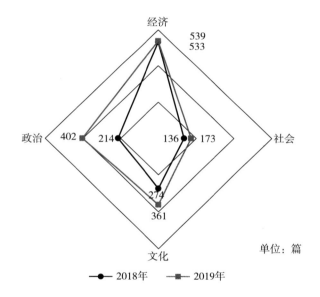

图 3　2018～2019 年巴西媒体涉华报道主题分布

资料来源：根据《环球报》《圣保罗页报》《圣保罗州报》《时代报》官方推特数据整理。

（三）热点分布

对主题分布进行分析，可以发现巴西主流媒体涉华议程设置的特点，以及媒体本身对中国的兴趣所在。然而，考虑到巴西主流媒体庞大的受众群体，在与中国相关的问题上，作为信息发布者的媒体本身所关注的重点，并不一定同其受众完全重合。因此，通过对热点分布进行分析，可以观测到主

流媒体受众对涉华报道的接受乃至反馈情况，从而了解巴西民众对中国相关议题的兴趣所在。该部分将通过对巴西主流媒体发布涉华新闻的总热度（转发数＋收藏数）的统计和分析，总结2019年巴西主流媒体涉华报道的热点分布状况。

2019年巴西民众对中国的兴趣有了全面提升，各个主题的平均热度均高于2018年（见图4）。据统计，2019年，尽管巴西主流媒体对中国社会报道关注度相对最低，巴西民众却对中国社会展现出浓厚兴趣；对中国扶贫成就的讨论、对中国公共安全事件的关注，以及对中国熊猫的喜爱，使得社会相关涉华新闻获得了本年度最高的平均热度（92）。尽管巴西民众在2018年对中国经济兴趣索然，到2019年，中美贸易争端的升级，对巴西经济和巴西人的日常生活造成了冲击；中国企业和中国资本在巴西的深耕，也促使越来越多的巴西人对全球化时代的"命运共同体"有了切身体会。整体形势的变化，加之巴西媒体多年来对中国经济持之以恒的重点报道，使巴西民众开始更多将目光转向中国经济的相关信息，从而使经济主题报道的平均热度一举跃升到第二名。文化方面，一方面，中国取得的科技成就，引发巴西民众的广泛关注和讨论；另一方面，中国的流行文化，也不断激发巴西民众的好奇心，成为巴西民众第三关心的话题。至于政治主题，2019年受到巴西媒体的高度关注，但媒体的报道却未在很大程度上提升巴西民众对该议题的兴趣。2019年，政治相关报道的平均热度为74，虽然相比2018年提升明显，但同其他三个主题相比，在对巴西民众的吸引力上并无优势。除了巴西总统访华和金砖国家会议一度引发热议外，不论是美国在外交、军事等领域对中国持之以恒的挑衅，还是中国香港局势，在巴西民众看来，似乎都属于"外部事务"，未能引发广泛、热烈的关注。

考虑到巴西主流媒体2019年涉华报道所涉及的话题过于繁杂，为能更加细致地了解巴西民众对中国的兴趣所在，本文选取了2019年巴西媒体涉华报道中热度最高的50条，对其主题进行了细分（见图5）。统计结果显示，同2018年相比，巴西民众对中巴关系的关注度急剧上升，中国和巴西在经济、政治、文化、社会各领域的互动一跃成为巴西人最为关心的焦点话

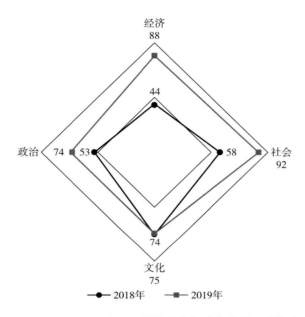

图4 2018～2019年巴西媒体涉华报道各主题平均热度

资料来源：根据《环球报》《圣保罗页报》《圣保罗州报》《时代报》官方推特数据整理。

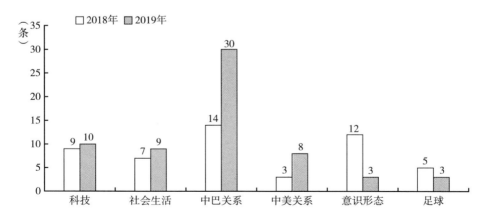

图5 2018～2019年总热度前50报道部分焦点话题分布 *

* 由于部分报道本身涉及多个话题，故此处统计有所重复。

资料来源：根据《环球报》《圣保罗页报》《圣保罗州报》《时代报》官方推特数据整理。

题。同时，巴西民众对中国科技成就的兴趣继续升温，对中国社会生活状况和中美关系的进展也十分关心。同时，随着中巴务实合作的深入开展，意识形态话题则逐渐淡出大众视野，对巴西民众的吸引力不复往昔。另一个在2019年对巴西民众吸引力明显减弱的话题是足球：2018年，巴西国脚保利尼奥和前弗拉门戈队干将孔卡在中国的表现曾多次引发巴西民众热议；到2019年，中国豪门俱乐部阵容基本稳定，从巴西挖角的热潮逐渐消退，只有巴西总统博索纳罗访华时"背叛"其帕尔梅拉斯球迷身份、赠送该俱乐部传统劲敌弗拉门戈队球衣的"场外风波"，引发了巴西人较为广泛的关注。

（四）语言组织

1. 词表与主题词

利用语料库软件 AntConc3.3.5b 对 2019 年巴西主流媒体所发布的全部涉华报道进行分析后，可以得到某时段内巴西主流媒体涉华报道的生成词表。生成词表是对语料库中全部词语的统计和排序，排序的依据是词频，也就是该词出现的次数。因此，词表中排名前 20 的词语，就是本年度巴西媒体涉华报道中最常使用的 20 个"关键词"（见表 1）。

表1 2018～2019 年巴西媒体涉华报道生成词表对比（按频度倒序排序，前20）

序号	2018 年	2019 年	序号	2018 年	2019 年
1	EUA 美国	EUA 美国	11	bilhões 十亿	produtos 产品
2	comercial 贸易	comercial 贸易	12	norte 朝鲜	Huawei 华为
3	tarifas 关税	Trump 特朗普	13	produtos 产品	presidente 总统
4	Trump 特朗普	Brasil 巴西	14	Xi 习	us 美元
5	Brasil 巴西	Hong Kong 香港	15	anuncia 宣称	Rússia 俄罗斯
6	guerra 战争	guerra 战争	16	r 雷亚尔	carne 肉
7	us 美元	Bolsonaro 博索纳罗	17	espacial 太空的	país 国家
8	governo 政府	acordo 合约	18	milhões 百万	r 雷亚尔
9	OMC 世贸组织	tarifas 关税	19	mundial 世界的	negociações 协商
10	presidente 总统	governo 政府	20	soja 大豆	ameaça 威胁

资料来源：根据《环球报》《圣保罗页报》《圣保罗州报》《时代报》官方推特数据整理。

在这20个本年度巴西媒体涉华报道"关键词"中，"美国""巴西""特朗普""总统""美元""雷亚尔""贸易""战争""关税""政府""产品"等11个词，是2018年、2019年两年共享的高频词。不难看出，这一组词基本围绕经济主题，多同中美贸易冲突及其对中巴经贸关系造成的影响有关。正如前文所分析的，从2018年开始的中美贸易冲突，在2019年逐渐激化、升级，由于巴西同中美两国往来密切，中国和美国的贸易冲突，也深刻影响到了中国和巴西的经贸关系。长期以来，经贸关系一直是中巴关系的重点，也是巴西主流媒体关注的重点；在新的时代背景下，应当如何在中国和美国两大巨头间巧妙斡旋，为巴西经济谋得最多利益，成为2018～2019年巴西媒体通过涉华报道持续设置的讨论主线。

相应的，"香港""博索纳罗""合约""华为""俄罗斯""肉""国家""协商""威胁"，是2019年独有的"关键词"。这些词所指涉的报道，大多与中美贸易争端直接或间接相关，一方面体现出巴西媒体对中美贸易争端扩大化对全球（特别是巴西）经济、政治、科技格局影响的关注，另一方面也折射出巴西媒体对博索纳罗政府及巴西当前局势的担忧。在2019年独有高频词中，"俄罗斯"和"香港"是此前数年不曾出现于词表前排的"新面孔"。

另外，运用语料库软件的主题词表（Keyword list）生成功能，以2019年巴西主流媒体涉华报道为观察语料库，以2018年巴西主流媒体涉华报道为参照语料库，便可对比得出2019年的"正主题词"，亦即2019年巴西主流媒体在其涉华报道中使用频数显著高于作为参照的2018年的主题词。2019年的正主题词中，前十名分别是"香港""博索纳罗""抗议""肉""莫朗""月球""华为""示威者""委内瑞拉""俄罗斯"。同词表的分析结果相近，正主题词列表显示，相比2018年，中国香港地区局势、委内瑞拉危机、中国和巴西在博索纳罗新政府上台后的经贸往来及高层交往、中美贸易冲突升级对巴西造成的影响、俄罗斯在中美关系和委内瑞拉事务上扮演的角色，以及中国在航空航天和5G技术上取得的科技成就，成为2019年巴西媒体关注的新兴热门话题，反映出巴西媒体对于巴西在世界新局势下应当如何自处的关心和忧虑。

2. 倾向性

从词表上看，2019 年生成词表中排名前 50 的词语中，只有"威胁"和"抗议"两个词在语义角度上具有较为明显的负面倾向；然而，通过使用语料库软件对该词来源进行追踪，可以发现，在出现"威胁"的句子中，或者主体为美国、中国为其客体，或者为转述美方发言人的原话。因此，巴西媒体在使用该词时，并没有体现出明显的负面倾向。整体而言，2019 年巴西主流媒体对中国的报道较为客观公正。

从报道受众的角度出发，通过对 2019 年总热度排名前 20 的涉华报道进行统计分析，可以发现，10 篇呈现整体积极的倾向，9 篇呈现整体消极的倾向，1 篇无明显的倾向性（见图 6）。2018 年，巴西民众通过主流媒体报道认识到的中国形象整体较为客观中立，而这一形象在 2019 年则呈现两极分化趋势。2019 年，巴西民众对中国积极正面报道的认可度大幅提升，折射出中巴关系平稳向好发展的态势；同时，对中国消极负面报道的认可度也甚嚣尘上，在一定程度上反映出新的时代背景和巴西新政府对华政策为两国关系带来的不确定性。

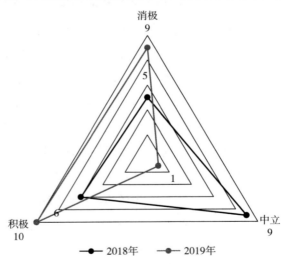

图 6　2018～2019 年高热度涉华报道倾向性统计

资料来源：根据《环球报》《圣保罗报》《圣保罗州报》《时代报》官方推特数据整理。

三　推进中巴媒介交流与合作的建议

基于上文的分析，可以看到，2019年巴西主流媒体涉华报道呈现四大特点：第一，报道频度显著提高，对华关注度明显提升；第二，以经济报道为重心，主题分布逐渐全面化、合理化；第三，媒体报道重心与受众关注重点不完全匹配，现有报道结构无法满足巴西民众对中国社会相关议题的关注及兴趣；第四，报道多从巴西本国利益视角出发，整体倾向客观中立，呈现的中国形象较为积极正面，但有朝两极化、割裂化发展的倾向。

2019年是中巴建交45周年，也是金砖机制第二个"金色十年"的启程点。中国和巴西在2019年通过"中巴媒体智库对话会""金砖国家媒体高端论坛""世界媒体峰会"等机制，在媒体层面开展了广泛而深入的交流活动，取得了丰硕成果。根据上文总结的2019年巴西主流媒体涉华报道的四大特点，并基于当前世界形势和中巴交往（特别是媒体交往）现状，本文就进一步推进中巴两国在媒体层面的友好交流与务实合作提出以下三点建议。

第一，依托金砖国家媒体高端论坛等现有机制和各国现有媒体资源，筹建金砖通讯社。在开放、包容、合作、共赢的金砖精神指引下，金砖国家逐渐建立起成熟的协调机制，在包括媒体在内的各个领域开展了广泛的交流合作。然而，由于当前不尽公正、合理、平衡的国际舆论传播秩序，包括中国和巴西在内的许多国家被排除在国际舆论场之外，作为国际传播中的弱势群体，在面对舆论攻击和长期偏颇报道造成的成见与误解时，往往只能被动应对，甚至会被无故剥夺世界主流平台上的发言权。因此，通过筹建金砖通讯社，向世界协同展示金砖国家的多元文化特色，传递金砖国家促发展、求变革的真实声音，合力反对媒体单边主义和媒体霸权，有利于掌握国际传播的自主权，挑战当前不合理的国际舆论传播秩序，推动国际舆论场朝更公平、公正、理性、多元的方向发展。正如巴西金融资讯

集团总裁桑切斯在采访中表示的，多元化、多样性是金砖国家间的一大优势，而面对逆全球化思潮抬头、保护主义负面效应日益显现的当今世界，"通过金砖国家的多边主义交流，我们能够在经济、文化以及其他领域获益良多……金砖五国媒体应增加发言权，共同发出金砖声音，促进国际舆论更加公平公正"①。

第二，进一步推进中巴媒体智库对话会等公共外交行为的常态化发展，将广大自发的新媒体、自媒体创作者纳入中巴媒体交流互动框架，搭建互动更频繁、连接更紧密、覆盖面更广的民间互动交流平台。"国之交在于民相亲"，公共外交作为传统政府间外交的重要补充，在拉近心理距离、促成良性互动、推动民心相通、树立良好形象上发挥着不可替代的作用。媒体是公共外交的重要主体，以媒体为突破点，构建中巴媒体双边交流常态化机制，有助于消除偏见、解答疑虑，为今后的深入合作打下良好根基。此外，伴随网络和社交媒体的普及，新媒体、自媒体逐渐成为数码时代的新潮流，不断冲击着传统媒体的地位，"草根"内容创作者已经成为民间互动交流中不可忽视的力量。许多巴西人在中国流行的社交媒体上开设账号，分享自己的生活；许多中国人也在巴西常用的社交网站上发布内容、评论留言，形成了良好的互动循环体系。应当鼓励中国创作者继续走向海外，鼓励巴西创作者继续在中国发展；另外，伴随一些中国互联网巨头进军巴西，应当鼓励平台在两国政策允许的框架内，在一定程度上放开地域限制，为中巴两国"草根"创作者互学互鉴提供更加便利的条件，从而真正实现"民相亲"。

第三，鼓励中巴两国主流媒体在已有合作协议的基础上，继续扩大合作范围、深化合作内容。近几年，新华社和中央广播电视总台等单位，已同巴西旗手传媒集团、巴西圣保罗页报报业集团、巴西金融资讯集团、巴西国家传媒公司和巴西环球传媒集团等巴西主流媒体集团签订合作协议，在视听素

---

① 《世界媒体峰会机制顺应时代所需——访巴西圣保罗页报报业集团总编室副主任马沙杜》，新华网，http://www.xinhuanet.com/2019-11/19/c_1125248135.htm，2019年11月19日。

材交换、联合制作、合作传播、5G新媒体技术和人员交流等方面达成了合作意向。接下来，合作双方应当将初步的合作意向转化为具体的策划案和作品，通过译介优秀资源、合拍影视作品、策划综艺节目、共同运营中葡双语新闻平台等方式，进一步推进民心相通。

总之，面对风云变幻的国际国内局势，站在中巴建交45周年的新起点上，媒体有责任、有条件作为桥梁和纽带，传递双方声音、培养双边共识、构建身份认同、推动互学互鉴，为"继续在平等、尊重、互利的基础上加强和深化中巴全面战略伙伴关系"① 提供助力。

---

① 《中华人民共和国和巴西联邦共和国联合声明》，新华网，http：//www.xinhuanet.com/world/2019 – 10/25/c_ 1125153602.htm，2019年10月25日。

附　　录

Appendix

Y.17
2019年巴西大事记

缴　洁*

1月

1日　雅伊尔·博索纳罗（Jair Bolsonaro）在巴西利亚（Brasília）举行的就职典礼上正式宣誓就任巴西第38任总统。总统签署法令，将2019年巴西的最低工资由954雷亚尔提升至998雷亚尔。总统还签署了临时措施将联邦政府改组为22个部门，并公布了22个部门的部长名单。

2日　巴西经济部（Ministério da Economia）公布的数据显示，2018年，巴西对外贸易额为4207亿美元，同比增长了13.7%。出口额为2395亿美

---

* 缴洁，法学博士，湖北大学区域与国别研究院、政法与公共管理学院讲师，主要研究方向为巴西和葡萄牙法律。

元，同比增长了 9.6% ；进口额为 1812 亿美元，同比增长了 19.7%。外贸顺差 583 亿美元，同比减少了 13.3%，为 1989 年以来第二大顺差。大豆出口同比增长了 28.9%，初级产品出口占比从 2017 年的 46.4% 升至 49.6%。2018 年，巴西主要出口目的地和主要进口来源地均为中国、欧盟、美国和阿根廷，中国连续十年保持巴西第一大贸易伙伴的地位。

3 日 国际评级机构惠誉公布的预测数据显示，2019 年、2020 年巴西的经济增长将温和放缓，年均经济增长率预计高于 2%。巴西的经济增长速度主要取决于总统施行的经济政策以及外部经济环境的影响。2019 年和 2020 年巴西的国内生产总值将分别增长 2.2% 和 2.7%。

5 日 巴西劳工党（Partido dos Trabalhadores）主席格莱茜·霍夫曼（Gleisi Hoffman）、党内领导林德伯格·法瑞亚斯（Lindbergh Farias）和保罗·皮门达（Paulo Pimenta）发表联合声明，谴责博索纳罗新政府支持美国和"利马集团"干涉委内瑞拉内政的行为，认为此举有损国家利益。

8 日 巴西地理统计局（IBGE）公布的数据显示，2018 年 11 月巴西的工业生产在连续下降了 4 个月之后重新开始上涨。2018 年 11 月巴西的工业生产与前一年同期相比增加了 0.1%。

10 日 巴西信用保护服务机构（SPC Brasil）和国家商店联合会（CNDL）以"对新政府时代的五大担忧"为题对巴西民众进行了调查，结果表明最让巴西人担忧的是公共健康和公共安全问题。

16 日 总统博索纳罗批准通过了 2019 年度预算，预算详情在《联邦政府公报》上刊登。总统否决了两项预算，一项是国家殖民地及土地改革研究所（INCRA）重组，另一项为司法现代化及创新特设投资专项基金。年度财政预算为 3.38 万亿雷亚尔。

17 日 中国驻巴西大使杨万明同巴西经济部长保罗·盖德斯（Paulo Guedes）进行了会晤，双方就推动两国间贸易产品多元化议题进行了讨论。盖德斯表示，希望和中方签署更多的双边合作协议，尤其是科技领域；在经济方面会保持"实用主义"，希望实现向中国出口产品的多元化，出售更多高附加值产品，减少大宗商品在出口中的份额。

18 日　巴西 Softex 互联网搜索公司公布的"信息和通信技术（ICT）数字化改造优先级别报告"表明，1/4 的巴西企业拥有做好成熟的数字化转型的准备。

20 日　巴西司法和公共安全部（Ministério da Justiça e Segurança Pública）移民部门主管安德烈·福奎姆（Andre Furquim）指出，到目前为止，有 110 万移民和 7000 名难民进入巴西工作生活。

21 日　总统博索纳罗抵达瑞士达沃斯（Davos，Swiss）参加世界经济论坛（World Economic Forum，WEF）年会，将向全球介绍巴西政府正在采取的政策和措施，让世界"重建对巴西的信心"。新任经济部长保罗·盖德斯（Paulo Guedes）、外交部长埃内斯托·阿劳若（Ernesto Araújo）以及司法和公共安全部长塞尔吉奥·莫洛（Sérgio Moro）共同参加达沃斯世界经济论坛。

联合国贸易和发展会议（UNCTAD）指出，受 2018 年巴西政治动荡以及总统选举不确定性的影响，2018 年外国资本对巴西的直接投资总额下降幅度达到了 12%。

22 日　加拿大财经媒体《企业爵士》（Corporate Knights）在瑞士达沃斯世界经济论坛年会上公布了 2019 年全球可持续发展企业 100 强名单。巴西银行（Banco do Brasil）在金融领域企业中居于首位，总排名居于世界第八。巴西银行在绿色经济产业（碳排放量低或资源利用率高的产业）中分配的经济资本总额达到 1930 亿雷亚尔。

23 日　巴西经济部（Ministério da Economia）公布的就业失业人员统计数据表明，2018 年巴西一共创造了 52.95 万个就业岗位，为 2014 年来首次出现净增长。

24 日　巴西联邦税务局（Secretaria da Receita Federal）表示，联邦政府 2018 年在税收、捐款及其他方面的收入总额达到 1.457 万亿雷亚尔，与 2017 年的收入总额（1.342 万亿雷亚尔）相比实际增长了 4.74%（已扣除通胀因素）。联邦税务局税收与关税研究中心主任克劳德米尔·玛拉基亚斯（Claudemir Malaquias）表示，2018 年政府税收收入的增长应归功于经济活动的复苏和就业市场的回暖。

25 日 巴西东南部米纳斯吉拉斯州（Minas Gerais）布鲁马迪纽市（Brumadinho）发生溃坝事故，事故已造成至少 50 人死亡、超过 200 人失踪。该事故发生于巴西淡水河谷公司（Vale）的一处矿区，事故引发大规模泥石流，导致该公司的办公区及附近村落被淹。

31 日 巴西地理统计局公布的数据表明，2018 年，25% 的巴西劳动者没有正式工作（持有劳动和社会福利证）。近 4 年，巴西一共失去了 370 万个正式就业岗位。2018 年劳动力市场中没有正式工作的人数达到了自 2012 年全国家庭抽样调查（PNAD）以来的最高值。2018 年，巴西全国就业人数为 9180 万，其中 3290 万人没有正式工作。与 2014 年相比，正式就业岗位数量减少了 370 万个，4 年内缩减幅度达到 10.1%；非正式就业人数由 2014 年的 1040 万人升至 1120 万人，增长幅度达到 7.7%。

2月

4 日 联合国贸易和发展会议公布报告指出，巴西的出口额将因为美中贸易争端而增加 105 亿美元，其同时会影响一些和大豆相关行业的竞争力。贸易争端的结果并不像美国总统特朗普预期的那样，因为贸易障碍只会促使中国从其他国家进口商品，而非使用美国制造。

7 日 巴西联邦最高法院（STF）法官路易斯·福克斯（Luiz Fux）表示，最高法院决定停止全国范围内有关公路最低运费表的诉讼程序。该项决定确认了最低运费表的有效性，规定国家陆路交通局（ANTT）可对违反标准者进行罚款。此前，巴西利亚联邦法院做出了停止公路最低运费表在圣保罗工业联合会（Fiesp）及其附属机构中应用的决定，福克斯法官发布的新决定效力优于上述决定。

11 日 巴西热图利奥·瓦加斯基金会（FGV）公布的数据表明，巴西的经济环境指标由 2018 年 10 月的 −33.9 点上涨为 2019 年 1 月的 3.6 点，其中预期指标回升了 240%。巴西的经济环境出现改善。

全球风能理事会（GWEC）统计的数据显示，2018 年整个美洲的风力

发电量约为全球风电总量的1/4，其中巴西、美国和墨西哥已成为该地区风力发电市场的三大领导者。2018年美洲的总风电装机容量达135GW（吉瓦），与2017年相比增加了12%。2019～2023年美洲的风电需求将继续增长，在此期间该地区的新增风电装机容量预计达到60GW。

15日 巴西央行（Banco Central do Brasil）发布的数据显示，2018年巴西经济实现连续第二年增长。2018年，工业生产增加，就业回升，央行制定的基准利率保持6.5%不变，为历史最低水平。银行利率相比其他国家依然居高不下。卡车司机罢工对经济造成了负面影响，罢工导致经济瘫痪，2018年5月全国公路停运11天，经济部估计罢工带来159亿雷亚尔的经济损失。

16日 巴西政府宣布，向米纳斯吉拉斯州布鲁马迪纽市的7000多位旅游企业家提供6200万雷亚尔的优惠贷款，以推动当地经济的恢复与发展。

20日 巴西淡水河谷公司签定初步和解协议，向发生溃坝事故的米纳斯吉拉斯州布鲁马迪纽市所有居民支付赔偿金。从布鲁马迪纽市的帕拉欧培巴河（Paraopeba）到蓬佩乌市（Pompéu）的雷提罗低坝（Retiro Baixo）之间方圆一公里范围内的居民，本次均可获得赔偿。

总统博索纳罗向国会递交《养老金改革提案》。根据此项提案，男性和女性最低退休年龄分别为65岁和62岁，过渡期为12年，养老金缴纳最低期限为20年，包括私人部门员工和公共服务人员。军人的养老金改革方案将于30日内递交国会。改革旨在通过增加养老金收入和减少开支实现社保金平衡和可持续发展，节省政府财政开支。

28日 巴西地理统计局发布的数据显示，2018年巴西国内生产总值为6.8万亿雷亚尔，比2017年增长了1.1%，是继2017年巴西经济恢复增长之后连续第二年实现增长。2018年巴西人均国内生产总值为32747雷亚尔，比2017年增长0.3%。

3月

21日 巴西里约热内卢联邦检察院宣布，前总统米歇尔·特梅尔

（Michel Temer）因涉嫌贪腐在圣保罗市被捕。逮捕令由里约热内卢联邦法院发出。据悉，特梅尔与巴西前矿业和能源部部长莫雷拉·佛朗哥（Moreira Franco）涉嫌收受该国造船企业（Engevix）100万雷亚尔的贿赂。

24日 巴西经济部经济政策秘书处（SPE）公布的报告指出，养老改革带来的经济增长可以让所有巴西人，尤其是较为贫穷的50%人口获益。如果《养老金改革提案》最终通过，到2023年巴西经济增速将达到3%；如果没有通过，巴西经济不会增长，反而会每年倒退0.5%。

25日 巴西联邦最高法院认为继续羁押前总统米歇尔·特梅尔缺乏法律依据，签署判决书要求联邦警察局立即释放特梅尔等人。特梅尔随后被释放。与特梅尔同案被捕的前矿产和能源部部长莫雷拉·佛朗哥等人也被释放。

26日 巴西透明、监察和审计部（CGU）与智利总统府秘书部签署了一项打击腐败犯罪的合作协议。双方将对侦查腐败案件所需的资产财富和金融交易等相关信息进行交流。

4月

3日 巴西国家科学技术发展理事会（CNPq）表示，由于缺乏资金，该机构2019年将不再向任何新的科学发展项目提供资金，也不会资助新的研究项目。2019年，巴西国家科学技术发展理事会获得的预算为9亿雷亚尔，而该机构如履行此前关于奖学金和研究项目的承诺，则所需的最低费用为12亿雷亚尔，其财政赤字高达3亿雷亚尔。

4日 世界银行（World Bank）发布的报告显示，受经济危机的影响，2014～2017年巴西每人每日生活消费不足5.5美元（约合21.2雷亚尔）的人口由3650万增至4390万，贫困人口总数增加了740万，增幅为20.5%。2014～2017年，巴西的极端贫困人口占贫困人口总数的比例由15.4%增加到23.0%。

5日 英国《泰晤士高等教育》公布了最新世界大学影响力排名，名单

一共包括来自世界 76 个国家和地区的 462 所大学，巴西有 15 所大学上榜。

9 日　全球四大会计师事务所之一安永（EY）指出，包括福特公司（Ford）、美国药品零售巨头 CVS、瑞士药品罗氏集团（Roche）以及日本武田制药（Takeda）在内的跨国企业开始重新调整在巴西的投资组合以及增长预期。

21 日　巴西教育部发布了一项扫盲政策，规定联邦政府应向加入扫盲行动的各市政府提供财政援助和技术支持，编制学校教育与教学方法的相关材料，提高家庭在学生识字过程中的参与度。目前教育部正在编制一份解释性文件，其中包括对国家扫盲政策指导方针、行动原则和目标的详细说明。

22 日　国际货币基金组织（IMF）公布的数据显示，2018 年巴西的全球经济参与度连续第七年下降，降到了 1980 年以来的最低水平。1980 年，巴西商品和服务产值在全球中的占比为 4.4%，到 2011 年降至 3.1%，2018 年降到 2.5%。IMF 预计，巴西全球经济参与度下降的趋势将至少保持至 2024 年，届时在全球经济中的占比会降至 2.3%。

29 日　巴西于 4 月 29 日至 5 月 3 日举办 2019 年国际农业展览会（Agrishow 2019），展会地点为黑贝仑市（Ribeirão Preto）。2019 年国际农业展览会的场地面积约相当于 72.8 个世界杯标准足球场。本次展会有 15 万人参加，包括来自 80 个国家的外国参观者。

5月

5 日　巴西政府推出了"进步计划"（Plano Progredir）项目，通过与生产部门的企业和机构建立伙伴关系，为低收入家庭创造就业机会。在"进步计划"网站上，加入 Bolsa Família 项目（为贫困家庭提供的保障项目）以及 Cadastro Único（低收入家庭注册系统）可以注册课程学习，上传简历并参与该项目合作的食品工业、卫生和建设等领域企业空缺职位的选拔。该项目免费提供超过 4 万个岗位的远距离职业资格课程，鼓励低收入人群申请小额信贷，以便自主创业。

6 日　巴西应用经济研究所公布的调查数据表明，巴西预计在 2033 年之前向清洁及可再生资源领域投入更多资金。在巴西，巨型风力发电机的数量已经超过 7000 台，加起来的发电量已经超过伊泰普水电站（Itaipu）。

8 日　里约热内卢第二联邦法院决定撤销巴西前总统米歇尔·特梅尔的人身保护令，判决其应再度被监禁。

9 日　巴西前总统米歇尔·特梅尔自行前往巴西联邦警察局圣保罗分局。

中国驻巴西大使杨万明出席由驻巴西使馆及巴西基础设施部（Ministério da Infraestrutura）共同举办、巴西中资企业协会协办的中巴基础设施合作对话会。巴西基础设施部部长塔尔西斯欧·福雷塔斯（Tarcísio Freitas）、总统府政府秘书处（Secretaria de Governo da Presidência da República）部长卡洛斯·阿尔贝托·多斯桑托斯·克鲁斯（Carlos Alberto dos Santos Cruz）等出席。巴西政府官员及驻巴中资企业代表等近 200 人参加。

10 日　巴西坎皮纳斯州立大学（Unicamp）和中国社会科学院（CASS）合作，正式成立中国研究中心。作为巴西最大的贸易伙伴，中国逐渐成为巴西高校感兴趣的研究和合作对象。同时，作为中国在南美洲最大的贸易伙伴，巴西的食品、能源、农林业等领域有待中国去了解。

14 日　巴西高等法院第六专门小组作出临时决定，给予前总统米歇尔·特梅尔人身保护令，将其立即释放。

18 日　里约热内卢联邦大学的学者们发现一种新型病毒，名为玛亚罗（Mayaro），与基孔肯雅病毒（Chikungunya）是"近亲"，目前正在巴西东南部地区流行。新的病毒与基孔肯雅病毒类似，也会引发热带丛林传染病，主要的症状包括高烧、肌肉痛、头痛和关节痛等。

22 日　巴西应用经济研究所（IPEA）指出，巴西养老金改革将影响劳动力市场中的参与模式，提高女性的劳动参与率。

23 日　中国国家副主席王岐山在北京人民大会堂与巴西副总统莫朗举行会谈，并共同主持中巴高层协调与合作委员会（COSBAN）第五次会议。

30 日　巴西地理统计局发布的数据显示，巴西 2019 年第一季度国内生

产总值环比下跌 0.2%，为 2016 年第四季度以来首次下跌。从行业来看，家庭消费、服务业、政府支出和进口额有所增长，工业、农牧业、投资、民用建筑和出口均出现负增长。在工业方面，采矿业产值降幅最大。2019 年初巴西淡水河谷公司铁矿废料矿坑堤坝溃坝事故产生的影响导致整个采矿业产值下滑。

联合国难民事务高级专员公署（UNHCR）发布报告称，目前在巴西居住的难民的受教育水平已超过巴西人的平均水平，但是他们依然深陷失业困境，极少部分人的文凭能够被社会承认。

6月

11 日　巴西教育部宣布，"全民大学计划"（ProUni）开始接受 2019 年第二学期奖学金的注册申请，将为各私立高等院校学生提供 169226 个奖学金名额，其中 1/4 的名额提供给远程教育学生。该项计划可为面授教育和远程教育院校的学生提供全额奖学金和 50% 的奖学金，其中远程教育院校的学生全额奖学金的分配比例更高。

13 日　巴西劳动力承包咨询公司 Page Interim 公布的调查数据表明，巴西的劳动制度改革对整个社会的劳动力结构造成了巨大的影响，从承包、外包以及临时工人的雇佣情况来看，自 2017 年 11 月以来，巴西企业对灵活招聘的需求已经增长了 260%。

17 日　巴西最大的建筑公司奥德布雷希特（Odebrecht）向当地法院申请破产保护。如果该公司可重组的总债务全部获得法院批准，这将成为巴西历史上最大的破产保护案。

18 日　巴西应用经济研究所的一项研究结果显示，2019 年第一季度全国两年内未找到工作的长期失业者人数已达到 330 万。与 2015 年（巴西经济危机第一年）同期相比，2019 年前 3 个月的长期失业人口比例由 17.4% 增至 24.8%。劳动力市场的恢复将缓慢进行，预计 2020 年才会出现显著变化。

19 日 巴西地理统计局公布的 2018 年全国住户连续抽样调查表明，在 25 岁以上的巴西人中，有超过一半（52.6%）的人并未完成基础教育（高中及以下），其中 33.1% 未完成小学教育，4.5% 没有完成中学学业，8.1% 拥有小学教育水平，还有 6.9% 的人甚至根本没上过学。在 25 岁以上巴西人中，获得高等教育学历的占比仅为 16.5%。

23 日 巴西地理统计局公布的调查数据显示，受经济危机的影响，过去 5 年巴西劳动者收入实际下降了 16%。经济危机给巴西造成了巨大的影响，破坏了巴西的正规就业体系并增加了非正式就业人数，同时导致大多数经济行业劳动者收入下降。

25 日 巴西"一切为了教育"组织（Todos pela Educação）公布了 2019 年巴西基础教育年鉴，2012～2018 年国内 15～17 岁青少年完成中等教育的人数比例由 61.0% 增至 68.7%。该年龄段的青少年中仍在上学的人数比例也有所增加，2018 年增至 91.5%。

28 日 G20 峰会期间，欧盟与南方共同市场达成了自由贸易协定，结束了持续 20 年的谈判，并承诺在保护主义浪潮日益高涨的情况下进一步开放市场。欧盟将在未来 15 年内向巴西敞开 17 万亿美元（欧盟 GDP 总量）的市场。

30 日 巴西自 2009 年起开始使用肺炎球菌疫苗，至今已有十年时间。巴西免疫学会（SBIM）发布的统计数据显示，十年期间全国因肺炎住院的患者减少了 40%，肺炎球菌脑膜炎病例减少了 70%。

7月

2 日 巴西地理统计局公布的数据指出，3～5 月巴西的失业率降至 12.3%，失业总人数为 1298.4 万，是 2019 年 2 月以来的最低水平。与 2018 年同期相比，失业率下降了 0.4 个百分点；就业人数由 9230 万增至 9290 万，其中 2400 万是自由职业者。

4 日 巴西信贷机构 Boa Vista 的调查数据显示，与 2018 年同期相比，

2019 年 6 月全国企业提交的破产重整申请数量增加了 89.7%，其中包括建筑巨头奥德布雷希特（Odebrecht）公司。该公司于 6 月正式提交申请，成为巴西历史上申请破产重整的最大企业之一。

7 日　巴西地理统计局公布的全国住户连续抽样调查结果显示，由于政府缺乏复苏经济的具体方案，2019 年第一季度，接受高等教育的巴西失业人数增长了 13%，达到 140 万，2018 年第一季度为 123 万人。

10 日　巴西地理统计局公布的数据显示，1994 年以来，巴西消费者物价指数累计增长 508.23%。25 年中，最大的通胀压力来自住房，住房领域的通胀率达到 1020.82%。另外，家居用品的价格变化最小，25 年的累计通胀率为 174.29%；在食品和饮料方面，25 年的累计通胀率为 486.28%。

22 日　巴西经济部外贸委员会（CAMEX）公布的数据显示，2019 年第二季度，来自 5 个国家的 22 家企业在巴西公布了 36 个外国直接投资项目，其中包括中国、美国、日本、法国和意大利，投资总额达到 179 亿美元。

23 日　巴西国家卫生监督局（Anvisa）批准通过农药监管新框架。除对该类产品的评估标准和毒性分类进行更新和澄清外，新框架修改农药的法定标注信息及使用说明规范。在农药的登记和监测过程中，由国家卫生监督局负责对有关危害人类健康问题的评估；由巴西环境与可再生资源研究所（IBAMA）负责评估环境问题；由农业部负责监测农业相关问题，登记农药用途。

24 日　巴西最高劳动法院（TST）表示，劳工法改革后，全国各州的初审劳动法庭中以庭外调解方式解决劳工问题的案件数量出现明显增长。在新法令生效前的 12 个月，全国初审劳动法庭内共有 1742 起劳动纠纷以庭外调解方式解决；在法令生效后的一年，全国以庭外调解方式处理该类案件约33200 起，增长了 18 倍左右。

世界银行报告指出，巴西需要进行结构性改革，以突破经济增长乏力和债务高企的困境。世行报告积极评价巴西养老金改革，称此项改革有利于改善巴西财政状况，强调仅此项改革不足以改变巴西面临的困境，需要加快推进包括税制改革在内的多项结构性改革，提升经济增长潜力，改善营商环境，削减贸易壁垒，提高生产力，减少地方政府干预资本市场，推进公共基础设施建设。

世界知识产权组织（WIPO）、美国康奈尔大学（Cornell University）和欧洲工商管理学院（INSEAD）联合发布了2019年全球创新指数排名，巴西排名下降2位，在所调查的129个国家和地区中排在第66位。

总统博索纳罗在首都巴西利亚会见了对巴西进行正式访问的中国国务委员兼外长王毅；两国外长成功举行了第三次巴中外长级全面战略对话。

26日　金砖国家外长正式会晤在巴西里约热内卢举行，巴西外交部长埃内斯托·阿劳若主持会议，俄罗斯、中国、南非三国外长和印度交通部长出席。会议发表了媒体声明。

27日　世界卫生组织（WHO）公布的报告指出，继土耳其之后，巴西成为第二个成功实施世卫组织制定的所有控烟措施的国家。过去十年，巴西的烟民减少了40%。在参与世卫组织全球控烟目标的171个国家和地区中，只有巴西和土耳其成功实施了所有措施，包括监测烟草使用情况并提出预防政策、对广告促销等采取行动、警告烟草危害、提供戒烟帮助、免除民众遭受二手烟侵害、提高烟草税等。

29日　巴西政府公布的官方公报指出，参与巴西政府"更多医生计划"的古巴医生，如果项目结束后决定留在巴西，将获得在巴西的居留许可。居留许可的有效期为两年。

8月

2日　受全球经济疲软和国内经济复苏迟缓影响，7月巴西对外贸易顺差同比减少了43%，为23亿美元，为2014年以来同期最低水平。2019年1~7月，巴西外贸顺差累计284亿美元，同比减少了16.3%，为近三年来最低水平。

7日　《玛利亚保护法》（Lei Maria da Penha）是巴西保护女性免受暴力的主要法律，2019年8月7日是该法律颁布的第13年。检察官、国内家

庭暴力对抗中心（Nevid）协调员克劳迪娅·加西亚（Cláudia Garcia）表示，减少针对黑人女性的暴力是当今巴西面临的主要挑战之一。

13 日　巴西众议院会议投票通过旨在改善贸易环境的《经济自由临时法案》。该法案主要包括简化公司手续、放宽营业时间、每周可只安排一个公休日等。

14 日　第五届金砖国家通信部长会议在巴西首都巴西利亚召开。会后发表了《第五届金砖国家通信部长会议联合声明》。声明称金砖各国进一步加强政策互通与技术交流，在数字互联、数字创新、数字经济安全、人力资源开发、数字化转型、数字包容、数字治理等重点领域深入合作。

21 日　总统博索纳罗宣布即将私有化的 17 个国企名单。17 家国企中，8 家此前已在政府私有化名单中，其私有化尚需国会批准。

27 日　巴西农业部公布的数据显示，2018 年由联邦政府补贴办理的农业保险赔偿总额达到 9.25 亿雷亚尔，与 2018 年赔偿金额（1.876 亿雷亚尔）相比增长了 393%。保险赔偿由 14 家政府认可的保险公司发放。农业保险可针对天气恶劣或市场价格下跌等意外因素造成的损失对生产者进行赔偿。

28 日　服务业是巴西市场中最重要的经济行业，在经济危机中受到的不利影响也最严重。巴西地理统计局公布的数据显示，2014~2017 年，巴西全国服务业企业收入累计下降了 6.9%，公司数量累计减少了 1.1%，企业员工数量累计减少了 5.3%。

2020 年巴西联邦政府公共投资预算预计为 250 亿~300 亿雷亚尔，同比降幅接近 40%，创 2007 年以来新低。

29 日　巴西地理统计局公布的数据显示，第二季度巴西国内生产总值环比增长了 0.4%。巴西政府积极推动经济改革，第二季度巴西经济避免了衰退，增长速度超出预期。第二季度的经济增长主要归功于工业生产和服务业都呈现不同程度的增长。制造业环比增长了 2.0%，建筑业增长了 1.9%，工业生产环比增长了 0.7%，服务业环比增长了 0.3%。从支出来看，投资环比增长了 3.2%，家庭支出增长了 0.3%。

9月

2日 巴西经济部公布的数据显示，2019年前八个月，巴西出口总额为1488.53亿美元，同比下降5.7%。进口总额为1170.94亿美元，同比下降3.4%。两相比较，巴西实现外贸顺差317.59亿美元，同比下降13.4%。今年前八个月，巴西产品出口目的地主要是：中国（432.3亿美元）、美国（196.96亿美元）、阿根廷（67.78亿美元）、荷兰（57.46亿美元）、智利（34.59亿美元）。巴西进口商品来源国主要是：中国（241.33亿美元）、美国（200.59亿美元）、阿根廷（70.38亿美元）、德国（61.95亿美元）和韩国（32.74亿美元）。

2日 2019年上半年，巴西全国26个州和联邦区（69.7亿雷亚尔）及24个州府城市（22.4亿雷亚尔）共投资92.1亿雷亚尔，较2015年同期下降52.8%。其中，全国26个州和联邦区投资69.7亿雷亚尔，24个州府城市共投资22.4亿雷亚尔。里约州投资降幅（96%）最大，圣保罗州投资下降47%。公共财政危机加剧是投资减少的主要原因。

15日 巴西出口投资促进局（APEX）表示，已与全国工业联合会（CNI）签署伙伴协议，为国内企业发展海外业务提供支持。该项目将使全国1700多家企业受益。Apex表示，计划在未来两年内推出40项有关国际贸易的支持措施，例如探测其他国家和地区的市场状况及外商情况，以便推动该项目参与企业海外业务市场的扩大和发展。

19日 巴西瓦加斯基金会（FGV）发布的数据显示，巴西农业财富分配不平衡导致近5年巴西农村地区收入不平等加剧，2019年第二季度农村地区人均收入基尼系数为0.655，危机前的2014年同期为0.628，五年来基尼系数上升了4%。

25日 巴西全国工业联合会公布的研究表明，76.4%的巴西企业已经开始尝试通过有效利用自然资源来延长产品和材料的保质期，即开展"循环经济"。

30日 巴西经济部公布了一项新政策：对147种非巴西制造的产品免

除其进口关税。免除进口关税的产品包括工业设备、工业器材、信息技术产品及电信产品，共计 136 种资本货物、11 种信息技术及电信产品，其主要用于食品、医药、塑料、陶瓷、金属、木材和印刷等行业。对这些产品实行进口关税豁免是为了减少巴西生产性投资的成本，刺激创造新的就业机会。

10月

3 日　2019 年上半年巴西全国共签署 42 份公私合营（PPP）项目合同，同比增长 162.5%，总额达 250 亿雷亚尔。由于联邦各级政府面临财政困境，政府与私人企业加强合作趋势明显。

6 日　巴西经济部对外贸易秘书马科斯·特洛伊乔（Marcos Troyjo）表示，博索纳罗政府正在逐渐改变"多出口少进口"的对外贸易逻辑，将会越来越多地开放对外贸易，实施更多进口以便促进更多的出口。该计划会在各个生产链中引起反应，农业会受到非常大的影响。

10 日　总统博索纳罗在圣保罗举行的第三届巴西投资论坛上表示，将协调发展与环境保护，希望投资者对巴西保持信心。该论坛由巴西联邦政府主办，主办方包括巴西出口投资促进局、经济部和外交部，泛美开发银行（IDB）协同举办。论坛旨在向外国投资者宣介巴西经济战略领域的投资机遇，如基础设施、能源、农产品贸易、科技和创新等，介绍巴西经济和营商环境的改善措施，以便吸引外资、创造利润和就业机会。

11 日　巴西民调机构 Datafolha 发布的最新巴西大学排名显示，巴西国内高校在过去十年中加强了创新政策，大学的专利申请数量有明显增长。2012 年全国约有一半大学没有发出专利申请，而在 2019 年所调查的 197 所院校中仅有 1/4 未申请过专利。

22 日　巴西国会参议院表决通过总统博索纳罗推动的《养老金改革法案》。此项法案是巴西政府改革的核心，旨在减轻公共财政负担，刺激经济复苏。参议院以 60 票对 19 票通过了法案的基本文本，法案的适应对象包括政府部门和私营企业，涉及上调最低退休年龄、延长个人缴纳年限、限制遗属抚恤金等措施，其中男性和女性的最低退休年龄分别调整至 65 岁和 62 岁。

24 日 24～26 日，总统博索纳罗对中国进行了为期三天的国事访问。这是博索纳罗就任总统以来的首次访华，备受关注。访华期间，博索纳罗与中国国家主席习近平举行了会谈，两国元首共同见证了政治、经贸、海关检验检疫、能源、科技、教育等领域合作文件的签署，并发表了《中华人民共和国和巴西联邦共和国联合声明》。

27 日 巴西农业部长特蕾莎·克里斯蒂娜（Tereza Cristina）在北京举行的中巴双边商务研讨会上表示，巴西向中国市场出口的农产品主要集中在大豆和肉类上。2018 年，中国从巴西购买了超过 310 亿美元的农产品，与 2015 年相比增加了 70%；巴西向中国出口的农产品中，大豆占 88%，其次是牛肉，仅占 4.7%。大豆以及肉类（牛肉、猪肉和鸡肉）共占巴西向中国出口农产品的 96%。

28 日 经济合作与发展组织公布的一项调查数据显示，2019 年上半年巴西获得的外国投资总额达到 280 亿美元，超过 2018 年下半年的 270 亿美元，成为 20 国集团中第四大投资目的地。

11月

1 日 巴西经济部公布的数据显示，2019 年前 10 个月巴西对外贸易总额为 3360 亿美元，按有效工作日平均同比下降 5.0%。其中出口 1854.3 亿美元，按有效工作日平均同比下降 7.7%，进口 1506.1 亿美元，同比下降 1.5%。贸易顺差为 348.2 亿美元，同比下降 26.7%，按有效工作日平均同比下降 27.4%。前 10 个月，制造业产品出口 641.9 亿美元，同比下降 10.1%；半制成品出口 237.7 亿美元，同比下降 6.9%；基础产品出口 974.5 亿美元，同比下降 3%。同期，进口燃料同比下降 7.2%，资本货物下降 6.5%，消费品下降 6.1%，中间产品增长 2.2%。

5 日 巴西社会经济统计数据研究所（Dieese）公布的数据显示，约 8100 万巴西民众将收到自己的"十三薪"，这将给巴西经济注入 2146 亿雷亚尔的资金，相当于巴西国内生产总值的 3%。Dieese 指出，政府将向各州

和各市正规劳动力市场中的社会保障受益人员和退休人员支付第十三个月的薪水，平均为 2451 雷亚尔。

6 日 巴西举行盐下油田拍卖，其总收入为 699.6 亿雷亚尔。此次拍卖会中，巴西国家石油公司（Petrobras）发挥了主导作用。参加拍卖的 4 块油田有两块成功拍出，剩余两块流拍。借助拍卖的收益，政府希望能够加快巴西盐下石油的勘探，利用这些资源缓解政府的财政压力。

11 日 巴西政府推出帮助 18～29 岁青年就业的"黄绿计划"（Verde Amarelo），通过该模式聘用员工，雇主将享有多项优惠举措，雇佣劳动力成本减少 30%～34%，如缴纳工龄保证金（FGTS）的比例可由正常的 8% 调低至 2%、可免交雇主社会保险金（INSS，正常为工资的 20%）等。政府还宣布了其他措施，包括继续鼓励残障人士就业，放宽雇佣残障人士的规则；为低收入人群提供小额贷款项目；提议修订劳工法等。

14 日 金砖国家领导人第十一次会晤在巴西首都巴西利亚举行。巴西总统博索纳罗主持会晤。中国国家主席习近平、俄罗斯总统普京、印度总理莫迪、南非总统拉马福萨出席。五国领导人围绕"经济增长打造创新未来"主题，就金砖国家合作及共同关心的重大国际问题深入交换了意见，达成了广泛共识。会后发表了《金砖国家领导人第十一次会晤巴西利亚宣言》。

20 日 巴西总统博索纳罗宣布成立其任期内的首家联邦国有企业：NAV Brasil 航空服务，负责巴西的航空管制，隶属巴西国防部。NAV Brasil 也是 2013 年来联邦政府成立的首家国企。

27 日 巴西国家电信局（ANATEL）执行总监卡拉·伊库马（Karla Ikuma）参加众议院外交事务委员会的公开听证会，会议主题为巴西 5G 市场的未来建设。国家电信局表示，巴西政府应在 2020 年 5G 网络拍卖活动中遵循技术中立原则，不对任何特定企业施加限制。

12月

1 日 巴西联邦区供水和污水处理公司（CAESB）宣布已开始应用遥测

技术。遥测项目由泛美开发银行出资进行，项目总投资额为170万雷亚尔。CAESB表示，这是全国第一个在基础卫生设施中大规模应用物联网技术的项目，现已安装数据传输设备4000多台，预计将于2020年1月完成全部项目建设并投入运营。

2日 巴西农业部表示，联邦政府已与德国政府签署金融和技术合作协议。德国计划为此出资8190万欧元，其中4040万欧元将用于与巴西农业部的相关项目。上述4040万欧元中有1400万欧元将投资于生物经济学产业；1310万欧元将用于森林保护、环境恢复以及大西洋热带森林区小型农场的重新造林；750万欧元用于亚马逊地区农业生产链的创新发展。

3日 巴西国家地理统计局公布的数据显示，2019年8~10月，全国失业率为11.6%，约相当于1240万人失业，失业率低于上一个季度（5~7月，11.8%），与2018年同期（11.7%）相比略有下降。

巴西地理统计局公布的数据显示，2019年第三季度国内生产总值环比增长0.6%。第三季度GDP达到18420亿雷亚尔，同比增长1.2%。第三季度，农业增幅最大，环比增长1.3%；其次是工业，环比增长0.8%；第三是服务业，环比增长0.4%。GDP增长主要得益于家庭消费和私人投资的推动。

11日 巴西投资巨头XP Investimentos在美国上市，筹资22.4亿美元，在巴西市值最高的企业中排名第11位，估值近800亿雷亚尔。

巴西央行宣布降息50个基点，将基准利率从目前的5%下调至4.5%，再创历史新低。这是巴西央行2019年以来连续第四次实施降息，符合市场预期。2019年7月31日、9月18日和10月30日，巴西央行各降息50个基点，分别将基准利率降至6%、5.5%和5%。巴西央行在一份声明中表示，巴西经济正在逐步复苏，全球经济前景相对而言对包括巴西在内的新兴市场国家有利。

18日 巴西国家图书馆宣布，将停止为图书编制国际标准书号（ISBN）业务，将该项业务移交给巴西图书商会（CBL）。该项业务的移交将导致国家图书馆每年损失约400万雷亚尔的收入。

总统博索纳罗批准开展"巴西医生计划"。该项计划将取代 2013 年开启的"更多医生计划"。通过"巴西医生计划",巴西卫生部将向全国各地提供 1.8 万个医生岗位,这些职位主要集中在小城市和远离大城市中心的地区。在国内最缺医生的地区,所提供岗位数量增加了 7000 个。该项目还计划在家庭和社区医药领域开设专业培训课程。

19 日 巴西投资伙伴计划(PPI)委员会在总统府召开会议。会议决定将 5G 频谱招标纳入特许经营名单;批准将巴西联邦数据处理服务局(SERPRO)、巴西联邦社会福利信息技术公司(DATAPREV)、巴西核能重型设备公司(NUCLEP)纳入私有化计划;简化中小型公司的私有化程序;加快基础设施和能源项目特许经营建设等。

20 日 巴西联邦税务局(Secretaria da Receita Federal)数据显示,11 月联邦税费收入共计 1251.61 亿雷亚尔,同比增长 1.48%,为 2014 年以来同期最高水平。

24 日 巴西房地产业 2019 年回温明显,年增长率达 2%,为 2019 年 GDP 增长预期的两倍。房地产业对新增就业岗位贡献率达到 13%。预计 2020 年房地产业增长率将为 3%,或成为 2020 年巴西经济增长的一大动力。

25 日 国际评级机构穆迪、标准普尔和惠誉国际表示,巴西在财政改革和经济增长方面的持续进展有可能促使其 2020 年主权信用评级出现上升。与 2019 年相比,2020 年巴西的形势将更有利于经济增长。穆迪和标准普尔预测 2020 年巴西经济将出现 2% 的增长,惠誉认为该项增幅可达到 2.2%。这三家机构指出,由于巴西基准利率的下调,2020 年名义赤字占国内生产总值的比重将出现轻微下降,这也将有助于减缓政府总债务和净债务的增长。

26 日 巴西 IBOVESPA 股指达到了破纪录的 117219 点,2019 年股市已累计上涨 33%。股票市场吸引了越来越多的巴西人,巴西 B3 交易所的小投资者 2019 年超过 150 万人。

Abstract

On January 1, 2019, Bolsonaro, the representative of the right-wing forces known as "Brazil Trump", took office as the 38th president of Brazil, and the Brazilian political ecology presented "left back and right forward". In order to fulfill the campaign promise of establishing a "new Brazil", the new government of Bolsonaro made a great adjustment in its domestic and foreign affairs in its first year in office.

At the political level, the power structure of Brazilian political parties has changed significantly, and the emerging political parties represented by the social liberal party have made a huge impact on the traditional political party system; the growth of the middle political parties has become a prominent feature of the current Brazilian political situation; the hard hit Labor Party and other left-wing political parties are still relatively active; the government institutions have been greatly adjusted; the change of cabinet's key personnel is frequent and the cabinet is deeply influenced by various ideologies, showing a situation of conflict and collision with each other, and increasing policy uncertainty.

On the economic level, Bolsonaro's new government pursued new liberalism and carried out a series of economic reforms, including loose monetary policy, reduction of public financial expenditure, reduction of restrictions on production activities, and implementation of enterprise privatization reform. Although the new government has successfully promoted pension reform and helped Brazil alleviate the fiscal crisis, it has not fundamentally reversed the economic downturn. Affected by a variety of adverse factors at home and abroad, Brazil's economy in 2019 is not as good as expected, only growing 1% in the whole year.

In terms of foreign affairs, Brazil's foreign policy has been greatly adjusted, and the importance of South3South cooperation and multilateral diplomacy in Brazil's foreign policy has been reduced. Brazil has frequently made "withdrawal"

behaviors. For example, it withdrew from the UN Global Compact on migration, the UNASUL and CELAC, and even tried to withdraw from the Paris Agreement, and gave up the WTO treatment for developing countries. At the same time, ideological preference is more obvious in foreign policy. Brazil takes the initiative to approach the United States, strengthen strategic cooperation with the United States, and follow the Trump administration's foreign policy in international affairs. China Brazilian relations have turned around, the Bolsonaro government's attitude towards China has become pragmatic, and the pace of bilateral cooperation has been better continued.

In the social field, the new Bolsonaro government's policies on public security, education and other aspects have aroused wide controversy. At the same time, the anti-corruption effect is very little; the labor market continues to be depressed; the poverty problem is still severe, and the poverty rate and the extreme poverty rate are rising; the income gap of residents continues to expand; the risk of violence against minorities continues to rise; mass strikes, processions, protests and other mass incidents still occur. At present, there are still sharp social contradictions in Brazil, but compared with other Latin American neighbors, the social situation in Brazil is in a controllable range.

In the field of environment and scientific and technological innovation, in order to promote the economic development, the new Bolsonaro government took a negative attitude on environmental issues, and its environmental policies showed a historical retrogression. In this case, Brazilian environmental pollution, environmental crime, deforestation, and other environmental issues further deteriorated, seriously damaging Brazil's international image. In terms of scientific and technological innovation, the new government regards scientific and technological innovation as the focus of national development, formulates a series of scientific and technological innovation strategies and policies, and strengthens international cooperation in scientific and technological innovation, making Brazil's scientific and technological innovation has made a series of achievements in 2019. However, due to insufficient funds, it is difficult to implement scientific and technological innovation policies.

Focusing on the reform and adjustment of internal and foreign affairs in the first year of Bolsonaro's new government in 2019, the Brazilian Research Center of Hubei University organized 20 scholars from China and Brazil to jointly prepare the Brazil Yellow Book: Brazil Development Report (2020). The main body of this book consists of four parts, namely, the general report, sub report, the special report and the annual development report of China Brazil relations, with a total of 16 research reports. The first part is the general report of Brazil development, which comprehensively evaluates the political, economic, social and diplomatic situation of Brazil in 2019, and analyzes the current situation and future prospects of Sino-Brazilian relations; the second part is the sub report, respectively, tracks and analyzes the political, economic, social and diplomatic situation of Brazil in 2019; the third part is the Brazil special report, which conducts in-depth research on the focus and hot issues in Brazil's domestic and foreign affairs in 2019, covering the return and influence of conservative forces, the political participation of evangelicals, bilateral relations between Brazil and the United States, adjustment of Brazil's regional strategy, the development of scientific and technological innovation and the retrogression of Brazilian environmental policy, etc.; the fourth part is the China Brazilian relations development report, which focuses on the overall development situation of China Brazilian relations in 2019, as well as the exchanges and cooperation between the two countries in the fields of economy and trade, investment, people to people exchanges, and the media. Finally, in the appendix, the book combs the events of Brazil in 2019, so as to provide reference for relevant departments and individuals.

Keywords: Bolsonaro Administration; Sino-Brazilian Relations; Brazil

Contents

I   General Report

Abstract: In 2019, the President Bolsonaro's first year administration faces a lot of controversy. In the Political field, President Bolsonaro's withdrawal from the Social Liberal Party, will probably bring new uncertainty to the Brazilian party system. Economically, many reform agendas have been launched, especially the approval of pension reform and the implementation of privatization, which will alleviate Brazil's current fiscal crisis, and will provide furtherly more space for economic recovery. In the social dimension, the Bolsonaro government's policies on public security and education are controversial. At the same time, the poverty problem has also been aggravated, due to the economic stagnation in recent years, however, the dissatisfaction of the society is relative controllable, if compared to its neighbor countries. In the diplomatic field, Bolsonaro's ideological preference is reflected obviously from practices, and the policy linkage with the United States has been strengthened. Nevertheless, the Sino-Brazilian cooperation still maintains a good trend, and China's importance to Brazil, is reflected at several dimensions.

Keywords: Political Polarization; Economic Recovery; Amazon Fire; Brazil-USA Relations; Belt and Road Initiative

II   Sub Report

Abstract: President Bolsonaro's first year in power has brought many changes and controversy to Brazilian politics. This article will be based on the preliminary observation of Bolsonaro's first year in power, focusing on combing the new features, and making a preliminary analysis of Brazil's current political ecology. Overall, the Brazilian political system has shown the following new changes: in the implementation of the policy agenda, the President actively promotes the core policy, but it is difficult to dominate the policy agenda and the traditional parties have more right to speak in Congress; the core decision-making circle is dominated by professionals, but it is deeply influenced by multiple ideologies and policy uncertainty has increased; in relation to the public opinion, the president continued political mobilization through social media, but the trend of public opinion has declined and social conflicts have intensified.

Keywords: Brazil Politics; Bolsonaro; Social Conflicts

Abstract: In 2019, "pension reform" is undoubtedly a major event of "milestone significance" in Brazil's political, economic and social life. President Bolsonaro successfully pushed Congress to approve the Pension Reform Act, which to some extent boosted confidence, restored investment and promoted growth, making Brazil's annual GDP growth rate significantly higher than the average level of Latin America. However, affected by a variety of adverse factors

at home and abroad, the overall economic performance of Brazil in 2019 is unsatisfactory. Activities in major production sectors shrank, exports and imports fell at the same time, foreign direct investment decreased, and the burden of foreign debt continued to increase. The momentum of economic recovery, which started in 2017 and lasted for two years, began to slow down again. Although the Bolsonaro Government adopted loose monetary policy, neutral fiscal policy and successfully promoted pension reform, it failed to fundamentally reverse the economic downturn. Looking forward to the future, in the face of the sudden impact of COVID - 19 epidemic, with a more complex and uncertain international environment, Brazil's economic outlook in 2020 is still not optimistic.

Keywords: Economy in Brazil; Pension Reform; COVID -19 Epidemic

Y. 4 Social contradictions being still acute: an analysis of Brazil's social situation in 2019 *Zhong Dian* / 052

Abstract: In 2019, the Brazilian economy entered a period of sluggish recovery. However, due to factors such as unstable domestic political scenario, macroeconomic unbalances, and polarization of ideological positions among different social groups, various risks of instability persist in Brazilian society. The difficult adjustment of industrial structure led to the continued downturn in the labor market; the income gap between urban and rural areas and cross-regions continued to widen; the performance of social welfare policies, especially housing and health care policies, still left much to be improved; environmental pollution, ecological deficits and environmental crime tended to deteriorate; public budget of education suffered a setback due to scarcity of federal funding; the risk of violence against minority groups continued to rise; and mass incidents such as large-scale strikes, marches, and protests occurred at a high frequency. All these phenomena indicate that at this stage, Brazil, as a state in transition, still faces profound social contradictions, which could constitute serious challenges to Brazil's economic growth and political reform in the long run.

Keywords: Social Development in Brazil; Public Policy; Gap between Rich and Poor; Social Contradictions

Y. 5　Between ideology and pragmatism: the transformation of
　　　Brazil's foreign policy in 2019

[Brazil]　Marcos Cordeiro Pires ／ 070

Abstract: In 2019, the foreign policy of Bolsonaro's government was deeply influenced by the ideology of the far right, represented by Olavo de Carvalho and Ernesto Araújo, who followed the foreign policy of Trump and Bannon. Under the influence of far right ideology, Bolsonaro's government, starting from ideology in foreign policy, gave up Brazil's long-standing neutral position and defense of multilateralism, and took the initiative to move closer to the United States, trying to establish close relations with the United States and follow Trump's footsteps in international affairs. The radical foreign policy adopted by Bolsonaro's government has been opposed by some departments of the government. They hope that Brazil's foreign policy will proceed from the national interests, ensure the economic interests of the country, and oppose the overly radical political position. Under the opposition of these departments, the foreign policy of Bolsonaro's government has been eased.

Keywords: Jair Bolsonaro; Ernesto Araújo; Brazilian Foreign Policy; Ideological Diplomacy; Pragmatism

Ⅲ　Special Report

Y. 6　Reigning: the return of conservative forces in Brazil and its
　　　influence in 2019　　　　　　　　　　　　<i>Wu Zhihua</i> ／ 088

Abstract: Since 2013, Brazil's continuous economic recession, the

prevalence of power and money transactions, intense partisan struggle, social unrest and people's worries about the uncertain development prospects of the country have provided conditions for the return of conservatives. On January 1, 2019, Bolsonaro took office as president of Brazil. This is the first president with right-wing political concept to govern Brazil since the democratization process in 1985, reflecting the return of conservative forces in Brazil. However, this does not mean that conservatism has become the mainstream consciousness of Brazilian society. The conservative forces deny the ruling achievements of the left-wing government and adjust the economic and social policies in an all-round way. They lack the basis of social consensus, but also face many difficulties and challenges.

Keywords: Brazil; Conservatism; Bolsonaro; Social Transformation

Y. 7　Active participation in politics: political participation and
　　　prospects of evangelicals in Brazil in 2019　　　*Liu Waner* / 105

Abstract: Since 2010, the conservative wave in Brazil has provided fertile ground for the growth of Christian Evangelicals. The development of Evangelicalism has not only shaken the supremacy of Catholicism in Brazil, but also changed the country's political landscape to some extent. As early as the mid - 1980s, the Brazilian Evangelicals were active in politics for the defense of the conservative Christian values and church interests, gradually developing into an important political force. Nowadays, with the election of the "pro-Evangelical" president Jair Bolsonaro and the return of the conservative wave, Evangelicals' political ambition has been further stimulated. This religious group has begun to make significant inroads into the national politics in a more aggressive way, and exert a great influence on the foreign policy of the Bolsonaro administration. It could be argued that the Brazilian Evangelicals are not only part of the current conservative wave, but have helped to promote it. In the future, there's still room for the rise of the Brazilian Evangelicals' political power. This religious group may continue to strongly affect the political elections and the decision-making of Brazil, which deserves greater attention. However, due to its pragmatic attitude towards political participation, this religious group has never taken a firm political stance, which make it difficult to form a decisive factor that can determine the direction of the country's development.

Keywords: Brazilian Politics; Bolsonaro Administration; Evangelicalism; Conservatism

Y. 8   Inequality: an analysis of the relationship between Brazil and the United States in the first year of Bolsonaro's administration in 2019

[Brazil] *Laís Forti Thomaz*, [Brazil] *Tullo Vigevani* and [Brazil] *Elisa Cascão* / 119

Abstract: At the beginning of 2019, the Bolsonaro government wants to establish a close alliance with the trump government of the United States, so as to seek for Brazil's foreign strategic interests. However, in the bilateral relations between the United States and Brazil, compared with the income of the United States, the benefits obtained by the Brazilian government and the production sector are not equal. Brazil has not obtained substantive benefits from them, and its expected goal has not been achieved. Since taking office, President Bolsonaro's four visits to the United States and various concessions he made to the United States in the field of economy and trade confirm the risks brought to Brazil by the radical foreign policy adopted by the new government of Bolsonaro. Brazil's radical foreign policy does not always bring substantive results for the achievement of its diplomatic goals.

Keywords: Brazil – US Relations; Bolsonaro; Trump; Brazil Diplomacy

Y. 9   Brazil's Regional Strategic Adjustment in 2019： A Case

Study of Mercosur   *Wang Fei* / 136

Abstract： Jair Bolsonaro, a representative of the far right, became president of Brazil in 2019, and Brazil's foreign policy began to adjust. Since its establishment in 1991, Mercosur has always been the core of Brazil's regional strategy and the platform to enhance its international voice. Bolsonaro gave up the South-South cooperation keynote centered on the cooperation of Mercosur in the foreign policy of the labor party government in the past decade. Brazil reemphasized the connection with the United States and other developed countries, and actively used Mercosur to deepen economic and trade cooperation with the EU and made substantive breakthroughs. However, with the new president of Argentina, Alberto Fernández, Bolsonaro made ideological demarcation and repeatedly expressed to withdraw from Mercosur, which made the development direction of Mercosur full of uncertainty. Although there may be short-term fluctuations, in a multipolar world, Brazil's multilateral diplomatic tradition will not be affected.

Keywords： Mercosur; Regional Integration; Bolsonaro; Multilateralism; Brazil

Y. 10   New Breakthrough： development of STI in Brazil in 2019

Guo Dong, *Lin Xianlan* / 148

Abstract： 2019 is the first year of the implementation of the new science, technology, and innovation (STI) policies after the new Brazilian government came to power. Brazil regards STI as a crucial task of national development, and has formulated a series of new strategies and policies, such as the 5G Network Strategy, the National Program of IoT, the Science into Campus Plan, and the National Innovation Policy. It also clarifies key development areas such as aviation and information technology. And focuses on promoting international STI corporations both bilaterally such as with China and the United States, and multilaterally, for instance, under the framework of the BRICS cooperation mechanism. In 2019, Brazil's STI development has made remarkable achievements, but also faces great challenges. The biggest challenge is the lack of funds. The Federal Government's order on freezing research funds has affected the new appointed Minister of Science, Technology, Innovation and Communication Marcos Cesar Pontes in implementing his governance objectives. It seems still hopeless for Brazil to achieve a qualitative leap relying on its STI development under the conditions that R&D funding is quite limited.

Keywords: Marcos Cesar Pontes; The Beginning of New Policies; Brazil

Y. 11　Historical retrogression: an analysis of the environmental policy of Bolsonaro administration in 2019

[*Brazil*] *Alexandre Pereira da Silva*, *Cheng Jing* / 161

Abstract: In the first year of Bolsonaro's reign in 2019, under the leadership of President Bolsonaro and Minister of environment Ricardo Salles, in order to promote the economic development of agribusiness and other areas, the new government took a negative attitude on environmental issues. At the domestic level, the new government reformed the Ministry of environment and weakened its functions, reduced the intensity of environmental supervision, reviewed and adjusted the nature reserves, tolerated deforestation and mining in the Amazon region, relaxed the license for pesticide use, and encouraged the development of indigenous lands. At the international level, the new government gave up holding the 25th UN climate change conference and tried to withdraw from the Paris Agreement, criticizing Amazon fund, which worsened the relations between Brazil and European countries, especially with Norway and Germany. A series of environmental policies adopted by the Bolsonaro administration have shown a historical retrogression, which has changed Brazil's active environmental protection

position over the past three decades, brought Brazil's efforts over the years to an abrupt end and seriously damaged Brazil's international environmental image. In the face of severe criticism from domestic and foreign society, the environmental position of Bolsonaro administration has not changed fundamentally, and the future of Brazil's environment is worrying.

Keywords: Brazil; Environment Policy; Bolsonaro Administration; Amazon Fire

Ⅳ   Sino-Brazilian Relations

Y. 12   Turning the corner: the development and challenges of

China Brazil relations in 2019   *Xu Shicheng* / 181

Abstract: Bolsonaro, known as "Brazil Trump" or "tropical Trump", was elected President on October 28, 2018 and took office on January 1, 2019. President Bolsonaro pursued right-wing populism and advocated that "Brazil is above all else". During his presidential campaign, Bolsonaro was not very friendly to China. He visited Taiwan and made many comments that were not conducive to China-Brazil relations, accusing China of "buying Brazil" rather than "buying in Brazil" for its investment in Brazil. After he was elected and took office as President, he gradually changed his unfriendly attitude towards China from pragmatism and Brazil's economic interests. In May, Brazilian Vice President Mourão was invited to visit China. Mourão's visit played a key role in the restoration of China-Brazil friendly and cooperative relations, and was a turning point of China-Brazil relations. In July, State Councilor and Minister of Foreign Affairs of the People's Republic of China Wang Yi visited Brazil and held the third comprehensive strategic dialogue at the level of foreign ministers with Brazilian Foreign Minister Araújo. In October, President of the People's Republic of China Xi Jinping invited President Bolsonaro to make a state visit to China. In November, President Xi Jinping attended the Eleventh BRICs Leaders Meeting in

Brasilia. During his visit to Brazil, President Xi Jinping and President Bolsonaro held an one-on-one meeting. Since 2019, China-Brazil relations have turned around and developed smoothly, but they also face some challenges and problems.

Keywords: Bolsonaro; China-Brazil Relations; COSBAN; Comprehensive Strategic Dialogue

Y. 13　Moving forward steadily: an analysis of the economic and trade cooperation between China and Brazil in 2019

Li Renfang ╱ 195

Abstract: China and Brazil are both regional countries. Since the 21st century, their economic and trade relations have become increasingly close. Under the background of slowing economic globalization and sluggish growth, the results of China-Brazil economic and trade cooperation in 2019 are satisfactory. Further promoting and strengthening China-Brazil economic and trade cooperation has an important and positive role in the current development of both countries. China and Brazil should strengthen and improve the construction of bilateral and multilateral economic and trade cooperation mechanisms on the basis of Cosban. For the structural problems of China-Brazil's trade at this stage and the spillover effects of structural changes in China's economy, Brazil should view and understand them from the perspective of basic economic rule and globalization, and gradually deal with and seek new changes from the perspective of steadily enhancing self-development capacity, rather than simply blaming the influence of China's factors. In the process of economic and trade cooperation between China and Brazil, China should actively support Brazil's long-standing dream of industrialization, strive to help Brazil join the global industrial chain, and continuously enhance Brazil's self-development capacity as one of the key directions of future economic and trade cooperation between the two countries in the future.

Keywords: Brazil; China; Economic and Trade Cooperation

巴西黄皮书

Y. 14   Starting to pick up: analysis on the current situation of
         China's direct investment in Brazil in 2019

[Brazil] Luís Antonio Paulino / 224

Abstract: In 2018, in the face of the adjustment of Brazil's political ecology and changes in foreign policies, China-Brazil relations have experienced a short period of cooling down, which has brought certain risks to China's direct investment in Brazil, making China's direct investment in Brazil significantly reduced. After May 2019, the new Bolsonaro government realized the importance of China for Brazil's economic development and began to approach China. The relationship between the two countries was gradually warming up. At the same time, Brazil's ongoing economic reform, franchise and privatization projects, provided good investment opportunities for Chinese enterprises. Under the influence of the above factors, China's direct investment in Brazil began to pick up in 2019. Looking forward to the future, China's direct investment in Brazil has a good prospect based on three major domestic drivers: rich natural resources, large-scale consumer market, franchise and privatization projects.

Keywords: China; Brazil; Direct Investment; Bolsonaro Government; Chinese Enterprises

Y. 15   An important platform for people to people exchanges
         between China and Brazil: an analysis of the current
         situation of Confucius Institute in Brazil

Cheng Jing, [Brazil] Luís Antonio Paulino / 239

Abstract: Since the Confucius Institute settled in Brazil in 2008, it has worked hard for more than ten years to combine Chinese teaching, Chinese culture promotion and people to people exchanges between China and Brazil, with a steady development trend in general. As of December 2019, Brazil has set up 11 Confucius Institutes and 5 Confucius Classrooms, ranking first in Latin American countries in terms of quantity, and its development focus has shifted from scale expansion to quality improvement. In order to meet the growing needs of Brazilian people for learning Chinese, Confucius Institute has actively entered local schools and communities, opened Chinese teaching sites in many cities in Brazil, with a wide geographical distribution; the number of students has grown rapidly, and social influence has been expanding, becoming an important platform for people to people exchanges between China and Brazil. The Confucius Institute in Brazil has greatly improved the scale and quality of Chinese teaching in Brazil, increased the Brazilian people's understanding and interest in Chinese language and culture, trained a group of high-level talents who are familiar with the language, culture and national conditions of the two countries, provided development opportunities for Brazilian youth, helped the development of exchanges and cooperation between China and Brazil, and build a bridge for people to people exchanges, cognition and friendship between the two countries. The role of Confucius Institute in Brazil has been recognized by the governments and people of the two countries. In the future, how to further strengthen the teaching staff, improve the teaching quality and the teaching materials is the place where the Confucius Institute in Brazil needs further efforts.

Keywords: Brazil; Confucius Institute; People to People Exchanges; China- Brazil Relations

Y. 16　Increased attention: analysis on the reports of Brazil's mainstream media in China in 2019　　　*Tang Xiao* / 257

Abstract: The mainstream media in Brazil has a broad audience and a high degree of social trust. Their China-related reports have profoundly affected the Brazilian people's perception of China, holding a significant influence on the progress of China-Brazil relations. After a comprehensive consideration of

morphological characteristics, difficulty of data acquisition and analysis and representativeness of different kinds of media, the present work selects four mainstream media (*Folha de São Paulo*, *Estado de São Paulo*, *O Globo e O Tempo*) as data source for the research, setting up a database based on tweets published by the official accounts of the four chosen media. And, with the help of the corpus software AntConc3.3.5b, parting from variants like the reporting frequency, theme distribution, popularity distribution and language organization, this work analyzes the main features of the coverage on China by Brazilian media in 2019 and the major changes relative to 2018, trying to propose the following suggestions in order to promote friendly exchanges and pragmatic cooperation between China and Brazil: build a BRICS news agency relying on the increasingly mature BRICS mechanism; enrich and promote the public diplomacy behavior carried out by the media, including new media, self-media and other "grassroots" creators into the China-Brazil media exchange and interaction framework; encourage the major groups of media in both countries to build cooperative relations and implement cooperation activities on a larger scale, in a wider area and at a deeper level.

Keywords: Media; Social Media; China-Brazil Relations

V   Appendix

权威报告·一手数据·特色资源

皮书数据库
ANNUAL REPORT(YEARBOOK)
DATABASE

分析解读当下中国发展变迁的高端智库平台

所获荣誉

- 2019年，入围国家新闻出版署数字出版精品遴选推荐计划项目
- 2016年，入选"'十三五'国家重点电子出版物出版规划骨干工程"
- 2015年，荣获"搜索中国正能量 点赞2015""创新中国科技创新奖"
- 2013年，荣获"中国出版政府奖·网络出版物奖"提名奖
- 连续多年荣获中国数字出版博览会"数字出版·优秀品牌"奖

成为会员

通过网址www.pishu.com.cn访问皮书数据库网站或下载皮书数据库APP，进行手机号码验证或邮箱验证即可成为皮书数据库会员。

会员福利

- 已注册用户购书后可免费获赠100元皮书数据库充值卡。刮开充值卡涂层获取充值密码，登录并进入"会员中心"—"在线充值"—"充值卡充值"，充值成功即可购买和查看数据库内容。
- 会员福利最终解释权归社会科学文献出版社所有。

数据库服务热线：400-008-6695
数据库服务QQ：2475522410
数据库服务邮箱：database@ssap.cn
图书销售热线：010-59367070/7028
图书服务QQ：1265056568
图书服务邮箱：duzhe@ssap.cn

社会科学文献出版社 皮书系列
SOCIAL SCIENCES ACADEMIC PRESS (CHINA)
卡号：176781257382
密码：

S 基本子库
SUB DATABASE

中国社会发展数据库（下设 12 个子库）

整合国内外中国社会发展研究成果，汇聚独家统计数据、深度分析报告，涉及社会、人口、政治、教育、法律等 12 个领域，为了解中国社会发展动态、跟踪社会核心热点、分析社会发展趋势提供一站式资源搜索和数据服务。

中国经济发展数据库（下设 12 个子库）

围绕国内外中国经济发展主题研究报告、学术资讯、基础数据等资料构建，内容涵盖宏观经济、农业经济、工业经济、产业经济等 12 个重点经济领域，为实时掌控经济运行态势、把握经济发展规律、洞察经济形势、进行经济决策提供参考和依据。

中国行业发展数据库（下设 17 个子库）

以中国国民经济行业分类为依据，覆盖金融业、旅游、医疗卫生、交通运输、能源矿产等 100 多个行业，跟踪分析国民经济相关行业市场运行状况和政策导向，汇集行业发展前沿资讯，为投资、从业及各种经济决策提供理论基础和实践指导。

中国区域发展数据库（下设 6 个子库）

对中国特定区域内的经济、社会、文化等领域现状与发展情况进行深度分析和预测，研究层级至县及县以下行政区，涉及地区、区域经济体、城市、农村等不同维度，为地方经济社会宏观态势研究、发展经验研究、案例分析提供数据服务。

中国文化传媒数据库（下设 18 个子库）

汇聚文化传媒领域专家观点、热点资讯，梳理国内外中国文化发展相关学术研究成果、一手统计数据，涵盖文化产业、新闻传播、电影娱乐、文学艺术、群众文化等 18 个重点研究领域。为文化传媒研究提供相关数据、研究报告和综合分析服务。

世界经济与国际关系数据库（下设 6 个子库）

立足"皮书系列"世界经济、国际关系相关学术资源，整合世界经济、国际政治、世界文化与科技、全球性问题、国际组织与国际法、区域研究 6 大领域研究成果，为世界经济与国际关系研究提供全方位数据分析，为决策和形势研判提供参考。

法律声明

"皮书系列"（含蓝皮书、绿皮书、黄皮书）之品牌由社会科学文献出版社最早使用并持续至今，现已被中国图书市场所熟知。"皮书系列"的相关商标已在中华人民共和国国家工商行政管理总局商标局注册，如 LOGO（▣）、皮书、Pishu、经济蓝皮书、社会蓝皮书等。"皮书系列"图书的注册商标专用权及封面设计、版式设计的著作权均为社会科学文献出版社所有。未经社会科学文献出版社书面授权许可，任何使用与"皮书系列"图书注册商标、封面设计、版式设计相同或者近似的文字、图形或其组合的行为均系侵权行为。

经作者授权，本书的专有出版权及信息网络传播权等为社会科学文献出版社享有。未经社会科学文献出版社书面授权许可，任何就本书内容的复制、发行或以数字形式进行网络传播的行为均系侵权行为。

社会科学文献出版社将通过法律途径追究上述侵权行为的法律责任，维护自身合法权益。

欢迎社会各界人士对侵犯社会科学文献出版社上述权利的侵权行为进行举报。电话：010-59367121，电子邮箱：fawubu@ssap.cn。

社会科学文献出版社